CÍRCULO
DE CONFIANÇA

Actual Editora
Conjuntura Actual Editora, S.A.
Rua Luciano Cordeiro, n.º 123 - 1.º Esq.
1069-157 Lisboa
Portugal

Tel.: (+351) 21 3190243
Fax: (+351) 21 3190249

www.actualeditora.com

www.businesspublishersroundtable.com

Título original: *Who's Got Your Back – The Breakthrough Program to Build Deep, Trusting Relationships that Create Success – And Won't Let You Fail*

Copyright: © 2009 Keith Ferrazzi
This translation is published by arrangement with Broadway Business, an imprint of The Crown Publishing Group, a division of Random House, Inc.

Edição: Actual Editora – Março 2011
Todos os direitos para a publicação desta obra em Portugal reservados por Conjuntura Actual Editora, S.A.

Tradução: Rita Caetano
Revisão: Maria Afonso
Design da capa: FBA
Paginação: MJA
Impressão: Papelmunde

Depósito legal: 325115/11

Biblioteca Nacional de Portugal – Catalogação na Publicação

FERRAZZI, Keith

Círculo de confiança: construir relações que levam ao sucesso

ISBN: 978-989-694-006-5

CDU 316
     005

Nenhuma parte deste livro pode ser utilizada ou reproduzida, no todo ou em parte, por qualquer processo mecânico, fotográfico, electrónico ou de gravação, ou qualquer outra forma copiada, para uso público ou privado (além do uso legal como breve citação em artigos e críticas) sem autorização prévia, por escrito, da Actual Editora.

Este livro não pode ser emprestado, revendido, alugado ou estar disponível em qualquer forma comercial que não seja o seu actual formato sem o consentimento da editora.

Vendas especiais:
Os livros da Actual Editora estão disponíveis com desconto para compras de maior volume por parte de empresas, associações, universidades e outras entidades interessadas. Edições especiais, incluindo capa personalizada, podem ser-nos encomendadas. Para mais informações, entre em contacto connosco.

KEITH FERRAZZI

CÍRCULO DE CONFIANÇA

CONSTRUIR RELAÇÕES QUE LEVAM AO SUCESSO

Para a minha irmã Karen

Agradecimentos

A definição mais simples e completa de uma relação vital é *alguém que nunca o deixa falhar*. Muitas relações foram vitais para mim durante os três anos do processo de escrita deste livro e os resultados são a melhor afirmação de apoio mútuo que eu poderia alguma vez fazer. Estou muito orgulhoso por aquilo que criámos em conjunto.

Primeiro, quero agradecer sobretudo à equipa principal que me ajudou a tornar este livro uma realidade. Vou citar os membros por ordem alfabética porque todos eles foram fundamentais para a sua concretização: Max Alexander, Jim Mourey, Tahl Raz, Sara Grace Rimensnyder e Peter Smith. Jim Mourey, aliás Data, acompanhou o projecto desde Novembro de 2007, quando encheu as paredes de minha casa com *post-its*. Liderou o trabalho de pesquisa e deu-nos conhecimentos e um apoio incansável. Sara Grace ajudou-me a finalizar o manuscrito durante os últimos seis meses, por meio de horas infindáveis de escrita, edição e gestão de projecto. Max Alexander pôs todo o seu esforço e energia inesgotáveis neste projecto, ao longo de muitos meses. Peter Smith embrenhou-se permanentemente no projecto, até durante as férias; a sua combinação de talento, bondade e generosidade torna-o uma pessoa verdadeira. E, finalmente, Tahl Raz merece a minha profunda gratidão. Ajudou a iniciar este projecto com as suas perspectivas e críticas arrasadoras e, depois, ajudou-me a concretizá-lo num tom e estilo que considero poesia.

Às minhas relações intelectuais de fundo, a essência do Grupo de Pesquisa Greenlight: Mark Goulston, Morrie Shechtman e, claro, Data. Mark esteve presente em muitas sessões iniciais e esteve sempre disponível para fazer sugestões e sugerir *feedback* acertado em todas as etapas do percurso. Morrie conferiu sinceridade à minha vida num momento crucial; o seu trabalho com grupos de responsabilização fortaleceu a minha crença no poder do apoio mútuo no local de trabalho e teve um impacto importante na FG.

A Manlio Carrelli e Jeff Kaplan, que contribuíram com um *input* incalculável nos capítulos «Transforme o local de trabalho» e «Nunca venda sozinho», respectivamente. Por fim, aos inúmeros escritores talentosos que contribuíram generosamente com as suas percepções e arte em várias fases do processo: Brett Brune, Peter Carbonara, Lucas Conley, Vince Rause, Heather Schultz, Karen Watts e Frank Wilkinson.

Um agradecimento sentido ao meu incansável editor Roger Scholl, da Random House, que me auxiliou, rascunho após rascunho, revelando cada capítulo. Sem ele, nunca me teria tornado escritor (foi Roger que me contactou e sugeriu que escrevesse o livro *Nunca Almoce Sozinho* (*)); a Michael Palgon, o meu editor, que nunca perdeu a calma à medida que eu ultrapassava todos os prazos; e ao meu amigo e mentor editorial Steve Rubin.

A Stan Lim, pelo seu apoio solícito e pelos sacrifícios, assim como pelas suas contribuições para o *design* da sobrecapa; à minha mãe e ao meu pai que tornaram possível tudo o que eu quis alcançar.

A Julie Ede, a supervisora de minha casa e querida amiga. Julie, o anjo deste livro, deu-nos sustento (entre milhões de outras coisas) quando eu literalmente não saía da cadeira, durante horas a fio e vários dias.

A Ray Gallo, Roel Hinojosa, Bob Kasunic, Gavin McKay, Tad Smith e Fernando Trejo, os amigos a quem recorri mais frequentemente nos estados mais vulneráveis. Deram-me apoio prático e emocional a todos os níveis e um sentido de responsabilidade. São ligações vitais no verdadeiro sentido. Também a essa lista pertence o meu companheiro infalível

---

(*) Obra publicada pela Actual Editora. (*N. T.*)

de partilha de responsabilidade, o Dr. Rob Dirksen. Rob, nunca havemos de parar.

Aos meus companheiros de viagem no apoio de grupo, aos líderes das organizações e dos institutos que nos ajudaram a aprender tanto: Raphael Pastor, da Vistage, Matthew Weiss e Matthew Stewart, da Entrepreneurs Organization, Bill Pepicello e Terri Bishop, da Universidade de Phoenix, Jean Nidetch e Dave Kirchhoff, da Weight Watchers, Bob Halperin e Daniel Schwartz, da YPO, Bill George, autor de *True North*, entre outros grandes feitos, e Bill W., o fundador dos AA.

A Tony Robbins, cuja amizade teve um impacto enorme na minha vida; a George Halvorson, cuja pesquisa e espírito intelectual merecem um livro por si só; aos nossos amigos no Facebook, incluindo Matt Cohler, Jon Fougner e Tim Kendall, que nos fornecem a tecnologia que nos mantém cada vez mais próximos; e à Gallup Organization que tem feito muito para desenvolver a causa do aprofundamento das relações no local de trabalho. (Um agradecimento especial a Larry Emond, director de *marketing* da Gallup, e ao seu colega Doug Stover que foram tão prontamente prestáveis sempre que precisámos deles.)

Aos queridos amigos cujas histórias deram vida a este livro, e um agradecimento especial a Lisa e Mehmet Oz. Ambos inspiraram e apoiaram o meu trabalho ao longo dos anos. Lisa despendeu comigo tempo que não tinha para tornar este livro incrível – não é de estranhar que Mehmet tenha tanto êxito!

A John Reid-Dodick, Devin Wenig e à equipa da Thomson Reuters Markets. Saí da primeira reunião aturdido com o nosso êxito colectivo e inspiração mútua que determinaram o tom de tudo o resto. Estou muito satisfeito com o nosso trabalho em conjunto e gostaria de agradecer sinceramente por ter participado como caso de estudo.

A Roger Arnold, Mark Dean, Jason Owens, Nikki Sorum e a toda a equipa da Thrivent Financial: obrigado por nos cederem um modelo tão incrível de venda em equipa e por se terem empenhado verdadeiramente. Sem a coordenação e o conhecimento profundo de Jason em dezenas de horas de entrevistas, o capítulo «Nunca Venda Sozinho» não teria sido concretizado.

Ao grupo todo que discutiu e/ou reviu cada teoria, capítulo e esboço – as vossas generosas contribuições e auxílio não só resultaram num bom livro como me deram também a coragem necessária para cortar a meta: Sherry Chris, Samantha Clemens (que participou em muitas sessões de discussão de ideias), Danielle Gaudio-Lalehzar, Vicki Halsey, Dwayne Landry, Monish Mansukhani, Glenn Richardson, Peter Roche (um especial agradecimento pelos seus comentários), Teresa Ressel, Matt Sharrers, Guru Singh, Hilary Tetenbaum, Howard Tucker, Peter Winick (que se excedeu ao ler um manuscrito inteiro de um dia para o outro), Ian Ybarra e Dave Zobel.

À minha prima Wendy Scalzitti, cuja história de êxito me deu forças para acreditar que estava no caminho certo.

Aos meus agentes, Jay Mandel e Wayne Kabak, da William Morris, profissionais de mão-cheia que foram muito receptivos durante todo este processo.

A Kevin Small, a título individual, o homem mais brilhante que já conheci no que diz respeito a entender o futuro e a gestão do negócio de ajuda aos outros.

Àqueles que participaram no grupo-piloto da Greenlight na Big Task, e um agradecimento especial a Eric Hansen, cuja coragem para ser sincero e vulnerável elevou a parada e estabeleceu o tom para o grupo inteiro, e a Beth Comstock, cujo papel no êxito daquele dia foi fulcral.

Aos embaixadores principais da Comunidade Greenlight, cujo entusiasmo está a criar um movimento: Jorge Colón, Maxine Karchie, Sana Ahmed, Seb Bourcheix, Tami Conner, Kim Ann Curtain, Michael Dill, Hammad Khan, Robert Mees, Aurelie Penn, Gina Rudan, Scott Sonnon e Kent Speakman.

Às muitas pessoas que tive a bênção de ajudar e que me ajudaram mais do que podem imaginar, em especial, Scott Bowen, Drew Pace, Guy Baruch, Noah Laracy, Robin Kimzey e Joerg Floeck. Espero que o nosso trabalho conjunto tenha tido um impacto tão grande em vós como teve em mim e neste livro.

A Mike Minasi, o primeiro cliente da Ferrazzi Greenlight, que entretanto se tornou um bom amigo, provando mais uma vez que as melhores relações de negócios são pessoais.

Aos membros antigos e actuais da equipa Ferrazzi Greenlight: obrigado pela vossa paciência, talento e por todas as vossas contribuições para a pessoa que eu sou hoje. Vocês formam o mais avançado grupo Greenlight, oferecem-nos um local seguro para errar e aprender em conjunto e são também a incubadora que suscita motivos para todos os objectivos que este livro propõe. Um agradecimento especial a Jim Hannon e a J. P. Kelly, pelos seus sacrifícios e contribuições que me permitiram passar muitas horas a escrever que deviam ter sido empregues a concentrar-me na FG. Agradeço à minha directora de *marketing,* Love Streams, por ter criado uma campanha explosiva e por ter levado este livro em digressão; a Chris Tuffli, por ter sido corajoso no lançamento dos primeiros grupos Greenlight fora da FG; a Russ Brodmerkle, por conferir todas as citações, a Todd Goodrich, por transcrever todas as entrevistas; e a Fiona Kennedy, pelo seu empenho constante em tornar a Ferrazzi Greenlight e a minha pessoa um êxito.

E, finalmente, agradeço a Peter Guber, Greg Seal, Bob Kerrigan, Bill Braunstein, Doug Turk e Bo Manning – as minhas relações vitais de negócio, cujas directrizes revolucionárias formam a espinha dorsal deste livro. Um agradecimento especial a Greg, por ter batido com o punho na mesa e por ter estado presente para me ajudar sempre que precisámos de ajuda para tornar a Ferrazzi Greenlight aquilo que é e aquilo em que se está a tornar. Agradeço a Bo, o meu primeiro patrão, mentor e actual parceiro de negócios.

Estou eternamente grato a este grupo incrível que realmente me entende e se preocupa.

CÍRCULO
DE CONFIANÇA

Introdução

«Só se é pessoa através das outras pessoas.»
Arcebispo Desmond Tutu

De volta ao meu quarto de hotel em Singapura, depois de um dia de reuniões e de um jantar com a minha equipa, comecei a sentir os efeitos do *jet lag*. Éramos um grupo de consultores de gestão global da Deloitte & Touche. Na noite anterior, tinha dormido no avião desde Londres, mas nem os fabulosos novos lugares horizontais de 1.ª classe substituíram uma cama. Depois, afundei-me praticamente no colchão. Estava mesmo a adormecer quando ouvi um barulho debaixo da porta. *Bolas, um* fax! *Leio-o amanhã*, pensei.

Mas, na qualidade de director de *marketing* da empresa – e de membro mais novo do comité executivo –, não estava em posição de deixar nada para o dia seguinte. Então, saí da cama, arrastei-me até à porta e rasguei o envelope.

O *fax* não era da Deloitte. Era uma oferta de emprego. Do outro lado do mundo, estavam a oferecer-me o cargo de director de *marketing* nos Hotéis Starwood, uma empresa relativamente nova com ambições globais arrojadas. Em muitos aspectos, era um cargo de sonho para mim. O objectivo da Starwood era reinventar a indústria hoteleira estagnada e criar marcas inteiramente novas que seriam reconhecidas mundialmente, contando com uma divisão de *marketing* central e global.

Esperavam que eu transformasse e liderasse o *marketing* «adormecido» do mundo hoteleiro (o trocadilho é intencional) e que me juntasse a uma equipa nova e enérgica na Starwood.

Devia ter ficado entusiasmado, pois representava um importante salto no mundo do *marketing* do consumidor, com mais visibilidade e responsabilidade, mas, em vez disso, fiquei cheio de medo. Como podia abandonar a Deloitte, logo quando começávamos a ver resultados do nosso trabalho? Fui o primeiro director de *marketing* da sociedade e o primeiro *marketer* global bem-sucedido – principalmente porque tinha vindo do sector operacional do negócio e conhecia por dentro o que se fazia na empresa, mas também porque conhecia o bastante para não pensar da forma instituída. E porque tinha uma equipa que queria verdadeiramente que eu fosse bem-sucedido. A Deloitte tirava partido de um conjunto fragmentado de parcerias de consultoria, específicas de cada país, e consolidava-as no mesmo ramo, da mesma forma que a Starwood queria consolidar os seus hóteis. Era um processo complexo que só podia resultar numa compensação avultada. Sabia que seria difícil substituir-me rapidamente – os parceiros capazes estavam sobrecarregados –, o que suscitava em mim nada menos do que remorsos.

Mas havia uma voz mais profunda, responsável pelo meu medo, que eu não ouvi e de que só me apercebi uns anos mais tarde: por mais que tivesse consciência de que a equipa da Deloitte precisava de mim, a verdade era que eu precisava *dela*. Se naquela altura soubesse o que sei hoje, teria reconhecido a sensação de deslizar que via como a erosão rápida da minha rede de apoio, tal qual areia debaixo dos meus pés.

Rede era um conceito que pensava compreender muito bem. No final de contas, o *fax* da Starwood não foi parar debaixo da minha porta por acaso. Foi o resultado do empenho de uma vida a construir uma rede de relações verdadeiras. Alcancei um lugar de topo no *marketing* da Deloitte, fomentando relações profundas com os executivos da empresa (incluindo o director executivo Pat Loconto), quando era ainda estudante na Faculdade de Gestão de Harvard. A importância de procurar expandir relações foi uma capacidade que aprendi quando era um miúdo da classe trabalhadora, na zona ocidental da Pensilvânia, quando fui *caddy* dos ricos do outro lado da cidade. Descobri que não só pertenciam ao mesmo clube e círculos sociais mas que também faziam negócios entre eles. À medida que conheci muitos deles, percebi que qualquer um podia fazer parte daquele «clube», desde que se preocupasse com o êxito dos outros e não apenas com o seu. Era uma capacidade que muitas faculdades de gestão e pessoas ignoravam.

Para muitos, tornei-me o «senhor relações», que ligava vários grupos de pessoas.

Dadas todas as minhas relações, qual era o problema em trocar a Deloitte por um cenário mais aliciante? Era jovem, tinha feito há pouco 30 anos e tinha a minha vida profissional pela frente. Porque não estava extasiado?

Evidentemente, tal como muitas pessoas que encaram uma mudança de emprego, sabia que ia ter saudades dos meus amigos na Deloitte. Mas as minhas emoções eram mais profundas. Era o novato numa equipa de líderes conhecedores, responsáveis pela globalização da empresa. Um grupo restrito, liderado por Pat e pelo seu braço direito, Bob Kirk, juntamente com outros executivos de topo, como Greg Seal, que tinha contratado um estagiário de Verão descarado (e que impediu várias vezes que me despedissem por ser audaz). Todos me receberam como um protegido.

Não se tratava apenas de uma equipa que trabalhava bem em conjunto, era um grupo que se preocupava e que encorajava os seus membros. Todos me ajudaram a crescer durante o período formativo da minha vida profissional. E eu também gostava deles. Ainda gosto. Todos confiávamos uns nos outros; os nossos valores fulcrais estavam perfeitamente sintonizados (mesmo que tivéssemos capacidades diferentes); não havia nada que não pudéssemos fazer ou dizer em voz alta. Falávamos alto, trocávamos opiniões e ideias durante longos jantares, corríamos muitos riscos e perdoávamo-nos pelos nossos erros. Não me lembro de algum momento em que me tenha sentido inseguro. Éramos parceiros que deambulavam pelo mundo – sem achar que deambulávamos. Em vez disso, sentíamo-nos sempre imbuídos de entusiasmo, optimismo, energia, criatividade e esperança. Por vezes, saltava da cama a meio da noite para ir trabalhar porque era muito emocionante. Não eram apenas meus colegas, eram também meus amigos.

Não se tratava de mais cabeças funcionarem melhor do que uma. Sem preocupações de tirar o lugar a alguém ou de ferir susceptibilidades, conseguíamos que as novas ideias surgissem em catadupa. O nosso compromisso com a sinceridade era extraordinário. Debatíamos os assuntos com paixão e apontávamos os erros uns aos outros. Motivávamo-nos e inspirávamo-nos mutuamente, ao invés de nos envergonharmos ou denegrirmos. E responsabilizávamo-nos, garantindo assim que nos focávamos nos nossos objectivos. Aprendemos e partilhámos muito num ambiente seguro que nos permitiu correr riscos e crescer verdadeiramente.

Não havia nada de que não pudéssemos falar no nosso grupo. Portanto, recorri a eles para me aconselharem sobre o que devia fazer. Era isso mesmo, estava disposto a perguntar ao director executivo da nossa empresa se achava que eu devia aceitar o novo emprego. A nossa equipa era assim.

Na noite seguinte, quando nos reunimos no *lounge* do hotel – um palácio colonial britânico, com sofás de couro acolchoados que pareciam ter saído da capa de um catálogo da *Ralph Lauren* –, falei-lhes do *fax* que recebera na noite anterior. Apesar da camaradagem e do ambiente acolhedor, foi difícil encontrar palavras para me expressar. Até hoje, tento recordar-me daquele momento sempre que um empregado da minha empresa de consultoria, a Ferrazzi Greenlight, me diz que precisa de aproveitar uma nova oportunidade. Tento encarar essa situação como uma graduação, não uma perda – tal como quando o meu eficiente colega, Gavin McKay, saiu da empresa para realizar o sonho de abrir uma empresa sua de ginásios inovadores. Foi o primeiro «graduado» da Ferrazzi Greenlight.

O que precisava de ouvir da equipa da Deloitte era que não havia problemas com a minha «graduação».

Sabia que Pat ia certamente ficar desiludido. Mas conhecia-me bem. Disse-me: «Starwood é uma empresa em que um *marketer* capaz e jovem pode construir uma boa reputação, Keith.» E os outros concordaram. Uns dias depois, quando o nosso avião aterrou em Nova Iorque, senti uma mão no meu ombro, a acordar-me. Presumi que fosse a assistente de bordo a dizer-me para pôr o cinto de segurança. Mas, quando abri os olhos, vi Pat encostado ao apoio do meu banco.

Disse-me: «Keith, quero que te lembres de uma coisa: nunca olhes para trás. Esta é a decisão certa, independentemente do que vem aí. Continua a olhar sempre em frente.» Naquele momento, Pat fez-me lembrar o meu pai, que sempre me disse: «Nunca olhes para trás, filho. A pior coisa é olhar para trás e perguntar: e se?»

Nunca mais tive a bênção de ter um patrão como Pat, mas sei que eles existem. Quando conheço grandes líderes, como Jamie Dimon, da JP Morgan Chase, Devin Wenig, da Thomson Reuters Markets, Bob Iger, da Disney, Todd Lachman, da Mars, Mark Jordahl, do grupo de gestão financeira U.S. Bancorp, ou John Pepper, que trabalhou na Procter & Gamble, penso que essas equipas são muito afortunadas por trabalharem sob a égide de alguém que realmente entende o que é verdadeira liderança. Mas, tal como disse Pat: «Nunca olhes para trás.»

Portanto, sobretudo graças ao conselho do meu grupo de apoio e colegas da Deloitte, deixei-os para trás.

Enquanto escrevo estas linhas, percebo que não fiz grande coisa para ter esta revelação na minha vida; simplesmente aconteceu à minha volta. Claro que estava receptivo e que essa era a atitude certa, mas nunca pensei que fosse algo que pudesse ser repetido. Ao longo dos anos, quando me tornei empreendedor e passei a gerir o meu próprio negócio, recordo os dias na Deloitte como algo muito passageiro e casual – uma feliz coincidência. Naquela altura, não sabia explicar porque era tão especial ou porque é que tudo funcionava; parecia-me apenas um desafio de cariz emocional e intelectual. Tive o percurso de um miúdo pobre que carregava tacos de golfe e que conseguiu frequentar várias escolas prestigiadas – sentindo-se sempre deslocado onde quer que estivesse. Embora sentisse entusiasmo em relação aos novos empregos que aceitava, ansiava por voltar a ter a mesma sensação de apoio e de ligação. Aquilo que retirei da minha passagem pela Deloitte foi o poder incrível de ter uma equipa de pessoas a guiar-me, a encorajar-me, a ajudar-me a ser aberto e sincero, a responsabilizar-me e a permitir que eu atingisse o meu pleno potencial. Percebi que queria encontrar uma forma de recriar essa experiência.

PRIMEIRA SECÇÃO

Círculo de Confiança

*Como as relações vitais podem mudar a sua vida –
tal como mudaram a minha*

PERCA PESO, ENRIQUEÇA E MUDE O MUNDO

Talvez pareça o título dúbio de um livro de auto-ajuda petulante, mas acaba por ser a melhor maneira de descrever a vida de Jean Nidetch. Jean era uma dona de casa obesa que recrutou as amigas para a ajudarem a manter a dieta. O que acabou por conseguir foi notável. Mas *como* o conseguiu é algo que todos temos de entender.

Jean tinha peso a mais. Era obesa quando era criança e no liceu e, apesar de dietas intermináveis, a sua cintura continuou a aumentar durante os 20 e os 30 anos. Esta mulher com 1,70 m chegou a pesar 98 quilos, vestia o número 44 e enquadrava-se na definição médica de «obesa». Jean tentou dietas e comprimidos que prometiam retirar-lhe o peso que tinha a mais, mas ela acabava por recuperá-lo.

Em 1961, com 30 anos, começou uma dieta orientada pelo Departamento da Saúde de Nova Iorque. Após 10 semanas, tinha emagrecido 9 quilos, mas começava a perder a motivação. Percebeu que precisava de conversar com alguém para se sentir apoiada.

Eis a sua inspiração: uma vez que não conseguia levar as amigas até Manhattan, ao Departamento de Saúde, trouxe o «espírito» do programa até à sua sala de estar, em Queens. Jean e as amigas iriam perder peso juntas. Dessas reuniões nasceu a Weight Watchers, hoje reconhecida como uma das organizações com um programa mais eficaz para perder peso. A ideia de Nidetch era simples: perder peso requer uma combinação de dieta e de apoio mútuo. Ela organizou reuniões semanais para controlar o peso e estabelecer objectivos que promovessem comportamentos responsáveis, associadas a conversas honestas e encorajadoras sobre as lutas, os reveses e as vitórias da perda de peso.

A dada altura, Nidetch, que perdera 32 quilos, arrendou um escritório e começou a liderar grupos de toda a cidade de Nova Iorque. Em 1963, formou uma sociedade comercial. A empresa tornou-se pública em 1968 e foi vendida a H. J. Heinz, em 1978. (Em 1999, a Weight Watchers foi vendida a uma unidade da empresa Artal Luxembourg.) A partir de 2007, a Weight Watchers International apresentou vendas de retalho superiores a 4 mil milhões de dólares, provenientes de licenças e de *franchises*, quotas de membros, programas de exercícios, livros de receitas, produtos alimentares de porções controladas e da revista do grupo. Nidetch reformou-se em 1984, deixando para trás um legado que salvou a vida de milhões de homens e de mulheres. O actual director executivo da empresa, Dave Kirchhoff, refere: «Embora a ciência da perda de peso tenha evoluído ao longo dos anos, o fundamental do programa de Jean – apoio e responsabilização – permaneceu uma constante.»

O que tem tudo isto de extraordinário? Jean só queria ficar elegante, mas, através de um ciclo restrito de amigas que lhe ofereceram conhecimentos, sabedoria, sinceridade e apoio, alcançou muito mais do que alguma vez tinha imaginado ser possível. Jean descobriu o que os grandes líderes e artistas reputados, ao longo da História, sempre souberam: no trabalho e na vida, as realizações excepcionais são um processo de colaboração entre pares.

Atrás de todos os grandes líderes, na base de todos os grandes episódios de êxito, vai encontrar um círculo de confiança indispensável formado por conselheiros, mentores e colegas. Estes grupos são diversos e mais ou menos numerosos e podem ser encontrados a todos os níveis e em quase todas as esferas da vida profissional e pessoal. O que todos têm em comum são as ligações únicas entre os seus membros, às quais decidi chamar *relações vitais*.

Estas relações são o motivo por que algumas pessoas são bastante mais bem-sucedidas do que outras. Neste livro, quero fornecer-lhe um guia prático para construir um círculo pessoal de relações vitais, para que possa fazer com a sua vida o mesmo que Jean Nidetch.,

BEM RELACIONADO E COMPLETAMENTE SOZINHO

Dez anos depois de sair do comité executivo da Deloitte Consulting, trabalhava nos Starwood Hotels and Resorts e fui um dos directores de marketing mais novos a aparecer na Fortune 500. Em 2005, no meu primeiro livro, *Never Eat Alone* [*Nunca Almoce Sozinho*], promovi o poder das relações genuínas e da generosidade na nossa vida profissional, e o livro tornou-se um *best-seller*. Tendo em conta tudo o que ouvi dos leitores e dos clientes, o livro ajudaria as pessoas a mudar a vida para melhor. Senti que começava a encontrar o meu verdadeiro objectivo de vida e que ajudava os outros a melhorarem as suas carreiras e empresas. Parecia-me muito mais significativo do que «arranjar camas para toda a gente» como eu dizia a brincar, enquanto director de *marketing* dos Hotéis Starwood. Pouco tempo depois, realizei um sonho que sempre tivera e criei a minha própria empresa de consultoria e formação, a Ferrazzi Greenlight – ou FG, como dizíamos. Aos olhos de todos, nada me parecia faltar: eu tinha êxito, dinheiro, reconhecimento, convites bem pagos para participar em palestras, bastantes mensagens positivas de seguidores e uma rede profissional e social do tamanho da lista telefónica de uma pequena cidade.

Aparentemente, a vida era fantástica. Mas, lá no fundo, nem tudo era o que parecia. Na verdade, no que dizia respeito ao posicionamento desejado para a minha empresa, eu estava desiludido. Sentia-me consumido e isolado. Sentia-me numa festa à beira da piscina, rodeado de amigos e conhecidos, mas, em vez de confraternizar e de oferecer bebidas, estava sozinho no fundo da piscina, a lutar para me manter à tona da água... e ninguém parecia reparar.

Percebi que tinha um desempenho medíocre como gestor. Era-me exigido que tratasse pessoalmente do trabalho relacionado com os clientes. Embora tivesse contratado alguns executivos para me ajudarem a construir a FG, não tinha dedicado parte do meu tempo a treiná-los para fazerem o que eu fazia ou para articular um negócio que não me obrigasse a executar a maioria do trabalho duro. Quando os meus colegas tentavam intervir e libertar-me de alguns fardos, eu ficava geralmente desapontado com os resultados. A minha solução foi pegar os problemas pelos cornos e fazer cada vez *mais*, o que me levou a negligenciar ainda *mais* a gestão do dia-a-dia da empresa e a passar ainda *menos* tempo a formar a minha equipa. Era um director executivo constantemente em viagem, não estava presente. Para mim, o nosso trabalho era mais do que apenas um emprego, era uma missão na qual eu acreditava apaixonadamente. Acreditava tanto nela que não consegui desligar-me quando devia tê-lo feito. Portanto, corria pelo país que nem louco. No entanto, a FG tinha de rejeitar negócios porque eu não conseguia fazer tudo sozinho.

Era um comportamento antigo e eu sabia que me estava a prejudicar, no entanto, não conseguia ver uma solução para o problema. Era uma espiral descendente.

Diziam-me muitas vezes que os meus níveis de energia eram contagiantes. Mas, na verdade, o empenho e a ambição só nos levam até certo ponto. Eu estava muito atarefado a apanhar aviões, a reunir com novos ou potenciais clientes, a discursar e a absorver todas as novas ideias brilhantes que surgiam, com esperança de que a próxima pudesse, de alguma forma, eliminar ou resolver todos os meus problemas.

O que achavam todos aqueles que me rodeavam: as tais pessoas que estavam na festa na piscina, a sorrir e a bebericar as suas bebidas, enquanto eu lutava desesperadamente contra a maré? Apanharam-me. Nunca me dei ao trabalho de lhes fazer essa pergunta. Nunca falei dos meus problemas nem lhes pedi ajuda. As pessoas de que eu precisava sempre estiveram ao meu lado, mas eu não me apercebi disso.

A maioria da equipa tentou fazer o melhor que pôde com um director executivo constantemente ausente. A ironia não ficou por ali: Keith Ferrazzi, o homem que a comunicação social apelidou de «Sr. Relações», devido ao êxito do livro *Nunca Almoce Sozinho* e ao tamanho da sua rede, não conseguia gerir as relações na sua própria empresa.

É muito frequente sabermos que alguma coisa não corre bem na nossa vida, ignorarmos o que o instinto nos diz e insistirmos no erro. Quem me dera ter tido coragem para dizer às pessoas que me rodeavam: «Malta, preciso de ajuda. Estou a afundar-me.»

SAIBA QUEM É E QUAL O SEU LUGAR

Na sua essência, os meus problemas não eram apenas questões de negócios. Em muitos assuntos estratégicos e rotineiros que uma empresa enfrenta, confiei na rede de excelência que tinha formado, usando as percepções e as directrizes que descrevi no livro *Nunca Almoce Sozinho*. Podia recorrer aos vários clientes, advogados, banqueiros, vendedores ou membros de quadros de empresas da minha rede para obter conselhos específicos. Mas a ajuda que podiam dar-me limitava-se a uma chamada ou a um encontro esporádico – e breve. Não havia ninguém na minha vida a quem pudesse recorrer para ter uma conversa absolutamente sincera, sem barreiras sobre o que estava de facto a acontecer na minha vida e na minha empresa. Não tinha estabelecido relações próximas e intensas com algumas pessoas-chave, capazes de fazer o que fosse necessário para assegurar que eu *nunca iria fracassar* e com as quais eu fizesse o mesmo – o tipo de relação que eu tivera com a minha equipa na Deloitte.

Por um lado, tinha perdido a noção das minhas qualidades e fraquezas. Quando isso acontece, perdemos o poder de gerir os nossos fracassos e tudo redunda em comportamentos derrotistas. Para os ultrapassarmos, temos, em última análise, de nos *conhecer a nós próprios*.

Encare as coisas nesta perspectiva: o êxito é a capacidade de alcançar resultados na vida que verdadeiramente procuramos e não, digamos, apenas a quantidade de dinheiro que ganhamos. Pessoas que têm uma noção clara do que as faz vibrar, que conhecem as suas verdadeiras motivações e prioridades, não se atrapalham. Podem focar-se nos seus objectivos com um empenho enérgico. É isso que permite a pessoas normais terem vidas extraordinárias.

Adquirir esse conhecimento é uma viagem sem destino traçado – e, no entanto, todos nos perdemos algumas vezes. Quando tal acontece, precisamos da perspectiva exterior de uma relação vital – um esclarecedor par de estalos.

Para mim, esse par de estalos veio do meu amigo Peter Guber, produtor cinematográfico e antigo director da Sony Pictures. No decurso de um dia incrível, a minha vida começou a mudar.

Fui a casa de Peter para lhe dar alguns conselhos sobre um livro que ele estava a pensar escrever. Na sala de estar decorada com adereços dos filmes de Peter – o fato de Batman e os prémios reluzentes que ganhara pela produção de êxitos como *O Expresso da Meia-Noite* e *Encontro de Irmãos* —, eu tagarelava e divagava sobre a ideia do livro quando, de repente, Peter se sentou no sofá e abanou a cabeça.

Disse-me: «Keith, acho que devias ser um pouco mais elegante.»

Fiquei estupefacto. «Elegante? Teria o meu conselho sido demasiado directo?» Isso era impossível com Peter. Elegante? Para mim, há muito poucas palavras tão conotadas como esta. Lembrei-me imediatamente da escola privada chique que tinha frequentado com uma bolsa, quando era miúdo. Os meus pais eram da classe trabalhadora, de Latrobe, na Pensilvânia, e não tinham dinheiro para os uniformes da escola, por isso, tínhamos de comprá-los numa loja de roupa em segunda-mão. Detestava entrar na tal loja e escondia-me entre as prateleiras, com medo de que os meus colegas me vissem, algo que, é claro, acabou por acontecer. Os miúdos costumavam perguntar-me: «Ferrazzi, hoje, tens o nome de quem escrito no casaco?» Da roupa ao meu sotaque de Pittsburgh, desde muito cedo me disseram que era deselegante.

Peter reparou na minha expressão e abanou a cabeça carinhosamente. O sorriso dele relembrou-me de que éramos amigos e de que se tratava de alguém que se preocupava comigo e não de um antigo colega de escola que me queria magoar.

«Keith... Essa expressão no teu rosto... Não estou a falar da tua roupa nem da tua postura. Estou a falar da elegância dos objectivos e da tua actividade. Elegância, Keith, é a arte de despender o mínimo esforço para conseguir o máximo efeito, o máximo poder e realização na vida. Trabalhas tanto, Keith. Não que isso seja mau, mas vejo que estás sempre baralhado. Estou sempre a receber *e-mails* teus. És das pessoas mais inteligentes que conheço, mas trabalhas a um ritmo frenético. Com tanto esforço, e tendo em conta os teus talentos, devias estar muito mais adiante do que estás.»

Fez uma pausa, olhou-me nos olhos e inclinou a cabeça.

«Keith, vamos discutir isto juntos. Sabes o que pretendes e como é que a tua empresa vai ajudar-te a atingir isso? Para mim, isso não está esclarecido. Podes dizer que os teus esforços quase sobre-humanos estão direccionados e focados no sentido certo?» Ao reparar na minha expressão surpreendida, acrescentou: «Keith, sou a primeira pessoa que te diz isto?»

Percebi que a percepção e a sabedoria de Peter acertavam em cheio. Mas ninguém mo tinha dito tão directamente. Também sabia que a sinceridade de Peter, embora difícil de engolir, era um sinal forte de que ele se preocupava com o meu bem-estar. Era como se me tivesse visto em apuros naquela piscina e me tivesse atirado uma corda.

Por alguma razão, senti-me completamente seguro e respeitado, quando ouvi o que Peter tinha para me dizer – não fiquei envergonhado nem na defensiva, mesmo tendo um Batman de olhos pregados em mim a um canto. Fiquei agradecido, sensibilizado e aliviado. Passara grande parte da minha vida a tentar representar um papel para muitas pessoas – não era bom a admitir as minhas fraquezas. No entanto, estando ali sentado, sozinho com Peter, foi muito fácil. Ele não insinuava que eu era fraco. Apenas humano. Tinha qualidades que não estava a utilizar e havia comportamentos aos quais devia recorrer.

EUREKA!

Peter fez-me entender que eu precisava de ajuda. Precisava de mais apoio tal como o que Peter me oferecia. Sem esse tipo de apoio, não atingiria os meus objectivos nem desenvolveria plenamente o potencial da minha empresa. Não tinha de ter medo de baixar a guarda, porque muitas pessoas à minha volta já me viam como eu era e continuavam a respeitar-me e a gostar de mim.

Na verdade, tinha bastantes relações na minha vida. Mas tinha poucas relações próximas e íntimas com pessoas com as quais podia abrir-me verdadeiramente, partilhar os meus medos e fracassos, os meus objectivos e sonhos e pedir ajuda. Cheguei a essa conclusão porque era o patrão e as pessoas viam-me como um perito. Eu devia ter todas as respostas. Mas nem sempre as tinha. As relações verdadeiramente poderosas que *mantinha* com a minha família e amigos íntimos de longa data não estavam a dar-me as perspectivas e o *feedback* em relação à minha carreira que mais precisava de ouvir. Precisava de pessoas em quem confiasse e que percebessem os meus objectivos profissionais. E também tinha essas pessoas na minha vida! Simplesmente nunca lhes *tinha* pedido ajuda. Tinha demasiado medo de parecer fraco ou incapaz; fiquei muito envergonhado devido a alguns comportamentos que demonstrei. Porque devia deitar a perder a imagem que os outros tinham de mim ao admitir as minhas fraquezas? No fundo, sabia que estava a enganar-me ao pensar que não tinham já dado por elas.

Foi então que percebi. Enquanto tentara ansiosamente traçar o meu percurso para alcançar o meu melhor desempenho pessoal, tanto eu como a minha equipa de craques, de investigadores e de consultores da FG já estávamos a trabalhar no duro para explorar formas de implementar alterações comportamentais em toda a espécie de empresas. A resposta a que tínhamos chegado era a do poder do apoio mútuo, muito parecido com o apoio que Peter Guber me tinha dado. Tratava-se de uma área nova e fascinante de trabalho para a FG, nascida a partir do meu próprio interesse: a utilização do apoio mútuo em programas de auto-ajuda muito bem-sucedidos, como a Weight Watchers (que ajudou a minha irmã Karen) e os Alcoólicos Anónimos, um conjunto rico de novos estudos psicológicos e de experiência em primeira mão dada por pessoas como Morrie Shechtman, um consultor profundamente perspicaz e maravilhosamente sincero, orador e autor, e como o Dr. Mark Goulston, um negociador de reféns e o autor de *Get Out of Your Own Way*. (Na verdade, tanto Morrie como Mark acabaram por se juntar ao instituto de pesquisa da FG.)

E se, por hipótese, elegêssemos a ideia «não aja sozinho» – a premissa fundamental do programa de 12 passos da Weight Watchers e dos grupos de apoio baseados na fé – e a aplicássemos ao mundo empresarial? Porque não adaptar as mesmas metodologias básicas dos programas de mudança de comportamentos mais bem-sucedidos mundialmente para manter as organizações e os clientes focados nas mudanças positivas e nos objectivos pretendidos? Porque não conferir poder às pessoas para que se possam ajudar entre elas na identificação e resolução dos assuntos que as impediram de progredir a nível pessoal e profissional?

Eureka! Foi um momento triunfante.

A FG favorecia já ambientes de entreajuda entre pares de grupos estruturados, tais como forças de vendas e equipas de executivos. Os resultados eram palpáveis e foram quase imediatos. Também se revelaram no entusiasmo renovado das pessoas e no empenho abrangente de toda a empresa para desenvolver novas capacidades e melhores práticas. Para os nossos clientes, estes aperfeiçoamentos reflectiam-se geralmente no aumento de receitas, após alguns trimestres. Sedimentávamos novas ferramentas e técnicas nas empresas que permitiam às pessoas estabelecer relações vitais entre elas.

Peter Guber ajudou-me a perceber como me tinha isolado na tentativa de resolver os meus problemas, enquanto gestor e líder. O trabalho desenvolvido na FG superara os seus objectivos – permitir aos colaboradores usarem o poder do apoio mútuo, recorrendo a alguns conselheiros próximos e de confiança – e transformara-se num esquema para fazer mais, mais depressa e com mais entusiasmo e, consequentemente, ter mais êxito. Compreendi que a minha vida pessoal e a minha vida profissional nunca haviam estado tão em sintonia.

Esperava ter mais conselhos e disponibilidade de Peter. Mas também percebi que precisava de mais conselhos de outras pessoas como Peter, pessoas de confiança com quem podia estabelecer relações vitais. Na minha vida, precisava de pessoas-chave que me protegessem, com quem pudesse falar sobre tudo e que me encorajassem e apoiassem, que me dessem *feedback* e opiniões, que me dissessem a verdade, mesmo que fosse uma verdade que eu não queria ouvir. Pessoas que me responsabilizassem em todos os passos do meu percurso. Ao longo dos anos, já tinha desempenhado esse papel com outras pessoas; agora, tinha de deixar que os outros fizessem o mesmo. Tinha de deixar as pessoas aproximarem-se mais profundamente.

PORQUE PRECISAMOS DE RELAÇÕES VITAIS?

Todos somos vendedores, líderes, empreendedores em busca de respostas. Todos nos empenhamos no trabalho e na carreira – incluo nesta categoria pais que trabalham em casa. Todos somos empreendedores das nossas ideias, quer tenhamos empresas próprias quer trabalhemos para outra pessoa. Todos somos líderes na vida – com os nossos colegas, empregados, filhos e na comunidade. Cada um de nós é um vendedor de si mesmo e das suas opiniões, ou de produtos e serviços. A maioria tem de encarar problemas pessoais e profissionais que são demasiado complicados para os resolvermos sozinhos. Se queremos ter o êxito que sentimos poder alcançar, precisamos da ajuda dos outros.

Portanto, quer governe um país, uma empresa ou uma casa, nunca saberá tudo o que é necessário para ter êxito – ninguém sabe. Precisamos dos conselhos e do *feedback* das pessoas em quem confiamos. Porque será que as mães recorrem instintivamente a outras mães para obter conselhos sobre escolas e médicos? É por isso que os pais falam com outros pais sobre escolas, currículos, actividades estudantis, ocasiões sociais, saídas, adolescentes e tantos outros assuntos. É por isso que as equipas de êxito suplantam os sonhos mais arrojados de cada membro da equipa. É por esse mesmo motivo que os presidentes têm grupos de conselheiros. Pedir ajuda e ligarmo-nos aos outros não consta de muitos currículos de escolas de Gestão. Mas um dia isso vai mudar.

Eis oito conselhos que para mim são claros como água:

1. A orientação pessoal, um nome vago que nos relembra ideias de livros de auto-ajuda, é ainda mais útil do que a comunicação social e outros órgãos apregoam. Se ignorar o cepticismo irascível, irá deparar-se com um mercado de quase três mil milhões de instrutores de executivos, de vida e de carreiras. O número cresce a um ritmo de 25% ao ano. Surgiu repentinamente um sector considerável para colmatar uma lacuna relacional. A nossa sociedade desespera por mais sentimento de comunidade, mais ajuda, mais conselhos e apoio. Todos procuram onde podem relações vitais, mesmo que tenham de comprá-las. É uma situação que irá persistir.

2. A maioria das organizações permanece refém do *status quo*. E o *status quo* é muitas vezes uma estrutura hierárquica onde a comunicação é feita de forma descendente, linear e numa só tendência, a partir da gestão. Mas a comunicação real e sincera – a comunicação que gera relações abertas e francas – é praticamente uma impossibilidade, se se basear nesta forma de comunicação de sentido único.

As directivas vindas do topo talvez fossem aceitáveis quando os trabalhadores eram meras peças na engrenagem e tudo se resumia à eficácia. Mas a maioria já não leva a cabo trabalhos automáticos. Na era da informação, o êxito manifesta-se mais pela eficiência do que pela eficácia – a capacidade de fazer o que deve ser feito e não apenas a capacidade de fazer as coisas bem.

Todos aqueles que têm algumas relações próximas e significativas conseguem obter *feedback*, opiniões e conselhos que são essenciais para tomar decisões eficazes. Quanto melhor for a construir essas relações, melhor será na sua profissão e mais valor terá, quer trabalhe numa organização ou fora dela.

3. Ocorre uma mudança profunda à medida que indivíduos entusiastas, potenciados pela tecnologia, formam «tribos» *ad hoc* capazes de levar a cabo toda a espécie de projectos. A Internet forneceu ferramentas que permitem a partilha e a cooperação numa escala global.

Vemos um pouco por toda a parte pessoas que se agrupam devido a interesses comuns para trabalhar juntas, para alterar situações e agir. O potencial para transformar o local de trabalho, a sociedade e a economia é revolucionário. Os detentores das capacidades e dos comportamentos que menciono neste livro terão os papéis principais.

4. A Internet é uma ferramenta importante, mas não é *a* resposta. Há uma explosão de novos *sites* que nos permitem estar em contacto. Ning, Meetup, Twitter, LinkedIn, Facebook: a lista é interminável. Actualmente, há inúmeras formas de nos coordenarmos e de estarmos ligados. Mas estas «ligações» não são vitais. Temos mais amigos *online* do que nunca, mas permanecemos solitários. Em 1985, o cidadão americano tinha em média três pessoas a quem confiar assuntos importantes. De acordo com um estudo de 2006, publicado na *American Sociological Review,* esse número baixou para dois. Mais de 25% dos americanos admite não ter um confidente.

5. Tendo em conta a lacuna de gestão eficaz e qualificada nos serviços de apoio ao cliente nas actuais empresas, os executivos, os gestores e os empregados que são proactivos na procura de uma equipa de consultores que os ajude a obter *feedback* e treino, responsabilização e apoio são aqueles que irão desenvolver-se no ambiente desafiador dos dias de hoje. Também vão poupar muito tempo e dinheiro às suas empresas, sendo mais conhecedores, perspicazes, produtivos e *inovadores.* As pessoas que têm relações vitais estão preparadas para correr riscos e para falar abertamente entre elas, incentivando o intercâmbio criativo que dá origem a novas ideias.

6. A maioria das pessoas quer mais do seu trabalho do que apenas um ordenado. A maioria quer mais da vida. Não houve outra altura na História em que as pessoas levassem mais a sério a procura do significado no trabalho que executam.

Não há forma mais fácil ou eficaz de dar sentido a uma profissão e de ver nela um renovado interesse do que criar relações vitais. No seu livro *Vital Friends,* o autor, Tom Rath, cita pesquisas efectuadas pela Gallup Organization que comprovam que o facto de se trabalhar com um bom amigo aumenta *sete vezes* as probabilidades de os dois se empenharem mais no trabalho. Isso mesmo, *sete vezes*. Estas pessoas não só estão mais felizes e receptivas à inovação como também correm riscos, colaboram, partilham novas ideias arrojadas e os clientes estão mais motivados. Na verdade, se você tiver no trabalho amigos próximos e que respeita, o nível de satisfação dos empregados aumenta em 50% (ficam mais satisfeitos com os benefícios e também com o ordenado).

Algo que também é positivo para o patrão. De acordo com um estudo de 55 equipas de negócios globais de alto rendimento em 15 empresas, levado a cabo para um artigo publicado na *Harvard Business Review* em 2007, «Oito Formas de Construir Equipas Cooperantes», concluiu-se que os laços sociais próximos eram o indicador mais importante para o êxito de uma equipa. Os outros dois indicadores? Iniciativas formais para fortalecer relações e líderes que investem tempo na construção de relações fortes com as suas equipas.

Mas, até ao momento, as empresas esforçam-se pouco para promover este tipo de amizades e de relações. No entanto, cada empresa é uma potencial tribo, um grupo com vontade de ser transformado por algumas relações vitais.

7. Do ponto de vista das empresas, uma iniciativa não é uma prova de bom senso se não der lucro. Certas empresas com ideias de vanguarda encorajam formalmente os seus empregados a estabelecer relações vitais, tal como indicarei mais à frente. Nas restantes, esta falta de atenção tem um preço: de acordo com um estudo de 2004, elaborado pela Deloitte Research (um grupo que iniciei quando trabalhava nesta empresa), o custo anual da desmotivação do trabalhador americano ronda o impressionante valor de 250 mil milhões de dólares e, globalmente, aproxima-se de 500 mil milhões de dólares. As empresas americanas investem 50 mil milhões de dólares em formação de liderança. Um relatório publicado pela empresa de consultoria Booz Allen Hamilton (agora Booz & Company) resumiu a situação acertadamente: os executivos de topo de todas as regiões e sectores lamentam a incapacidade

de execução das suas organizações. À medida que as empresas crescem em escala e abrangência, num ambiente global de exigências cada vez mais rigorosas por parte dos accionistas, o custo das complexidades aumenta obrigatoriamente e a capacidade para alinhar e adaptar diminui invariavelmente.

Por outras palavras, no que diz respeito ao treino de liderança, a perda ultrapassa o investimento em sete para um. O que confirma a minha opinião de que a maioria do treino de liderança passa completamente ao lado do objectivo. Segundo o livro de Tom Rath, *Vital Friends,* apenas 18% das pessoas trabalham em organizações que facultam oportunidades para a confraternização no local de trabalho. Na verdade, muitas empresas proíbem essa prática. Foi por isso que concebemos um conjunto de regras formais para demonstrar como estas ideias podem ser postas em prática.

Algumas empresas criaram formas de proibir a «confraternização» dos empregados. No entanto, deste modo, mais empresas desencorajam inconscientemente o trabalho de equipa e o apoio mútuo através de políticas erradas. Porém, as empresas e os indivíduos que rejeitam apoio mútuo estão a ir de encontro ao cerne da pesquisa – e do mero senso comum.

8. E, finalmente, a mãe é que sabe! À medida que eu e a minha equipa aprofundámos cada vez mais a pesquisa sobre os grupos de apoio mútuo, começámos de repente a ver o seu cunho por todo o lado. Desde os gabinetes de conselheiros de Franklin Delano Roosevelt e de John F. Kennedy, aos grupos de apoio das sacristias de igreja, aos exemplos elucidativos de chefias bem-sucedidas e das suas equipas de alto rendimento, que são capas de revista, vimos diariamente grupos que davam apoio e conselhos para melhorar as vidas dos outros.

Lembro-me do clube de jogos de cartas em que a minha mãe participava, quando vivíamos em Latrobe. Inicialmente, era constituído por oito mulheres que se reuniam todos os meses; nos últimos 40 anos, têm partilhado os seus sonhos para as suas famílias, as suas alegrias e conflitos no casamento, as suas frustrações para conseguirem sustentar o lar. Quando liguei à minha mãe para lhe perguntar como era o grupo dela, disse-me que se limitavam a falar de como estavam irritadas por ver que os rolos de papel higiénico eram cada vez mais pequenos – não era bem aquilo de que eu estava à espera!

Claro que faziam muito mais umas pelas outras do que simplesmente queixarem-se do preço do papel higiénico. As senhoras apoiaram-se em situações de doença, como o cancro, doenças de coração e a morte de dois membros, a tia Rita e a tia Ruth, dando e recebendo amor umas das outras em redor da mesa de jogo. Não tenho palavras para expressar a minha felicidade por saber que a minha mãe participou neste grupo ao longo dos anos, especialmente desde que o meu pai faleceu.

CONSTRUIR O MEU CÍRCULO RESTRITO

Pouco tempo depois de Peter me ter dado um abanão, eu estava ansioso por obter *feedback* sobre o modo de dar a volta à minha empresa e à minha vida. Decidi ligar a Greg Seal, o meu antigo patrão da Deloitte. Por algum motivo, parecia-me adequado pedir primeiro ajuda a Greg. Embora a alcunha de Greg na Deloitte fosse *Martelo*, eu tinha à-vontade para recorrer a ele e para lhe pedir ajuda. Greg conhecia o meu negócio, preocupava-se comigo e ficaria tão contente por ouvir a minha voz como eu a dele.

Greg vivia perto, em São Francisco, e estava prestes a reformar-se da Deloitte. Greg foi meu patrão apenas alguns anos. Mas, enquanto trabalhei na Deloitte, foi um dos meus mentores mais importantes. Também sabia por experiência própria que ele não iria tratar a situação com paninhos quentes.

Quando Greg atendeu o telefone, eu disse abruptamente: «Greg, preciso da sua ajuda.» Estava tão nervoso – no final de contas, não queria perder o respeito de Greg, ao admitir as formas como achava que estava a fracassar na minha vida. Mas tinha ainda mais medo de perder a coragem se não fosse directo ao assunto. «Sabe que tenho estado a construir a FG para que se torne uma empresa de consultoria de renome internacional – no fundo, o mesmo que fez na Deloitte com a sua liderança, mas numa escala muito menor. E, sinceramente, tem sido muito difícil, Greg. Apercebi-me de que não estou a ser um bom gestor. Não sei se estou a ser um bom líder. Como posso ser tão bom a aconselhar os outros e tão mau a aconselhar-me?»

Conversámos durante cerca de 10 minutos. Depois, Greg disse o que eu já previa: «Keith, estou a ver que temos de combinar um longo jantar acompanhado por uma garrafa de vinho tinto.»

Esbocei inevitavelmente um sorriso, porque aquela era a solução de Greg para todas as decisões importantes na vida que devem ser discutidas com atenção. Greg ensinou-me que tudo, até os negócios, se resume sempre a pessoas e a relações, dois assuntos demorados.

Então, marquei um encontro com Greg.

Não foi assim tão mau, pensei, ao desligar. Acabava de dizer a uma das pessoas que mais aprecio, um antigo mentor e a pessoa que mais admiro no mundo e cujo respeito significa muito para mim, que sentia estar a falhar no papel de empreendedor. Foi difícil admiti-lo a Greg? Acreditem que sim. Mas também senti, como sempre, que Greg me iria apoiar.

Pouco tempo depois, dei por mim numa festa a conversar com um homem chamado Bob Kerrigan. Durante o jantar, Bob referiu que tinha lido o meu livro e fez-me perguntas pertinentes sobre mim, sobre a minha filosofia e até sobre o meu negócio – perguntas que talvez parecessem intrometidas a algumas pessoas. Mas, tendo em conta os meus problemas, gostei que ele as tivesse feito. Bob tinha a mesma capacidade de Greg de fazer uma pessoa sentir-se completamente à vontade num ápice – ou talvez eu estivesse finalmente pronto para ouvir o que as outras pessoas diziam.

Fiquei impressionado com a frontalidade de Bob – detesto conversa de circunstância. Normalmente, sou eu que faço este tipo de conversa, mas desta vez era eu o alvo das perguntas. Na verdade, senti-me aliviado.

A certa altura, Bob até me fez perguntas sobre dinheiro – algo que ele tinha em abundância (Bob gere um negócio financeiro importante há quase três décadas). Eu sempre ganhei bem – não me lembro de um ano em que não tivesse arrecadado uma soma avultada pelos padrões da maioria – mas sempre tive medo de que o chão me fugisse dos pés e de ficar sem a minha rede de segurança. Mesmo assim, enterrando a cabeça na areia, tinha desperdiçado muito dinheiro ao longo dos anos. Costumava dizer que, enquanto tivesse fundos, estava contente. Talvez gostasse de pensar que era um homem disciplinado, mas não estava claramente a ignorar toda a verdade.

As finanças da empresa também eram confusas porque eu passava muito pouco tempo a organizá-las. O meu departamento financeiro da altura consistia num funcionário bastante inteligente, mas inexperiente, que eu contratara mal ele saíra da faculdade para desempenhar as funções de assistente pessoal e gestor. Povavelmente, perdemos 100 mil dólares em despesas não cobradas, apenas no primeiro ano, devido à minha incúria na gestão financeira! (As questões de dinheiro, como viria a descobrir mais tarde, raramente se prendem «apenas» com finanças. Em última instância, o dinheiro prende-se sobretudo com o valor próprio e o respeito.)

Bob sabia certamente que este tipo de comportamento era sinal de algo mais profundo e começou gentilmente a puxar o fio à meada. «Com que frequência verifica a contabilidade, Keith?»

Respondi casualmente: «Essa é a função do meu assistente, mas ele não se está a sair lá muito bem.» «Tem noção dos dias de contas a receber? Qual é o valor total? Está dentro do plano? Com que frequência observa o seu *cash flow*?»

«Será esta conversa própria para um jantar?», perguntei, rindo em voz alta. Tantas perguntas e tão poucas respostas. Mas, por alguma razão, não me senti julgado. Fiquei envergonhado? Claro, mas não senti que Bob tinha ficado com má impressão minha – só queria ajudar. Juntamente com Peter e Greg, Bob estava a atirar-me uma corda para eu me agarrar.

Disse-lhe, por fim: «Bob, nem imagina como este assunto me entusiasma. Obrigado, estava a precisar desta conversa. Adoraria continuá-la. Podemos encontrar-nos para almoçar no próximo fim-de-semana?»

«O que acha de um longo jantar esta semana?» Impressionante! Parecia Greg a falar.

Encontrei-me com Bob no final da semana, como combinado, e passámos a encontrar-nos pelo menos uma vez por mês, desde então. Sempre que estávamos juntos, dava-me trabalhos de casa que eu levava para o escritório para discutir com os meus colaboradores financeiros. Bob encorajou-me a contratar um responsável a tempo inteiro, e assim fiz. Como consequência da nossa conversa, organizei a FG. Mas naturalmente que as nossas conversas não eram só sobre mim. Sempre que nos encontrávamos, falávamos da vida de Bob, dos seus sonhos e desafios. Também lhe dava trabalhos de casa, assim como ideias e opiniões.

Em Peter (inicialmente, um amigo casual), Bob (uma amizade travada por acaso) e Greg (antigo patrão e mentor) eu tinha agora três relações vitais para me guiarem, encorajarem e me ajudarem a ser aberto e sincero – três pessoas que me tinham oferecido generosamente o seu tempo, que me responsabilizaram e me ajudaram a atingir todo o meu potencial. A minha tribo protectora olhava por mim, e eu por ela.

Todos tendemos a acreditar que tais pessoas surgem na nossa vida por acaso e raramente. Mas garanto-vos que não têm de ser encontros casuais ou raros. Como viria a descobrir, podemos criar de forma proactiva estas relações transformadoras e alterações positivas na nossa vida e no nosso local de trabalho. Este tipo de apoio pode ser seu *amanhã*.

O que aconteceu na minha vida como consequência deste apoio?

Para começar, tripliquei os lucros da minha empresa num ano. Expandimos rapidamente esta prática à nossa equipa da FG – desde o sócio mais recente até à força de vendas e à minha equipa de topo. Comecei a estar disponível para os meus colegas, no início, cautelosamente e, depois, de forma mais arrojada. Não só aprendi a delegar melhor e mais frequentemente mas também instituí uma nova gestão de topo que permite à empresa ter negócios independentes que são geridos sem o meu envolvimento. Passei a trabalhar menos e a ganhar mais.

Em resposta aos resultados mensuráveis que obtínhamos com o nosso trabalho empresarial na FG, criámos o Greenlight Research Institute, um laboratório de ideias dedicado a estudar o modo como as melhores relações no local de trabalho e com os clientes podem aumentar as vendas, fidelizar os clientes, redundar em lucros e no envolvimento dos clientes mais importantes, numa rotatividade mais baixa de recursos--chave, aumentos quantificáveis na produtividade e inovação observável nos riscos que se correm de forma mais saudável – já para não falar de uma liderança mais preocupada e coesa que estruturou o caminho para um ambiente de trabalho melhor para todos.

E para os nossos clientes e para os seus colaboradores, estas vitórias não ficaram por aqui para nós,. O apoio de um círculo próximo de amigos e de pares continua a definir, a enriquecer e a encorajar a minha trajectória pessoal. Sinto-me mais feliz e realizado. Já não entro em pânico nem me aborreço se as nossas decisões importantes fracassarem. Recuperei o controlo da minha vida, tanto a nível pessoal como profissional. Agora, vivo com a ajuda, o apoio e os conselhos de um grupo próximo de conselheiros em quem confio, que respeito e que admiro e aos quais me basta telefonar ou fazer uma visita sempre que é necessário.

Não foi uma surpresa verificar que as relações com os meus colaboradores melhoraram 250%. (Não sei porque estabeleci este número; digamos que finalmente somos a equipa que sempre desejei ter.) Claro que este novo ambiente não significa que não haja conflitos e percalços. Porque os há. No entanto, agora, quando acontecem, resolvemo-los mais depressa, com mais sinceridade e em equipa.

Mudámos há pouco tempo para um edifício maior, onde temos mais espaço para crescer. Actualmente, o meu gabinete é um retiro para mim e deixou de ser uma fonte de preocupações.

A Ferrazzi Greenlight está prestes a ultrapassar todos os meus sonhos.

QUATRO FORMAS COMO AS RELAÇÕES VITAIS PODEM AJUDÁ-LO

Muito provav elmente, já ter sentiu o poder e o potencial das relações vitais a dada altura da sua vida. Pense nalguns atributos dos melhores patrões que teve – o tipo de patrão que o encoraja, que lhe dá espaço para crescer, que aprecia os seus esforços, que não controla meticulosamente mas guia o seu desenvolvimento com sabedoria e que colmata os seus enganos com firmeza, compreensão e sinceridade. Ou então pense no bom amigo ou familiar que largou tudo para o apoiar num momento crítico da sua vida e que não o deixou fracassar. Lembre-se do sócio que teve no trabalho, que se arriscou por si e cuja influência ainda hoje o sensibiliza.

Se alguma vez teve um grupo de pessoas importante na sua vida que o encaminhou na direcção certa – ainda que por pouco tempo –, sabe do que estou a falar. E pode ter ainda mais na sua vida – *agora mesmo!*

De que forma irão estas relações beneficiá-lo? Seguem-se quatro situações em que acredito que as relações vitais são importantes:

1. Quando nos ajudam a compreender o verdadeiro significado que o êxito tem para nós, incluindo os nossos planos de carreira a longo prazo.
2. Quando nos ajudam a escolher o plano mais forte para alcançar o êxito, através de objectivos e de estratégias de curto prazo que nos iriam complicar a vida se tentássemos cumpri-los sozinhos.
3. Quando nos ajudam a entender o que temos de *deixar de fazer* para seguir em frente nas nossas vidas. Refiro-me às coisas que todos fazemos e que nos impedem de alcançar o êxito que merecemos.

4. Quando estamos rodeados de pessoas que se empenham para garantir que aguentamos as mudanças, para que possamos tornar vidas boas excelentes.

MENTORES E RELAÇÕES VITAIS

Embora acredite que os mentores são essenciais para todos os homens de êxito, há uma distinção importante entre mentores e relações vitais. A relação com o mentor é essencialmente uma relação entre mestre e aprendiz. O mentor partilha generosamente o conhecimento, os contactos e toda a sabedoria da sua experiência com um aluno empenhado e merecedor. Não é certamente uma relação unidireccional – o aluno contribui de muitas maneiras –, mas o equilíbrio da autoridade é muito mais pesado do lado do mentor.

Uma relação vital verifica-se entre iguais, entre pares, entre indivíduos que podem ser parceiros intelectuais e confidentes.

Claro que nenhuma relação é estática. Lembre-se de mim e de Greg. Ao longo do tempo, à medida que crescemos pessoal e profissionalmente, os melhores mentores podem tornar-se relações vitais.

VAMOS COMEÇAR

Está no auge das suas capacidades? Procura alguma vantagem adicional? Sente-se emperrado ou desequilibrado? Alguma vez suspeitou de que está neste mundo para alcançar algo único, mas não sabe o que é nem como pode obtê-lo? Apesar de tudo o que alcançou, sente por vezes que tropeça em si mesmo ou que se atrapalha? Está pronto para quebrar os seus telhados de vidro? Sente-se sozinho na sua busca? As suas relações são tão profundas como deviam? Um pouco mais de disciplina iria ajudá-lo? Não seria fantástico ter pessoas que o apoiassem e que estivessem lá para si, na sua carreira e na vida pessoal? Está pronto para ir além da mediocridade e ter êxito?

Neste livro, vai conhecer muitas pessoas que tiveram êxito graças à ajuda e aos conselhos de um grupo restrito de conselheiros. As provas do poder destas relações vitais são arrebatadoras. De funcionários de pequenas empresas a homens de negócios, de empreendedores a indivíduos, milhões de pessoas no mundo inteiro tiveram ajuda para atingir os seus objectivos e para ultrapassar desafios através do poder dos outros.

Há que esclarecer uma coisa: o conceito de pedir apoio a outras pessoas não significa que tenhamos de mudar a nossa personalidade. Trata-se de recorrer à ajuda e aos conselhos de outros para nos *tornarmos* a pessoa que podemos ser. Este tipo de apoio mútuo é muitas vezes a chave que não é reconhecida por detrás dos feitos de muitas pessoas com desempenhos excelentes com quem contactamos diariamente. Estou convencido de que é o segredo para alcançarmos o nosso verdadeiro potencial na carreira, no negócio e na vida pessoal.

Só precisa de três pessoas para melhorar a sua vida. Somente três pessoas. (É muito provável que não sejam as três pessoas em quem acabou de pensar!)

Vou ajudá-lo a pensar de forma estratégica sobre as três pessoas que devem pertencer ao seu círculo restrito. Assim que tiver estabelecido um porto seguro com um grupo de conselheiros de confiança, vai perceber que começa a correr mais riscos, tanto a nível individual como dentro do grupo e na sua empresa.

Posso dar-lhe outra garantia: vai ficar tão orgulhoso do êxito que teve nas fases iniciais deste processo que vai querer fazer ainda mais. *Como posso integrar estas ideias de um modo mais completo e estruturado na minha vida e partilhá-las com os outros?* Vai fazer-se esta pergunta, quer seja no que diz respeito à sua empresa, ao seu lar, à sua família, igreja ou comunidade. Tal como eu, vai tornar-se um embaixador dos Quatro Hábitos Mentais que constituem as bases de tais relações e que exporei em seguida.

Foi o que aconteceu comigo. O que mais desejo é poder ajudá-lo também a concretizar os seus sonhos.

Portanto, quer seja médico, executivo, gestor de produto, empregado por conta própria, artista, mãe a tempo inteiro ou simplesmente alguém que quer viver a sua vida da melhor maneira possível, vou mostrar-lhe como pode criar a equipa de sonho que o ajudará a vencer as suas fraquezas e a alcançar o êxito e a realização de que todos devemos desfrutar.

Vamos todos progredir – em conjunto.

SEGUNDA SECÇÃO

Os Quatro Hábitos Mentais

Criar uma base para as relações vitais

O PODER DA INTIMIDADE

Por vezes, dizem-me: «Keith, não podes criar relações próximas e íntimas. Têm de surgir naturalmente.» Vendo como a maioria das pessoas é tímida e recatada, se você ficar à espera de que as relações surjam, talvez elas nunca se concretizem e muitos de nós terão apenas conhecimentos superficiais sobre elas.

Depois da publicação do livro *Nunca Almoce Sozinho*, fui ganhando coragem para apresentar o verdadeiro Keith nas palestras que dava por todo o país. Comecei a correr mais riscos. Passei a achar mais fácil falar com estranhos, primeiro para um público grande, depois entre amigos e, finalmente, com os meus clientes e sócios da FG.

Certa vez, no início da minha aprendizagem para discursar em público, munido destas novas percepções, estava em Houston numa palestra juntamente com os restantes oradores. Um deles, muito mais conhecido do que eu naquela altura, almoçava ao meu lado quando eu lhe perguntei o que tinha achado da minha intervenção da manhã. Tal como todas as pessoas influentes, não se coibiu de expressar a sua opinião.

«Não seja tão franco», aconselhou-me.

Fiquei surpreendido e isso revelou-se na minha expressão. Não era o que esperava ou desejava ouvir. Respeitava verdadeiramente o indivíduo e, como disse, era um novato a discursar em público.

«O público é como as formigas», prosseguiu. «Interessam-se apenas em seguir-nos e no que lhes digamos para fazer. Não estão preocupadas com a nossa faceta humana. Querem-nos no cimo dos nossos pedestais. Não desça de lá.»

Agradeci-lhe a opinião e comi a minha salada. Naquele instante, também resolvi não mudar de rumo. Percebi instintivamente, através da reacção que recebi do público, que era um bom orador e sabia como isso me fazia sentir muito melhor comigo mesmo.

Tenho de lhe fazer justiça pois, este homem é um orador fantástico – rio-me e aprendo muito com ele sempre que o ouço, e o conselho que me deu está de acordo com a sabedoria normalmente instituída. No entanto, uma semana depois, recebemos a avaliação das intervenções, dada pelo público, (os organizadores de eventos gostam de saber que o dinheiro que investem foi rentabilizado) e tive uma classificação superior à dele. Na verdade, a minha intervenção fora a melhor classificada que aquele organizador de eventos alguma vez vira. Conto-vos este episódio não para me gabar – já aprendi essa lição – mas para sublinhar o facto de que todos reagimos a quem é sincero, directo e verdadeiro. E foi assim que procedi num palco perante centenas de pessoas, em menos de meia hora.

Criar intimidade com outras pessoas pode demorar poucos instantes – num palco, perante um novo cliente, numa festa, com alguém que não conhecemos, até quando nos sentamos ao lado de um estranho num avião. Pode também surgir em relações que já existem, através do poder da generosidade, da vulnerabilidade e da sinceridade. Para além do mais, estabelecer estas relações faz parte da nossa condição humana.

ESTÁ NO NOSSO ADN

No ano passado, regressei à Pensilvânia porque a minha tia Rose estava a morrer; estar ali fez-me sentir tão próximo dela e da minha família que nem consigo descrever. Nevava quando eu saí do hospital, e as casitas de mineiros da minha juventude pareceram-me quentes e reconfortantes. Quatro horas antes olhara para essas casas com desdém e pensara como era um felizardo por ter fugido de Latrobe. O meu pai sempre me encorajou a mais altos voos: «Keith, quero que tenhas mais do que isto...»

Mas a experiência de ter estado com a minha tia nos momentos finais da sua vida e também com a minha família, que adoro, ajudou--me a relembrar os sentimentos da infância.

Este local fora o meu primeiro porto seguro. Foi uma consciencialização estranha para mim, porque toda a vida tinha tentado sair da pequena cidade em que tinha crescido. Senti sempre que a cidade me impedia de crescer e que me limitava. Mas, naquele momento, tinha regressado emocionalmente a casa e era uma sensação óptima. Tinha voltado a ligar-me emocionalmente à minha «tribo». Percebi que isso não acontece com frequência. Suspeito que na vida dos outros também não. Mas pode acontecer e podemos contribuir para que tal aconteça.

É triste constatar que cada vez mais pessoas recorrem a momentos como nascimentos, casamentos ou mortes para abandonar as suas vidas ocupadas e satisfazer a necessidade de estabelecer relações mais profundas com os outros. Estes momentos «tribais» – em que nos ligamos mais profundamente aos outros, quando a vida aparenta tornar-se mais significativa e quando adquirimos temporariamente uma noção de pertença – deviam ser parte das nossas rotinas. Temos o poder de fazer isso por nós próprios, sem esperar que alguém de quem gostemos tenha um filho ou passe por uma crise.

Esquecemo-nos de que, quando nos juntamos por um propósito comum, quando estamos «ligados uns aos outros, a um líder, a uma ideia», tal como Seth Godin indica em *Tribes,* todos somos capazes de concretizar mais do que conseguimos sozinhos. Não apenas porque temos uma infra-estrutura de apoio, mas porque todas as tribos criam relações vitais e é através destas relações que nos apercebemos do que é único em nós. Tal percepção provém do *feedback* mútuo que damos uns aos outros – um processo que constitui as bases das relações vitais. Embora todos saibamos e entendamos as bases de tais respostas pessoais e o *feedback*, a maioria não tem noção do papel espantosamente poderoso que podem ter nas nossas vidas.

AS CONSEQUÊNCIAS DE UMA VIDA SEM TRIBO

Todos os sistemas vivos conservam o seu equilíbrio interno, a sua harmonia e a sua ordem através da capacidade de evolução, devido ao *feedback* que recebem. No mundo natural, existe uma permuta constante entre os organismos e o seu ambiente, para que os organismos biológicos mantenham a estabilidade e para que se auto-regulem, à medida que surgem novas circunstâncias. É uma dinâmica darwiniana e de constante mutação – quanto melhor for o *feedback*, melhor um organismo consegue regular-se e maiores serão as suas hipóteses de sobrevivência.

O mesmo acontece com as pessoas. Receber um bom *feedback* dos outros ajuda-nos a estar mais cientes daquilo que estamos a fazer bem e mal, tanto no aspecto prático (avaliar as nossas qualidades e defeitos) como no aspecto espiritual (o que nos faz verdadeiramente felizes).

Uma causa para a evolução das tribos entre nós é a forma como são eficazes na facilitação de relações. No livro *The Psychology of Helping and Altruism* (1995), David Schroeder e os seus colegas investigadores demonstraram que o conceito da ajuda recíproca – que os autores apelidam de «norma da reciprocidade» – existe em todas as culturas do mundo.

Por outras palavras, o conceito de ajuda recíproca faz parte do nosso ADN.

Em 2008, num estudo fascinante que envolveu quatro pares de fêmeas macaco-capuchinho, os investigadores do Living Links Center da Universidade Emory descobriram que os macacos tinham sensações de prazer quando partilhavam comida. O processo era o seguinte: os investigadores permitiram a cada par de macacas escolher um símbolo que (a) recompensasse apenas o macaco que tinha o símbolo com um doce ou (b) recompensasse ambos os macacos do par com um doce. Os macacos optaram sistematicamente pela opção pró-social, desde que o seu parceiro lhes fosse familiar, estivesse visível e recebesse uma recompensa de valor semelhante. Portanto, observar outro macaco a receber comida era satisfatório ou uma recompensa para eles.

Os investigadores sublinharam que a partilha entre macacos era mais provável quando estes tinham laços pessoais mais fortes e concluíram que «a empatia aumenta com a proximidade social, tanto no Homem como nos animais».

Lá no fundo, todas as pessoas, quer no Tennessee quer em Timbuktu, partilham a mesma necessidade básica de ligações humanas. Mas, se procurar e reunir o apoio dos outros é a nossa condição *natural*, a nossa evolução *cultural* seguiu um rumo diferente. Os factores culturais criam divisão, tanto entre nações como nas próprias comunidades, à medida que tentamos alargar o círculo de pessoas em quem confiamos.

Já fui muitas vezes acusado de quere que os Americanos agissem mais como os Italianos (a minha família é oriunda de Itália). Nos seus negócios, os Italianos elegem as relações – e os Quatro Hábitos Mentais essenciais que irei abordar nesta secção – como prioritárias. Compare-se esta situação com o mundo dos negócios nos EUA. Embora nós, Americanos, sejamos talvez mais abertos e socialmente extrovertidos, aos olhos do mundo somos mais desligados uns dos outros e temos menos probabilidades de ter relações próximas do que os europeus ou os asiáticos. (Lembre-se de que não me refiro ao que acontece em nossas casas ou com os amigos mais chegados, mas nos círculos mais abrangentes – nos nossos bairros, empresas, etc.) No mundo dos negócios, os Americanos são vistos como um povo muito rápido a tratar dos assuntos.

É essa a grande diferença entre as culturas da Ásia Oriental (Chineses, Coreanos, Japoneses) e as culturas ocidentais, no que diz respeito à independência e à interdependência, de acordo com Shinobu Kitayama, Hazel Markus e Dick Nisbett da Universidade do Michigan. Na Ásia Oriental, os habitantes tendem a ser muito mais interdependentes nos pensamentos e nos valores do que os seus homólogos ocidentais. Isto significa que os habitantes da Ásia Oriental têm mais noção das suas ligações intensas com os outros e tendem a entender a «sua pessoa» pela forma como se relaciona e é definida pelos outros. No Ocidente, por outro lado, tendemos a ser mais confiantes na nossa independência e focamo-nos mais nos direitos e nas capacidades do indivíduo.

Esta diferença entre as duas culturas revela-se de formas diferentes. Por exemplo, os investigadores provaram que no Ocidente tendemos a ser vítimas daquilo que ficou conhecido pelo «erro fundamental de atribuição» – assumimos que as acções de uma pessoa são sobretudo determinadas pela personalidade e pelo hábito mental, e não por forças sociais e ambientais.

Num famoso estudo de 1967, pediram a várias pessoas que lessem recensões que incluíam argumentos contra e a favor de Fidel Castro. Na verdade, os autores dos textos tinham decidido ao acaso quem iria defendê-lo e quem iria condená-lo. No entanto, mesmo quando souberam que tinham sido *atribuídos* aos autores os aspectos que tinham de defender, as pessoas continuaram a acreditar que, no geral, os escritores que redigiram os argumentos em defesa de Castro tinham uma ideia mais positiva dele.

Esta tendência do pensamento ocidental tem implicações poderosas para os negócios. Se, por exemplo, um vendedor não consegue um novo cliente, a nossa reacção típica é culpar o vendedor – não deve ser muito bom no seu trabalho, certo? Alguém de uma cultura da Ásia Oriental, por outro lado, mais facilmente considera o efeito da economia estagnada, da decisão do cliente ou das qualidades da concorrência.

Nisbett e os seus colegas indicaram que estas diferenças de perspectiva remontam às civilizações grega e chinesa. Enquanto a civilização grega favorecia o individualismo, a lógica e o pensamento analítico, a civilização chinesa sublinhava o pensamento dialéctico, o holismo e a agricultura comum.

Não é difícil ver exemplos culturais que reforçam estas ideias. Desde a famosa estátua equestre do imperador Marco Aurélio no Capitólio, em Roma, à Declaração de Independência, os Ocidentais sempre valorizaram o heroísmo individual, as invenções e os feitos. Por outro lado, os Japoneses têm um ditado: «A unha que salta volta ao seu lugar.» Na sociedade japonesa, sobressair como ser individual não é visto como algo positivo, mas como algo que deve ser emendado.

Penso que chegou a altura de os Ocidentais restabelecerem uma relação com o ADN comunitário. Os nossos valores culturais pendem demasiado para o isolamento e, em muitos casos, ultrapassaram a tendência natural da sociabilidade.

Constatei que é muito frequente desligarmo-nos das outras pessoas, tanto em casa como no local de trabalho. (Eu fiz isso em tempos!) Muitas pessoas tentam fazer tudo sozinhas. Eu percebo porquê. Na cultura actual, damos um valor excessivo ao indivíduo e sacrificamos o trabalho de equipa e a colaboração. A comunicação social apresenta histórias sucessivas de vedetas do mundo dos negócios, do desporto e da política que, alegadamente, alcançaram tudo sozinhas porque seguiram uma visão brilhante mas solitária. É muito frequente ficarmos com a sensação incómoda de que aqueles que precisam de ajuda ou que recorrem a ela são de certa forma fracos, não têm confiança ou essa confiança não é suficiente. Consequentemente, muitos perdem-se, fracassam e hesitam no percurso até ao topo.

Temos peias em ser francos até com os nossos amigos mais próximos, quanto mais com os colegas de trabalho. Encaramos a vulnerabilidade e, ocasionalmente, até a gentileza como um sinal de fraqueza. Guardamos as nossas opiniões, segredos e medos para nós. A sinceridade é vista como arriscada, como um campo minado, como algo intorelável para os outros (embora geralmente sejamos *nós* quem tem medo dela). Portanto, em vez de dizermos às pessoas o que pensamos frontalmente, falamos em círculos.

O resultado? Em vez de darmos conselhos sinceros, criamos boatos, falamos indirectamente, recorremos a esquemas ou usamos outros colegas e amigos como nossos mensageiros. Parece que ainda estamos no liceu! Consideramos a generosidade um retrocesso algo antiquado a uma era que já não existe. Há quem chegue ao ponto de assumir que, se alguém se dispõe a oferecer ajuda, deve ter um motivo subentendido: *O que quer aquela pessoa de mim?* E, assim, continuamos sozinhos.

Ao mesmo tempo, como sintoma cultural, queixamo-nos de uma falta de equilíbrio na nossa vida – passamos o tempo a trabalhar, a pensar no trabalho, a descansar do trabalho ou a preparar-nos para o trabalho. Contudo, segundo os economistas Ellen McGrattan e Richard Rogerson, o nosso horário laboral mantive-se mais ou menos inalterado desde a Segunda Grande Guerra. Na verdade, certos estudos sugerem que o nosso tempo de lazer até *aumentou*. (De quem é a culpa, se mantém o BlackBerry colado ao ouvido quando está de férias ou no ginásio?)

Portanto, se trabalhamos as mesmas horas que antes, ou até menos, porque temos a sensação de que nos dedicamos mais arduamente às nossas responsabilidades profissionais e de que recebemos muito menos por esse esforço?

Vim a descobrir que a verdadeira culpada é a falta de relações mais profundas e ricas, tanto no local de trabalho como na vida pessoal. Temos demasiados conhecimentos superficiais e poucos encontros íntimos e vitais.

É triste admiti-lo mas muitas das nossas relações passaram a focar--se mais na concretização de tarefas e de projectos específicos do que no desenvolvimento e formação de ligações geralmente íntimas. Infelizmente, foi uma escolha que fizemos. No dia-a-dia, lidamos com os colegas e os clientes de forma superficial. A maioria satisfaz-se pela rama. A consequência no local de trabalho foi uma completa falta de lealdade por parte dos clientes, empregadores e empregados; não atingimos o nosso pleno potencial na carreira porque temos muito medo de pedir conselhos, *feedback* e apoio aos outros. Na vida pessoal, a consequência é a sensação de desconforto e de que a vida tem de ser mais do que isto.

DÊ FOLGA AOS TRAVÕES

Quando era miúdo, eu e Dave, o meu melhor amigo, fizemos um carrinho de madeira com rodas descobertas num ferro-velho e uma corda para puxar. Podíamos puxá-lo até ao cimo de uma colina e a gravidade encarregava-se do resto. Depois de construirmos o carrinho, empurrámo-lo até ao cimo da colina ao pé de minha casa e entrámos a bordo. «Vamos!», gritámos, enquanto direccionávamos as rodas na descida. Mas nada aconteceu. Depois, percebi que Dave não tinha levantado os pés do chão. E Dave reparou que eu não tinha largado a corda que tínhamos atado a um tijolo de cimento para fazer de âncora de segurança. Ambos tínhamos medo de nos soltar e de deixar a gravidade fazer o resto.

É uma situação idêntica à que vivemos quando temos de desabafar com dois ou três conselheiros próximos, as pessoas que formam a nossa tribo. A natureza quer levar-nos até lá – só temos de confiar em nós e dar folga aos travões.

Eu e o Dave fizémo-lo finalmente – e foi a viagem das nossas vidas.

TORNE-SE TRIBAL: QUATRO HÁBITOS MENTAIS PARA CONSTRUIR RELAÇÕES VITAIS

Quatro Hábitos Mentais essenciais – que podem ser aprendidos e praticados – compõem a base comportamental necessária à criação do tipo de relações vitais a que me refiro.

- *Generosidade*. É a raiz de todos os outros comportamentos. É o compromisso para o apoio mútuo que se inicia pela vontade de estar presente e de partilhar criativamente as nossas percepções e ideias mais profundas. É o compromisso de ajudar os outros a ser bem-sucedidos através de todos os meios disponíveis. A generosidade assinala o fim do isolamento porque abre a porta para

um ambiente emocional e de confiança, um «espaço seguro» – o tipo de ambiente que é necessário para criar relações nas quais outros hábitos mentais se podem desenvolver.
- *Vulnerabilidade*. Implica baixar a guarda para que ocorra um entendimento mútuo. Nesta fase, atravessa-se um limiar para um espaço seguro, alcançado depois de a intimidade e a confiança terem aberto as portas de par em par. A relação que é fruto da generosidade evolui para um espaço de amizade destemida no qual se correm riscos e para o qual se convidam outras pessoas.
- *Sinceridade*. É a liberdade para ser completamente sincero com aqueles em quem se confia. A vulnerabilidade abre o caminho para o *feedback*, e, assim, pode partilhar as suas esperanças e os seus medos. A sinceridade permite-nos começar a interpretar, a responder e a apreender as informações de forma construtiva.
- *Responsabilização*. A responsabilização refere-se ao cumprimento das promessas que se fazem aos outros. Trata-se de dar e receber o amor honesto e sólido que nos permite encarar as verdadeiras mudanças.

O segredo para estabelecer relações próximas com as pessoas que consideramos conselheiras de confiança, tanto na carreira como na vida pessoal, consiste na forma como estes Quatro Hábitos Mentais se conjugam. O processo começa pela generosidade. Afasta repentinamente as pessoas de relações tradicionais e oportunistas do tipo: «faço por ti porque fazes por mim». Procurar os outros e ajudá-los dá-nos a oportunidade e a permissão de levar a relação a um nível mais profundo. Permite-nos explorar a intimidade, até ao ponto de sermos vulneráveis e abertos perante o próximo. Se criámos um espaço seguro, um local onde nos sentimos bastante à vontade para dizer honestamente o que sentimos e pensamos, podemos arriscar mais numa relação. Podemos comprometer-nos a apoiar o outro para o bem e para o mal e responsabilizar-nos por fazer o que nos permitirá concretizar os nossos sonhos e aspirações. Correr estes riscos pode levar-nos a criar mais do que apenas amizades – poderemos criar *relações vitais* para um futuro melhor.

Este processo repete-se: quanto mais der, mais profundamente chega e a partilha tornar-se-á mais intensa. Fortalece o seu espaço seguro e tem mais liberdade para ser vulnerável e sincero – o que torna a sua relação ainda mais profunda. A confiança constrói-se de forma crescente, por fases, torna-se mais intensa e forte à medida que os hábitos mentais são praticados de forma mais sincera e apaixonada.

Desde que apliquei estes hábitos à minha vida, eu e os meus colegas também os concretizámos na FG e ajudámos os nossos clientes a criar relações vitais semelhantes nas suas carreiras, conduzindo-os a um maior êxito quer na vida pessoal quer como parte de um grupo, de uma divisão ou de uma organização. Tem sido uma experiência verdadeiramente inspiradora. Estes grupos abrangem membros de quadros de empresas e equipas de executivos de topo, jovens líderes com grande potencial e empregados que integram recentemente quadros de empresas. Já recorremos aos Quatro Hábitos Mentais para revigorar equipas de vendas inteiras.

Mas sejam os indivíduos e os grupos quem forem e independentemente do modo como são vistos do exterior, *no interior do círculo de confiança dos conselheiros que criaram e em relação ao apoio que oferecem, são pares.*

Vale a pena repetir: *pares*. Mesmo que um deles tenha autoridade na organização e poder de decisão inerente, cada membro funciona como um par igualmente respeitado que oferece ideias criativas, *feedback* sincero e críticas expressadas com autêntica preocupação pelos interesses dos outros e com atenção rigorosa aos propósitos de responsabilização, ao estabelecimento de objectivos, ao acompanhamento e, claro, aos resultados. Cada membro tem total permissão aberta e respeitável para chamar os outros à atenção quando estão aquém das expectativas (porque todos ficamos aquém e a maioria de nós tende a ficar aquém repetidamente).

Quer ter mais êxito na sua carreira e sentir-se mais realizado na vida? Então, vamos começar.

DESTINO: ESPAÇO SEGURO

Alguma vez observou crianças a explorar o mundo, longe do controlo dos pais? Afastam-se alguns passos da mãe e do pai e, depois, regressam hesitantes só para se certificarem de que tudo está bem.

Na vez seguinte, afastam-se mais um pouco – mas testam continuamente o que podem fazer e como podem ir cada vez mais longe, enquanto desenvolvem a confiança para se aventurarem ainda mais além rumo ao desconhecido. O que lhes confere a confiança inata para procederem deste modo? Lá no fundo sentem-se seguras e, por isso, estão dispostas a explorar o ambiente que as rodeia. Sem essa base, sem essa segurança, é pouco provável que corram riscos ao longo da vida. (Ironicamente, vão passar a maior parte da vida a jogar pelo seguro.)

A minha experiência pessoal convenceu-me de que a chave para revelar o nosso maior potencial, tanto pessoal como profissional, baseia-se na criação de uma versão adulta desse local seguro, onde damos e recebemos apoio íntimo e sincero quando há que abordar assuntos importantes ou não. Um local onde possamos cometer erros sem correr o risco de ter vergonha ou medo, onde possamos arriscar novas ideias (mesmo que não prestem) e adquirir confiança durante esse percurso.

Para ajudarmos os outros no contexto profissional e para corrermos os riscos associados ao estabelecimento de uma relação aberta, honesta e preocupada com qualquer pessoa, temos de nos sentir seguros. Temos de saber que a pessoa a quem recorremos, para obter conselhos e apoio discute muito séria e demoradamente, mas temos de ter a certeza de que a relação vai permanecer intacta, recuperar ou até sair fortalecida com essa discussão. Essa segurança provém de um nível profundo de confiança e de respeito pela outra pessoa. Normalmente, é algo estabelecido durante um longo período de tempo, através de experiências repetidas.

O que pretendo dizer? Para criar um círculo próximo de relações com algumas pessoas fundamentais na sua vida profissional (e pessoal) – lembre-se, só precisa de três pessoas –, tem de criar um local seguro para os outros que lhes permita correrem riscos e serem sinceros, sem medo de comprometer a relação.

Qual é o problema? A maioria das empresas diz aos seus colaboradores: «Sejam sinceros. Corram riscos para conseguirem inovar» e «responsabilizem-se como equipa». Mas isso é impossível. Estão a pôr a carroça à frente dos bois. *Primeiro* têm de criar as bases de respeito e de confiança!

Um local seguro é um ambiente emocional – não é um local físico – onde dois ou mais indivíduos se sentem à vontade para correr riscos. É um ambiente onde estamos à vontade para fazer e receber críticas, onde nos sentimos confortáveis por saber que o *feedback* que recebemos vem de pessoas que se preocupam, onde sabemos que nos respeitam, que acreditam em nós e que só querem o nosso bem.

É fácil criar um lugar seguro com duas pessoas que pensam da mesma maneira. É um desafio maior quando não se tem a certeza de que a outra pessoa está disposta a agir da mesma forma.

Quando falo com membros das equipas de vendas ou treino pessoas para terem conversas duras no trabalho, uma forma de começar a estabelecer um lugar seguro consiste em afastar a pessoa da sua secretária ou da sua área de influência, por exemplo, a sua casa. Para que baixem as suas defesas, temos de afastá-las do ambiente a que estão habituadas e onde se sentem protegidas (e defendidas). Convide a outra pessoa para tomar um café ou uma bebida ou para jantar. Tem algum desentendimento para resolver com o seu filho adolescente? Tire-o do quarto cheio de *posters*, leve-o para a rua. Vá dar um passeio ou uma volta de carro.

Cada um de nós é responsável por criar um lugar seguro em seu redor. Vou repetir, porque é muito importante: *Cada um de nós é responsável por criar um lugar seguro*. Fazemos uma escolha consciente para criar o ambiente convidativo para os outros. Significa que temos de eleger como prioridade a segurança da outra pessoa e de tornar as nossas intenções claras.

Tem de estar preparado para dar o primeiro passo, mesmo que, para si, isso signifique correr um pequeno risco. Portanto, comece lentamente pela generosidade, o primeiro hábito mental.

PRIMEIRO HÁBITO MENTAL

Generosidade

Há alguns anos fui convidado a participar no «Date With Destiny» (Encontro com o Destino), um famoso seminário de cinco dias apresentado por Tony Robbins, o guru do auto-aperfeiçoamento. Sempre admirei Tony, quer pelas suas capacidades empreendedoras, quer pela sua sabedoria pessoal sobre as alterações do comportamento humano. Também tinha estudado os seus livros e gravações, porque na FG analisávamos todas as formas de mudança e de aperfeiçoamento do cenário de comportamento empresarial não tradicional. Portanto, quando Tony me pediu para me juntar a ele, acedi com entusiasmo.

Para mim, a questão central do seminário resumia-se a uma dúvida poderosa mas simples: *Qual é a primeira pergunta que lhe vem à cabeça?*

Antes do seminário nem pensava que tinha uma «primeira pergunta». Mas, tal como Tony explicou, todos temos uma pergunta dominante na vida – uma questão que está sempre presente no plano de fundo, a filtrar o nosso pensamento consciente e inconsciente. Eis algumas das questões dos outros participantes: «O que fiz de errado?», «Porque havia alguém de me ajudar?», «Porque não sou suficientemente bom?», «O que pensam de mim?», «O que fiz para merecer isto?» e «Quando é que a vida melhora?» Seja qual for a nossa dúvida, explicou-nos Tony, ela guia as nossas emoções, comportamentos e reacções e é plausível que defina a nossa identidade.

Apercebi-me de que a minha principal questão era «Estarei seguro?». Grande parte da vida fui impelido pelo desejo de ter uma rede de segurança. Traduzi-o em segurança financeira e na necessidade urgente de me afirmar perante os outros – desencadeada pela minha insegurança subjacente de ter sido um miúdo que cresceu entre pessoas mais ricas, em relação às quais sentia que era inferior. No seminário temi admitir que isto podia tornar-me parecer fraco ou demasiado envolvido em assuntos da infância ainda presentes. Mas, quando os restantes participantes começaram a revelar as suas perguntas, percebi que muitos destes assuntos são fundamentais e estão inculcados em todos nós. Senti-me muito menos sozinho.

Enquanto escutava Tony, percebi que essas necessidades já não eram o meu objectivo pois já tinha alcançado um nível saudável de êxito. Conseguia pagar as contas todos os meses e muito mais. Precisava de ultrapassar aquilo que agora apelido de «mentalidade de escassez» e parar de provar o que valho aos outros. Se tivesse feito isto mais cedo na minha carreira, teria progredido ainda mais depressa.

O maior avanço deu-se quando me perguntei sinceramente: «O que traz à minha vida mais satisfação e sensação de êxito?» Quando pensei nos meus clientes mais leais – aqueles a quem servia há mais tempo –, tornou-se claro que fora a eles que eu trouxera mais valor. Os meus momentos preferidos? Bem, todas as vezes em que interrompi os meus afazeres para que alguém se sentisse melhor no seu trabalho ou com o impacto que estava a ter num projecto e os progressos que fazia nele. Foram estes momentos que me fizeram sentir melhor comigo mesmo, realizado e bem-sucedido.

Quando o seminário terminou, decidi esforçar-me ainda mais e contribuir para ajudar os outros. Sempre acreditei no espírito de generosidade na minha interacção com os outros e esse espírito era, na verdade, o tema de *Nunca Almoce Sozinho*. Mas percebi que tinha de abraçar este espírito de forma mais completa e poderosa tanto na minha empresa como no dia-a-dia. Sim, já dava alguma coisa aos outros de várias maneiras. Mas percebi que as minhas contribuições tinham de atingir o centro da minha vida e do meu trabalho.

Como podia contribuir para os outros, todos os dias, em todas as reuniões com os colaboradores e na interacção com o cliente? De que forma podia usar o meu talento para ajudar os outros?

O QUE TENHO PARA OFERECER?

Muitas pessoas *querem* ser generosas mas não sabem bem aquilo que têm para oferecer.

Todos temos algo para dar. Viktor Frankl, o falecido neurologista e psicólogo australiano, era um sobrevivente de um campo de concentração nazi. No seu clássico livro *Man's Search for Meaning*, Frankl descreveu como se recusou a sentir-se uma vítima, mesmo depois de ter sido separado da mulher e dos pais (os três viriam a morrer mais tarde nos campos de concentração). Conseguiu este feito através de pequenos actos de generosidade. Se Frankl encontrasse alguém com mais fome do que ele, partilhava a sua escassa ração diária de pão. Durante os anos de prisão, ajudou em segredo companheiros desesperados que pensavam suicidar-se. Ao ajudar os outros, manteve a sua dignidade, mesmo experimentando um sofrimento que a maioria de nós nem sequer imagina.

Se este tipo de generosidade é possível num campo de concentração, é com certeza possível incuti-la nas nossas vidas. De uma forma ou de outra, todos temos uma moeda de troca que podemos partilhar com os outros.

Há muitas espécies de moeda especializada, mas há duas que se aplicam de forma mais abrangente e são as mais poderosas: a *moeda universal* e a *moeda pessoal*.

MOEDA UNIVERSAL

A moeda universal refere-se à nossa capacidade humana inata de nos ligarmos aos outros, independentemente do que somos e do que os outros são. Todos conseguimos ter intimidade com outro ser humano, se o ouvirmos, se simpatizarmos com ele e se nos preocuparmos. Todos podemos ser o colega que tem tempo para ir buscar um café ou que se relaciona mais profundamente com um cliente, empregado ou par. Sensibilidade, charme, a capacidade de dizer uma piada: todos temos essa moeda universal para desenvolver e partilhar.

A moeda universal também inclui o *encorajamento*, essencial para criar relações vitais que nos permitem alcançar o nosso pleno potencial. Já vi tantas vezes o encorajamento de um par condicionar o êxito e o fracasso de alguém! É também essencial para estabelecer um lugar seguro, onde podemos ouvir sem medo e fazer a nossa crítica sincera.

Tal como um cartão de crédito, a moeda universal é válida em qualquer parte. Vai ficar a saber mais sobre como desenvolvê-la na secção «Oito Passos para a Intimidade Imediata», na página 86.

WENDY SCALZITTI, AGENTE IMOBILIÁRIA

Durante a escrita deste livro, os tempos eram difíceis para os agentes imobiliários, especialmente em locais com dificuldades económicas, em áreas como o sudoeste da Pensilvânia, onde cresci. Wendy Scalzitti, a mulher do meu primo, vende casas em Janette, uma cidade ligada em tempos à indústria vidreira e com menos de dez mil habitantes. Na verdade, Wendy estava bastante desmotivada há anos, quando conheceu Natalie, uma nova agente da empresa dela.

«Éramos colegas de secretária e demo-nos bem», disse Wendy. «Certo dia, estava prestes a fechar um contrato e precisava de assinar uns papéis, quando recebi a notícia de que a minha avó tinha falecido. Liguei a Natalie da casa mortuária e disse: 'Ouve, podes fazer isto por mim?' Ela tratou de tudo o que faltava, conseguiu assinar os contratos e terminou as negociações. Não parava um minuto.»

Não tardou até que Wendy e Natalie começassem a trabalhar juntas formalmente – não tentavam apenas conseguir mais casas, também se inspiravam e encorajavam mutuamente e responsabilizavam-se na tentativa de ser melhores agentes. Não competiam e completavam-se uma à outra. Wendy explicou: «Sou muito meticulosa e Natalie não. Por outro lado, Natalie obriga-me a ultrapassar o meu

> medo de tomar as decisões certas. Uma das coisas que preferimos dizer uma à outra é: 'Estou a cobrir a tua retaguarda.'»
>
> Desde que passaram a colaborar, Wendy e Natalie venderam mais casas do que vendiam quando estavam sozinhas. São uma equipa não oficial e divertem-se muito mais a trabalhar. «Neste negócio, se não nos rimos, temos de chorar», diz Wendy. «Um dia, perdemos três vendas importantes mesmo antes do Natal. Estávamos no gabinete e só contávamos piadas sobre a situação. O que mais podíamos fazer? A minha filha disse-nos: 'Vocês as duas pensam que têm muita piada!' Respondi-lhe: 'Bem, querida, a semana seria muito longa se assim não fosse.'»

MOEDA PESSOAL

Para descobrir a sua moeda pessoal, não olhe para dentro – isto é muito difícil para muitas pessoas. Em vez disso, *olhe em redor*. A moeda pessoal implica descobrir aquilo de que os *outros* precisam para ser felizes em todas as dimensões da vida; depois, basta-lhe descobrir o que pode fazer para que alcancem a felicidade. Talvez tenha de recorrer às suas competências profissionais, à sua capacidade de resolver problemas, à sua rede de contactos, ao seu grande talento no judo ou, simplesmente, ao seu optimismo inabalável.

Para o ajudar a considerar de forma construtiva e criativa a moeda pessoal, pense em quem quer ajudar recorrendo à Roda de Êxito pessoal na página 176. Divide o êxito pessoal em sete áreas: profissional, financeira, relações pessoais, retribuição, saúde e bem-estar, estimulação intelectual e espiritualidade. Considere o que sabe sobre uma pessoa – e deve fazer perguntas para ficar a saber mais – para perceber como pode ajudá-la.

Quando lhes apresento a Roda de Êxito Pessoal, as pessoas apercebem-se frequentemente de que têm mais moeda pessoal para trocar do que alguma vez imaginaram. Seria capaz de dizer umas palavras oportunas a um colega do patrão para melhorar o desempenho dele no trabalho? Seria capaz de emprestar a um amigo recente um livro óptimo, mas pouco conhecido, sobre um interesse comum? Seria capaz de recomendar um bom médico, oferecer-se para ir treinar com alguém ou convidar alguém a participar num grupo de estudo religioso?

O segredo para optimizar a moeda pessoal é estabelecer uma relação bastante próxima para que essa pessoa se disponha a partilhar os seus sonhos e aspirações assim como os assuntos que a retraem. De que outra forma saberá do que mais precisam?

Quando passei a conviver com Bob Kerrigan, ele tinha os seus próprios dilemas na vida – pensava dedicar-se ao serviço público, estava a escrever um livro e começava a dar palestras. Na verdade, eu tenho experiência em todas estas áreas e podia dar-lhe conselhos sobre o seu êxito profissional.

Por outro lado, Greg Seal vivia em São Francisco e estava prestes a reformar-se. Já não necessitava de conselhos sobre a carreira. Para Greg, retribuir, dando conselhos estratégicos valiosos a alguém de que gostava, dava-lhe imensa satisfação assim como estímulo intelectual – algo importante para alguém que se ia reformar. O desafio de me ajudar no meu negócio era extremamente recompensador, disse-me Greg. Dava-lhe oportunidade de aprender e crescer e podia trabalhar com outras pessoas inteligentes e capazes.

Não sou conselheiro matrimonial, mas já testemunhei esta forma de moeda de troca nos melhores casamentos que conheço. Por exemplo, fico estupefacto com o incrível apoio mútuo que presencio entre dois amigos meus, o Dr. Mehmet Oz e a sua esposa Lisa.

Mehmet, autor de inúmeros êxitos e professor de cirurgia cardíaca na Universidade da Columbia, é talvez mais conhecido pela sua participação no programa de televisão de Oprah Winfrey. Lisa tem uma carreira muito bem-sucedida. É também autora de livros de êxito e produtora de cinema independente. Embora Mehmet e Lisa tenham vários filhos, parece que todos os dias se conhecem pela primeira vez.

O que acho mais incrível é a forma como apoiam incondicionalmente as carreiras e os interesses um do outro. O primeiro projecto dos dois, um livro, começou por ser uma série de televisão do Discovery Channel que Mehmet apresentou e Lisa produziu. Daí resultaram várias sequelas de êxito e, embora Lisa já não estivesse envolvida, os dois continuaram a trocar ideias constantemente.

Posto isto, tenho de admitir que fico chocado com o número reduzido de pessoas que contam com os parceiros ou cônjuges para obter apoio tal como o que descrevi.

A MINHA MOEDA É VÁLIDA AQUI?

Perguntam-me com frequência se os parceiros que se apoiam devem ter aproximadamente a mesma idade. Tendo em conta a minha relação com Greg, a minha resposta é não. A título pessoal, adoro trabalhar com pessoas mais novas, que estão a começar. Há pessoas mais novas na minha vida que me orientam nas suas áreas de conhecimento, tais como redes sociais na Internet, ou, simplesmente, em áreas em que têm aptidões especialmente fortes.

Por exemplo, há vários anos, Gavin McKay, um antigo sócio meu, fundou uma cadeia de ginásios. Queria criar uma experiência de exercício íntima, holística, com programas de treino personalizados e afastar-se do modelo normal de ginásio, com aproximadamente 1800 m^2, onde todos pudessem fazer exercício à sua vontade ou contratar um *personal trainer* caro para ter mais incentivo. Não percebo muito da gestão de um ginásio (embora passe algum tempo em ginásios) mas tenho anos de experiência em *marketing*. Em suma, ajudei Gavin a posicionar o seu negócio.

«Falámos muito de *branding*», diz Gavin, «e sobre as lutas para ser empreendedor. Conheci Keith quando era director executivo da YaYa Media e orador de uma conferência de *marketing*. Na altura, eu trabalhava na Deloitte. Achei que ele podia começar um negócio próprio, por isso, encorajei-o.»

É verdade: Gavin motivou-me imenso a fundar a minha empresa. Ele despreza muitas armadilhas das grandes empresas que considera um desperdício. Relembrava-me constantemente a pureza e a excelência da determinação de um empreendedor que se direcciona para um produto ou serviço que apela ao cliente e deu-me muito encorajamento por meio do senso comum.

Depois de ter fundado a FG, Gavin veio trabalhar comigo. Concebia mapas estratégicos de colaboração para os clientes. Gavin prosseguiu: «Keith sempre me apoiou, tanto a nível pessoal como profissional, e continuo a dar-lhe *feedback* objectivo acerca dos projectos dele. Agora que giro o meu próprio negócio, sinto que estamos em sintonia.» Na verdade, tal como disse a Gavin várias vezes, ele foi um parceiro desde o primeiro dia em que começámos a trabalhar juntos – embora tenha precisado de tempo para interiorizar isso.

O comentário de Gavin suscita um ponto crucial: a generosidade permite-nos ser mais abertos e íntimos em todas as relações. Generosidade e intimidade reforçam-se mutuamente. Ambas nos ajudam a ser mais abertos e sinceros.

Se for ter consigo e disser «quero ser seu amigo», a sua primeira resposta talvez seja «obrigado, mas tenho amigos que cheguem» ou «mas quem é este tipo?». Mas, se for ter consigo e disser «quero ajudá-lo», é natural que me ouça. Da mesma forma, se for falar com um cliente e começar a mostrar-lhe gráficos e diagramas desatar a disparar ideias, talvez ele tenha vontade de o expulsar do gabinete. Mas, se dedicar algum tempo a estabelecer uma relação humana genuína, levando o tempo necessário para, de forma generosa, ouvir as suas preocupações e necessidades, é provável que tenha disponibilidade mental para a possibilidade de eu ter algo para oferecer.

Num contexto empresarial, em que as pessoas estão normalmente distraídas e cheias de pressa, proceder com generosidade é uma óptima forma de conseguir a atenção dos outros. Quanto mais generosamente demonstrar a sua humanidade, em primeiro lugar, e, depois, o seu conhecimento, conselhos e talentos, mais as pessoas estarão dispostas a partilhar as suas preocupações – e melhor conseguirá ajudá-las a resolvê-las. A dada altura, a relação será suficientemente forte para constatar que podem começar a correr maiores riscos em conjunto. Vai poder dizer-lhes o que pensa que é útil para elas! (Por vezes, não é difícil ouvir, por isso, é crucial criar um espaço seguro.)

Outro bónus: à medida que a sua relação cresce, é mais fácil encontrar formas de ajudar. A dada altura, poderá dizer a uma relação vital: «Imagina que passou um ano e que estás a passar em revista os últimos 12 meses. Nesse momento, quero que possas dizer: 'a nossa relação foi de facto um acréscimo excelente na minha vida.' Portanto, diz-me o que tenho de fazer a partir de agora e até lá para que isso aconteça.»

Com uma proposta destas, acredite, não tarda vão procurar formas de o ajudar a si também.

AGORA, DEIXE OS OUTROS AJUDÁ-LO

Ser generoso parece fácil: basta ajudar os outros. Mas diria que a parte mais difícil da generosidade é recebê-la. (*Deixe os Outros Ajudá-lo* chegou a ser o título deste livro.)

Vou dar um breve exemplo. Michael Dill, um tipo jovem de Nova Jérsia, que estava de visita à Costa Oeste, teve algumas ideias sobre a expansão da GreenlightCommunity.com e marcou uma reunião com a equipa que controla as nossas operações na Internet. Naquele dia, eu estava no escritório e, então, levei-o a algumas reuniões comigo.

Ora, um dia ou dois mais tarde, eu pesquisava na Internet quando reparei na mensagem intitulada «Conhecer Keith Ferrazzi», adicionada ao *site* da nossa comunidade. Li frases como: «Keith tem uma presença incrível, impressionante.» Inevitavelmente, ri-me por me lembrar de como era ser tão jovem e facilmente impressionável. Não me interpretem mal – fiquei muito lisonjeado com o comentário. Mas, simultaneamente, a sua descrição generosa do tempo que passou na nossa sede deixou-me desconfortável. Em parte, não acreditava que uma simples visita breve pudesse ter tido um impacto tão grande nele ou em quem quer que fosse. Não lhe tinha dado uma sessão de formação, muito menos conselhos profissionais específicos – só o convidara a assistir ao nosso trabalho, na expectativa de que captasse algumas percepções.

Foi então que se fez luz: embora gostasse muito de *dar* aos outros, custava-me muito mais *receber* presentes – neste caso, gratidão (uma forma maravilhosa de generosidade) em troca.

Não sou o único a ter este problema. *É melhor dar do que receber* – todos sabemos que é o que o Novo Testamento diz. Receber pode fazer-nos sentir estranhos e, até, de certa forma, que não merecemos tal gesto. Na verdade, sempre que falo de generosidade na comunidade empresarial, faço sempre questão de concluir com o comentário: «deixe que os outros o ajudem». Conheço muitas pessoas que dizem: «Keith, por que raio alguém iria querer ajudar-me?» Subjacente a esta pergunta está o medo básico de simplesmente não termos quanto baste para dar em troca.

Certa vez, fui orador numa conferência nacional para profissionais do ramo da saúde, em Williamsburg, na Virgínia. Durante a minha intervenção, pedi aos ouvintes que anotassem o nome de alguém que os tivesse ajudado a progredir nas suas carreiras. Durante vários minutos ouvi o som de canetas a escrevinhar em papel. Depois, perguntei se havia alguém que não tinha escrito um nome. Haveria alguém na sala que não conseguia lembrar-se de uma pessoa que o tivesse ajudado? (Faço muitas vezes esta pergunta quando dou palestras, e nunca ninguém levantou o braço.)

Mas, desta vez, surgiu a mão de uma mulher que parecia estar quase a chorar. «Temos de conversar», foi a primeira coisa que me ocorreu dizer-lhe. Fui apanhado um pouco de surpresa pela coragem que deve ser necessária para se levantar e dizer que, tanto quanto sabia, não tinha ninguém no mundo a quem recorrer, mesmo que eu soubesse que isso talvez não fosse verdade.

Foi um encontro do destino para ambos e, desde esse dia, eu e Susan temos mantido contactos frequentes. Eis como Susan se lembra daquele momento: «Quando vi que tinha sido a única a levantar a mão, percebi de repente que nunca tinha pedido ajuda a alguém. Sou sempre eu que ajudo os meus amigos, mas nunca lhes peço para me ajudarem. Os meus pais morreram quando eu era pequena, então, sempre tive este instinto de sobrevivência e a noção de que tinha de fazer tudo sozinha. Quando percebi que não era capaz de escrever um nome no papel, fez-se luz. Sinceramente, não era verdade, mas estava a agir como se fosse. Limitei--me a ficar ali de pé a chorar como um bebé.»

O que Susan não sabia era que, de uma forma diferente, *eu tinha o mesmo problema*. No final de contas, há muitas «coisas boas» – êxito, dinheiro, caridade, conhecimento – para partilhar na vida, não há? Não podia imaginar porque é que alguém quereria partilhar o que tinha comigo. Nunca explorara verdadeiramente a reserva de boa vontade que existia à minha volta. Bolas, isso teria sido demasiado perigoso! Porquê arriscar a dor da rejeição? Tanto eu como Susan éramos vítimas da mesma mentalidade de carência. E a revelação de Susan ajudou-me a libertar-me da minha.

Passo a explicar. Muitas pessoas cometem o erro de ver a vida através das lentes da carência, como um jogo sem ganhos nem perdas, em vez de usarem as lentes da abundância e terem oportunidade de tornar o bolo maior.

A boa notícia é que há um hábito mental disponível para todos: a «mentalidade da abundância». Esta mentalidade faz uma simples pergunta: *Quem disse que vivemos num mundo com um bolo finito?* Para quem vê a vida através das lentes da abundância, do êxito (como quer que os definamos), ela é ilimitada, infinita, disponível para todos os que pedem. É como a Internet: quanto mais as pessoas a usam, mais se ligam e mais forte se torna a comunidade. Podemos repetir vezes sem conta e os outros também, e ter muito mais desta forma do que se tentássemos sozinhos.

Depois da minha intervenção, falei em privado com Susan. Disse-lhe: «Foi preciso muita coragem para levantar a mão.»

Susan respondeu-me: «Na verdade, não pensava que seria a única.» E o instinto dela estava certo. Dez minutos mais tarde, uma mulher abordou Susan de forma hesitante para lhe dizer: «Só queria dizer-lhe que não levantei a mão porque tive medo e quero felicitá-la por tê-lo feito. Fiquei impressionada!»

Susan confessou-me mais tarde que aquele momento tinha sido muito marcante na vida dela. Disse-me: «Desde essa altura, é essencial para mim contactar e ligar-me a pessoas que podem ajudar-me. Umas semanas mais tarde tive problemas no hospital onde trabalhava – uma grande disputa com a gestão de topo – e os meus amigos ajudaram-me a tomar uma decisão importante que eu sabia que tinha de tomar: despedir-me e manter uma atitude positiva em relação a isso porque algo passaria a fazer sentido. Actualmente, tenho um emprego muito melhor trabalho com um grupo de médicos. Sem a ajuda dos meus amigos, provavelmente não teria tomado esta decisão nem ido em frente com ela. Isso não significa que tenha deixado de ajudar os outros – mas, agora, também eles me ajudam e eu permito que isso aconteça! É como retribuir antecipadamente.»

Tal como eu, Susan estava a perder um elemento importante de generosidade – *dar aos outros a satisfação de nos ajudarem*. Ao aceitar a ajuda também está a ser generoso porque permite que os outros se sintam úteis. (E quem não gosta de se sentir útil?) Haverá algo mais generoso e que revele mais compreensão do que permitir que aqueles que gostam de nós nos ajudem?

Conhece pessoas que se ofereceram para ajudá-lo e que você não permitiu que entrassem na sua vida? Aposto que muitas pessoas o ajudariam, se você as deixasse – e estou a incluir pessoas que ainda não conheceu e que, no entanto, podem mudar a sua vida para melhor, assim como você pode mudar a delas. Uma das formas mais seguras de criar uma relação mais profunda com aqueles cujas percepções e confiança valoriza é deixá-los entrar na sua vida, permitindo-lhes que o ajudem.

Existe um termo científico para esta noção: «interdependência obrigatória», uma expressão cunhada pela psicóloga social Marilynn Brewer no *Journal of Social Issues,* em 1999. A teoria de Brewer é a seguinte: para sobreviverem a longo prazo, os seres humanos têm de depender uns dos outros no que diz respeito à ajuda, à informação e à partilha de recursos, que, por sua vez, são partilhadas com outros. Em última instância, o indivíduo e o grupo equivalem-se. Os nossos benefícios individuais dependem da vontade do grupo para proceder de forma idêntica connosco tal como procedemos com o grupo. O processo é de cooperação. Exige confiança, mas há uma ressalva. Brewer não defende que confiemos em *toda a gente*; diz que a generosidade se baseia na probabilidade de os outros também serem generosos para connosco.

Tudo isto significa simplesmente que ambos, o grupo e o indivíduo, beneficiam sempre que *os dois* têm êxito. Quer nos apercebamos disso quer não, esta vontade de «dar e deixar dar» cria uma relação de dádiva e retribuição maravilhosa.

Então, como ultrapassamos os sentimentos assustadores e tipicamente negativos associados ao facto de sermos os receptores da generosidade de alguém? É simples: *ponha-se no lugar de quem oferece.* Estudos recentes de Francis J. Flynn e Vanessa K. B. Lake, no *Journal of Personal and Social Psychology,* sugerem que a nossa fraca compreensão dos hábitos mentais daqueles que pedem ajuda pode impedir-nos de o fazer porque acreditamos erroneamente que vão recusar. Os participantes nestes estudos subestimaram em 50% a probabilidade de outras pessoas concordarem em aceitar um pedido directo de ajuda ou apoio.

Pense bem nisto: como se sente quando alguém de quem gosta lhe pede a sua opinião? Fica aborrecido? Sente que é um abuso de confiança? Claro que não! É uma honra! As pessoas adoram sentir que os seus conselhos são valorizados e que fazem a diferença, que são necessário e apreciados.

DÊ E DEIXE DAR

No livro *The Circle of Innovation,* Tom Peters conta a história do seu colega da McKinsey, Allen Puckett, que reunira autores e guias espirituais, entre outros, no que chamava a sua «universidade pessoal». Quando lia um artigo ou um livro interessante, Peters conta que ligava aos autores inusitadamente e convidava-os para jantar. Ficaria surpreendido se soubesse como reagem ao interesse pelo seu trabalho, acompanhado de um convite espontâneo para jantar.

Desde então futuro, sempre que tinha de lidar com um problema, ligava a um dos autores ou pensadores da sua universidade, cujo conhecimento fosse relevante para o problema em mãos, e eles ajudavam-no invariavelmente a descalçar a bota. Estes casos sucederam há décadas. Actualmente, com o advento da Internet, receber esse tipo de generosidade é fácil.

Eis um exemplo: Pervin Shaikh é investigadora financeira em Londres e fã de cinema indiano. Ao longo dos anos, tornou-se amiga de outros fãs desse género de cinema, gente de todo o mundo, através de um blogue criado por um actor de cinema e produtor famoso de Bombaim. Mais tarde, em 2007, juntamente com 18 conhecidos seus e através do blogue, Pervin lançou um desafio chamado «Um objectivo, um sonho, 2008». Qual era o objectivo? Cada pessoa definiria para a sua carreira um objectivo que tivesse muita vontade de concretizar no ano seguinte – os objectivos eram tão diversos como escrever um argumento, ser professor e, até, abrir um restaurante – e todos os outros iriam contribuir, através de encorajamento e dando conselhos, sugestões, contactos e por aí em diante.

Talvez parecesse uma ideia pouco exequível, visto que os membros do grupo provinham de todas as partes do mundo: Singapura, Austrália, Índia, Áustria, EUA, Canadá, Malásia, Inglaterra e Suíça. Na verdade, nenhuma destas pessoas se conhecia pessoalmente, embora, à medida que escrevo estas páginas, planeiem um encontro de celebração no final de 2008. No entanto, a distância não foi um problema. «Apoiámo-nos através dos *e-mails* e do telefone», disse-me Pervin, «e cada um é responsável perante o grupo pelo seu objectivo».

A ambição de Pervin era expandir a sua segunda profissão como consultora; queria ter quatro clientes no Reino Unido e seis noutros países. (A meio de 2008 disse-me que já tinha ultrapassado o número pretendido no Reino Unido.)

Durante o percurso, ela passou a ter mais consideração pelo acto de aceitar a generosidade dos outros. «Tem sido uma aprendizagem exponencial», disse Pervin. «Muitas pessoas têm medo de pedir ajuda. Mas descobri que querem verdadeiramente ajudar.»

A propósito, Pervin está a planear um novo desafio: «Um objectivo, um sonho, 2009». Importa reter que, dois anos antes, ninguém se conhecia.

Vemos diariamente pessoas que oferecem ajuda a estranhos na Internet. Alguma vez pesquisou uma dúvida no Google e foi redireccionado para um painel de discussão, no qual pessoas oferecem sugestões? Neste preciso instante, milhões de pessoas em todo o mundo estão coladas ao computador a partilhar informações sobre tudo, desde a melhor forma de assar carne até ao modo de ligar um dedo partido. No *site* GreenlightCommunity.com, da FG, os membros partilham informações sobre temas como a construção da marca pessoal, a forma de lidar com vários patrões e de estabelecer a nossa missão. Porque o fazem? Porque é uma satisfação enorme (e é muito gratificante) partilhar as nossas percepções com os outros, mesmo com estranhos.

Na verdade, conclui-se que as pessoas não permanecem estranhas durante muito tempo. Poucos meses depois do lançamento, os membros da GreenlightCommunity.com começaram a organizar eventos pelo país para se conhecerem pessoalmente e para aprofundarem as relações vitais que desabrochavam do contacto *online*. Não estão só a dar apoio e a responsabilizar-se mutuamente, estão a criar um movimento que é ainda mais poderoso do que a soma das relações que o compõem.

«Não fazíamos sequer ideia da rapidez com que ia arrancar», afirma Jorge Colón, fundador da Online Bar Association e um dos principais organizadores da GC. «As relações que estamos a construir em conjunto são cada vez mais íntimas, transparentes e recompensadoras. A gentileza, a sinceridade e a generosidade prevalecem. A confiança cresce exponencialmente e fartamo-nos de rir! Sentimos que estamos a construir amizades para toda a vida.»

PEDIR AJUDA: A LEI DA ATRACÇÃO

Deborah Muller, de Nova Jérsia, fundou a HR Acuity, uma empresa especializada em levar a cabo inquéritos no local de trabalho – por exemplo, casos em que um empregado alega assédio – e que ajuda as empresas e os seus funcionários a resolverem as questões sem terem de recorrer aos tribunais. A metodologia de Debbie tem tanto êxito que ela deu um passo em frente e desenvolveu uma aplicação que as empresas podem adquirir para levar a cabo investigações internas individualizadas. Não era o plano original dela mas, quando se tornou claro que o programa *web* era uma necessidade para a maioria das empresas, Debbie mudou de rumo. «De repente, deparei-me no contexto da propriedade intelectual da Internet», admitiu Debbie. «Foi então que percebi que precisava de ajuda.»

Debbie tinha tirado um curso de empreendedorismo, então, foi ter com uma professora que lhe disse que ela precisava de um conselho consultivo.

«Não tenho muito jeito para pedir ajuda», disse Debbie. «Pensava: *não tenho nada para dar às pessoas, não estou em condições de lhes pagar. Como lhes peço para prescindirem do seu tempo valioso por minha causa?* Posso prescindir do meu, mas custa-me pedir isso aos outros.»

Mesmo assim, incentivada pela professora, ela fez uma lista do que precisava, analisando tudo, desde a vertente financeira ao *marketing*. Em seguida, procurou as pessoas certas. A primeira candidata que abordou foi a sua professora, que figurava entre as 50 mulheres mais bem-sucedidas no mundo dos negócios do Estado. «Aceitou!», recorda Debbie. «Portanto, menos uma.»

A seguir, abordou um perito em finanças e velejador que o marido conhecia do clube de *lacrosse*. «Claro que aceito», disse ele a Debbie.

Depois disso, Debbie ligou a um antigo patrão que tinha trabalhado na área da gestão de risco. «Ele entendia o contexto tecnológico», diz Debbie, «e trouxe a perspectiva empresarial ao elemento do risco.» Também concordou ajudá-la.

O processo continuou. «Certa noite, numa festa, conheci um homem bem-sucedido que tem uma empresa grande de estudos de *marketing*. Fiz-lhe o meu discurso ensaiado de cinco minutos, e ele disse-me: 'Precisa de um director de *marketing*?' Eu respondi: 'Não, mas dava-me jeito um membro no conselho consultivo.' Ele aceitou e disse-me que adorava empreendedores.»

Por fim, Debbie recrutou um amigo que trabalhava nas vendas técnicas e outro que era litigante. Quase da noite para o dia, o conselho consultivo ganhou forma. Nenhum dos sete membros recusou o pedido dela e ninguém iria ser pago. A primeira reunião demorou quatro horas, durante as quais os novos membros do conselho a questionaram, desafiaram e preencheram lacunas do plano dela. Quando analisaram as finanças, alguém disse: «Deve estar a delirar. Não vai conseguir tantos clientes assim tão depressa.» No final da noite, todos os presentes estavam tão convencidos do plano dela que, quando Debbie sugeriu que se reunissem duas vezes por ano, o grupo retorquiu: «Está a brincar? Temos de reunir de seis em seis semanas!»

«Acho que estão a divertir-se, a partilhar conhecimentos para me ajudarem a construir algo», disse Debbie. «É a única explicação que encontro para continuarem a fazê-lo. Obviamente, tenho pensado como poderei retribuir-lhes no futuro.»

Claro que isso vai ser apreciado e é, sem dúvida, a atitude certa a tomar. Mas, na verdade, os membros do conselho consultivo de Debbie já têm uma recompensa na satisfação que obtêm. É provável que estejam a receber mais do que Debbie imagina, desde alargarem as suas redes de relações a aprenderem uns com os outros e a obterem novas informações em cada reunião.

Rachel Shechtman, uma empreendedora que vive em Nova Iorque, tem uma perspetiva fascinante sobre este assunto: «Há certas partes da minha vida de que gosto muito e que não quero tornar um negócio. Criar mudanças para outra pessoa faz-nos começar a pensar em formas de mudança na nossa própria vida. Para mim, é mais valioso do que uma compensação monetária.»

A lição principal que retiro da experiência de Debbie é que, se quiser a ajuda dos outros, tem de pedir. Antes disso, faça os trabalhos de casa. Debbie frequentou aulas de empreendedorismo e, depois, desenvolveu um plano de negócios sólido. (Claro que os conselheiros preencheram lacunas. Mas ter um plano para começar ilustrava a determinação e o empenho dela. Fico muitas vezes frustrado quando me pedem ajuda e não fazem de antemão o trabalho que tornaria o meu tempo proveitoso. Deviam ter lido o que escrevi sobre determinado tópico, por exemplo.)

Em seguida, tendo noção das lacunas do seu próprio conhecimento base, Debbie fez uma lista das qualidades de que precisava num conselho consultivo. Finalmente, foi à procura e encontrou pessoas com as capacidades certas, certificou-se de que tinha o discurso de cinco minutos ensaiado, para que, se conhecesse o conselheiro ideal num elevador ou numa festa, estivesse pronta para agir.

Tal como Debbie constatou, o objectivo é incutir nos outros o nosso fervor. É por isso que a melhor pessoa para ajudar é alguém que tem muita vontade de ter êxito, porque o êxito e a atitude são contagiantes. Há quem queira sentir que o ajudou a ter êxito. Por outro lado, se tiver pouca energia, se se sentir constantemente derrotado e se não tiver a quem recorrer, procure ajuda profissional ou fale com um membro da igreja – porque há sempre ajuda disponível. Mas, antes de fazer seja o que for, precisa de ajuda para vencer o seu estado de inércia emocional.

Uma pessoa que conheço, uma executiva influente de um grupo de comunicação social interveniente e de cariz social, tem uma clara percepção da generosidade, tanto nos negócios como na vida. Lena West é a fundadora e a directora executiva da Convengine, uma empresa de consultoria de Nova Iorque que ajuda empresas em crescimento a lucrar com o poder da comunicação social e da Internet. É membro da Women Presidents Organization e pertence ao quadro consultivo do Center for Women's Business Research. Sempre que os executivos se reúnem para discutir a questão da Internet, é muito provável que encontre Lena entre os oradores.

Os compromissos de topo para Lena? Apoio mútuo, no seu caso, um grupo de responsabilização que consiste em cinco líderes de empresas de ramos não concorrentes, que reúnem uma vez por mês durante cerca de três horas. Os membros comprometem-se a participar nas reuniões e a tornarem-nas uma prioridade nas suas vidas – de tal forma que certa vez Lena estava engripada e apareceu na reunião com uma laringite grave; simplesmente não queria faltar. Tal como ela me disse, os membros não aparecem por eles, mas em nome do grupo.

Lena diz: «Quanto mais tempo tenho êxito nos negócios, melhor entendo que é necessária uma fusão de vários sistemas de apoio que ajudem a impulsionar a nossa empresa e carreira.»

Lena aprendeu desde cedo a importância da capacidade de aceitar a generosidade. «Se queremos que aconteçam coisas na nossa vida – êxito financeiro, emagrecer, seja o que for – temos de estar dispostos a receber. Penso na capacidade de receber como uma parte sensorial do meu cérebro. Portanto, quando me querem ajudar, eu deixo! A oportunidade de dar tem de ser concedida aos outros. Querem *mesmo* dar, e nem sempre estamos no centro da questão.»

DÊ, RECEBA, REPITA

No livro *Nunca Almoce Sozinho*, escrevi sobre o dia em que o meu pai, que na altura estava desempregado, reparou que uma vizinha ia deitar fora um triciclo. Faltavam poucos dias para o Natal. O meu pai bateu-lhe à porta e perguntou-lhe se podia ficar com ele para mo dar. A senhora não só nos deu o triciclo como também nos deu uma bicicleta e um *kart*!

O meu pai já faleceu, mas, quando vou visitar a minha mãe, passo sempre pela casa da nossa vizinha e penso na generosidade dela (e no meu triciclo). Ficar-lhe-ei eternamente grato. Também penso em como se deve ter *sentido bem* por ter oferecido um triciclo que ia para o lixo a uma família que precisava dele. Quem terá recebido o maior presente naquele Natal? Eu ou ela? Na verdade, ambos fomos grandes vencedores. É precisamente aí que pretendo chegar.

O poder da generosidade é criar boa vontade em *ambas* as direcções. O meu pai talvez tenha sido um homem orgulhoso, mas penso que também entendia que o auge da generosidade não é apenas ajudar os outros, mas permitir que os outros nos ajudem. É a maneira mais segura que conheço de quebrar o gelo numa relação e permitir que se desenvolva algo mais profundo e significativo.

SEGUNDO HÁBITO MENTAL

Vulnerabilidade

DE QUEM GOSTA MAIS?

«Olá, o meu nome é Keith Ferrazzi. Vou contar-vos o que alcancei na minha vida.»

Se me apresentasse assim e recitasse uma lista de façanhas e proezas, quem me ouvisse pensaria: «Tudo bem, ele é que sabe. Mas porque é que estou aqui?» Ou: «O que pode fazer por mim?» Ou talvez: «Que idiota!» Voltemos atrás.

«Olá, o meu nome é Keith. Cresci em Pittsburgh, sou filho de uma senhora das limpezas e de um trabalhador da indústria do aço. Felizmente, tive a bênção de ter pais que acreditavam nos benefícios de dar uma boa educação aos filhos. Foi muito duro para todos e desde então que me esforço ao máximo para tirar partido dos sacrifícios que os meus pais fizeram. A minha meta não é apenas um trabalho, é um sonho. É também uma luta, em grande parte auto-imposta. Vou falar-vos sobre isso.»

A mesma pessoa, duas histórias diferentes. A primeira parece uma entrada da Wikipedia, ao passo que a segunda parece alguém que realmente pretende partilhar alguma coisa sobre si, para o ajudar a perceber quem é e qual foi o seu passado. O primeiro Keith é um pretensioso e alguém que se autopromove. O segundo é alguém a quem o meu pai chamaria «uma pessoa normal». Ambas as introduções são factuais, mas representam duas versões da minha biografia. Infelizmente, a primeira introdução foi a que usei para tentar subir na vida rapidamente, quando estava a construir a minha carreira e queria impressionar os outros. Fiz isso mesmo, tendo a certeza de que todos prefeririam ter o segundo Keith como amigo e consultor de confiança. Daí advêm algumas questões importantes.

A primeira é: num mundo que coloca uma tónica tão importante no êxito e nas façanhas, porque estamos mais à vontade com o segundo Keith? Não é porque simpatizamos com a sua infância pobre; miúdos abastados com ambientes familiares privilegiados também têm os seus assuntos e desafios e as suas histórias para contar. Não, penso que nos inclinamos para o segundo Keith porque simpatizamos com a sua humanidade. Esse Keith põe-se numa posição *vulnerável*. Identificamo-nos com as suas lutas e vulnerabilidades porque todos nós (ricos ou pobres) passámos pelas nossas.

O que nos leva à segunda e mais difícil questão: se todos preferimos pessoas vulneráveis como o segundo Keith, porque é que a maioria se esforça tanto para tentar esconder as vulnerabilidades? Ou seja, porque me haveria de apresentar de uma forma que essencialmente me distancia dos outros?

Eis a resposta: tememos que o segundo hábito mental, a vulnerabilidade, apesar do seu encanto, seja interpretado pelos outros como indolência e, até, fraqueza. Mas, se acredita nisso, está redondamente enganado.

NÃO SEJA COBARDE
– TENHA A CORAGEM DE SER VULNERÁVEL

Não podemos dar-nos ao luxo de parecer fracos na vida, no trabalho e nas nossas vidas pessoais, certo? É como colocar um alvo nas nossas costas ou, pelo menos, assim pensamos. Mas acredite em mim: ser vulnerável implica muita coragem. É um hábito mental muito importante e que devemos dominar, quando queremos construir um círculo de consultores de confiança na vida. Para além disso, a vulnerabilidade é a parceira e a antecessora necessária à sinceridade – ter a coragem de dar voz à verdade sobre nós próprios e sobre os outros e receber a verdade em troca. Então, o que é a vulnerabilidade? É a coragem de revelar a outra pessoa os nossos pensamentos interiores, a descrição completa que inclui os defeitos. É por isso que é tão importante criar primeiro um espaço seguro onde possa experimentar uma intimidade profunda – ou algo a que muitas vezes chamo *intimidade ao ponto da vulnerabilidade*.

A vulnerabilidade implica assumir que tem dúvidas e medos – e que precisa do apoio e do encorajamento dos outros para ultrapassar o que o retém e atingir os seus objectivos.

Muitas vezes permitimos que os nossos medos – de sermos vulneráveis ou de tudo o resto – se tornem fantasias horríveis que nos perseguem. Quando damos por nós, a nossa imaginação diz-nos que levar a cabo uma acção inócua, tal como pedir ajuda, pode matar-nos. Ficamos sem reacção e fugimos na direcção contrária.

Há um termo para este medo irracional: ansiedade perante a morte. Refere-se ao medo natural da morte que todos os humanos partilham. Há cientistas comportamentais que especulam que projectamos o medo da morte em toda a espécie de acontecimentos desconfortáveis – tal como não conseguir atingir um objectivo empresarial. Tal como muitos outros comportamentos, a ansiedade perante a morte é mais um instinto de sobrevivência. Sabemos que não vamos morrer de vergonha, mas na altura é essa a sensação que temos, como se lutássemos pela nossa sobrevivência.

UM RISCO QUE RENDE DIVIDENDOS

O ingrediente secreto para estabelecer relações vitais genuínas é a vulnerabilidade, mas é um segredo que não se vê à vista desarmada. Para nos ligarmos genuinamente aos outros, temos de estar dispostos a revelar-nos. No final de contas, esconder informações não é benéfico para nós. É como mentir ao seu psicólogo sobre o que se passa na sua vida – para quê? Demorei décadas a entender que, ao partilharmos as nossas vulnerabilidades, encontramos uma forma de nos livrarmos delas.

Quando partilhar os seus medos mais profundos e os momentos mais embaraçosos ou os fracassos com aqueles cujos conselhos e amizade admira e respeita, verá que acontecem várias coisas.

1. Ao revelar a outras pessoas os seus medos e preocupações, abre uma válvula de pressão emocional que deixa sair a pressão que guarda dentro de si. Descobre que consegue respirar novamente, que pode avançar e que consegue lidar muito melhor com o assunto.
2. A pessoa em quem confiou vai certamente tornar-se mais próxima, graças à sua disponibilidade em revelar os seus medos e fracassos. Para além disso, só se trabalhar para estabelecer algumas relações próximas desta natureza é que irá confiar o suficiente nelas para lhes pedir ajuda, quando mais precisar, e só então irá saber que elas se preocupam o suficiente consigo para oferecerem ajuda.
3. Vai descobrir que quanto mais disposto estiver a falar abertamente sobre as suas necessidades mais as pessoas se aproximarão de si para lhe oferecer ajuda.
4. O resultado cumulativo de todos estes aspectos é dominar a capacidade de criar e de manter uma experiência de espaço seguro com cada vez mais pessoas na sua vida. Ao confiar nos outros, irá tornar-se uma pessoa de confiança. As pessoas vão procurá-lo como confidente e conselheiro. Quando mais ninguém tem as respostas, é a si que irão recorrer para pedir ajudar. Por outras palavras, vai tornar-se uma relação vital para os outros. E porque criamos a nossa realidade através das nossas palavras e acções, os outros vão tornar-se também relações vitais.

As recompensas são enormes, acredite em mim. Quando se revelar às pessoas, sentir-se-á muito menos sozinho. Não só vai ganhar o respeito e a empatia de todos como vai também descobrir que as outras pessoas *querem* mesmo ajudar. Vai ter mais energia e concentração naquilo que faz, porque estará mais aliviado e não sentirá que tem de «carregar todos os seus problemas na sua cabeça, como um Atlas que sustém o mundo», segundo o Dr. Mark Goulston.

Pouco depois do 11 de Setembro, Mark foi requisitado para colaborar com um grupo de cerca de 12 advogados e consultores financeiros. Todos confessaram estar profundamente deprimidos devido aos ataques terroristas que os deixaram (assim como a toda a gente) assustados e vulneráveis.

A abordagem de Mark foi tornar a experiência pessoal. Pediu a todas as pessoas da sala que partilhassem um momento doloroso, no qual se tivessem sentido muito vulneráveis, e que falassem sobre a forma como o ultrapassaram.

«Queria que, a partir da experiência deles, vissem como o ser humano é resistente», relembra Mark.

As respostas que obteve surpreenderam-no. Um deles era um advogado de defesa criminal duro e experiente, não era o tipo de pessoa que imaginássemos que falaria facilmente sobre os seus sentimentos. No entanto, os ataques terroristas tinham-no deixado muito abalado. Outro acontecimento também o tinha marcado. Contou ao grupo que a sua filha mais nova tinha nascido prematura e pesava apenas 1,133 quilos. O homem contou que ia visitá-la ao berçário e lhe dava o polegar para ela apertar. Ela agarrava-o como se da vida se tratasse. E então pensou: *Se ela consegue, eu também consigo.*

Um advogado competitivo e analítico confessou a uma sala cheia de estranhos que tinha de se valer de alguma coisa no rescaldo do 11 de Setembro. Ena!

PRIMEIRO, CONSTRUA UMA BASE

Certa vez, quando fui a Itália visitar os meus parentes afastados, perto de Milão, uma das minhas tias-avós levou-me a um cemitério ao pé da igreja onde muitos parentes meus estão enterrados. A igreja é uma catedral renascentista com uma cúpula elevada. Sentado nos bancos da igreja e olhando em redor, é difícil imaginar como foi construída. Mas, cá fora, quando observamos o exterior, vemos que a catedral arqueada se apoia em colunas firmes que, por sua vez, são sustentadas por sólidos alicerces. Tudo está exposto e qualquer um pode vê-lo.

Para mim, a coragem para revelarmos as nossas vulnerabilidades faz-me lembrar a estrutura em que se apoia essa catedral. Ninguém construiria uma igreja do topo para a base. Mas muitas vezes muitos cometem o erro de pensar que lhes estou a pedir para revelarem os seus medos mais profundos e vulnerabilidades, antes de terem construído uma base de intimidade com outra pessoa. Temem, com razão, parecer patéticos ou dominadores.

A chave para se construir essa espécie de base que conduz ao respeito, empatia e confiança, é fazê-lo de forma progressiva, através de graus cada vez maiores de intimidade e de partilha de sentimentos.

Claro, aprender a ser mais vulnerável com as pessoas certas soa muito bem em teoria, mas por onde se há-de começar? Poucas pessoas se sentem à vontade para ir ter com um estranho e partilhar com ele os seus medos e inseguranças. E sabe que mais? Não deve fazê-lo! Primeiro, tem de construir a base que lhe permite alcançar tais níveis de intimidade.

Faça o seguinte: durante o almoço com um colega ou um amigo, alguém em quem sente que pode confiar, partilhe uma fraqueza, uma preocupação ou uma insegurança – de preferência algo com alguma substância. Comece com uma preocupação que lhe pareça adequada, talvez até pouco importante, mas assegure-se de que é algo que de facto o perturba. Vai constatar que não é o seu fim e que a relação entre os dois pode evoluir. Talvez pense que a pessoa com quem está a falar lhe vá dar algum conselho ou partilhar algo sobre ela. Essa pessoa até pode ter o mesmo problema – é frequente sermos menos únicos do que pensamos! O que importa é que vai perceber, se não percebeu já, que ser franco é o que lhe permite revelar-se e criar laços como ser humano.

SCOTT BOWEN, DIRECTOR FINANCEIRO

Conheci Scott Bowen quando ele era director financeiro da empresa de investimento Deutsche Bank Americas. Scott contratou a Ferrazzi Greenlight para colaborar com os cerca de doze membros da sua equipa sénior de finanças em Nova Iorque. Na altura, a sua área estava a sofrer uma transformação importante e, segundo ele nos disse, queria «levar o grupo a trabalhar em conjunto e tornar os membros da equipa francos e absolutamente responsáveis entre eles».

Sabia que ia ser um desafio enorme, porque as empresas de Wall Street, tal como o Deutsche Bank, são sobejamente conhecidas pela sua cultura conservadora. As relações no trabalho são formais e hierárquicas. Então, eu e a equipa da FG organizámos vários *workshops* centrados em quebrar barreiras nos relacionamentos entre os membros da equipa de Scott.

O objectivo era levar toda a equipa a partilhar histórias pessoais, com o intuito de atingir um nível de intimidade que facilitasse um ambiente completamente novo, marcado pela comunicação sincera. (Talvez esta ideia lhe pareça familiar visto que se trata do processo de criação de um espaço seguro, já descrito neste livro.)

Ao fomentar uma cultura de apoio mútuo no Deutsche Bank, primeiro entre a equipa de Scott e depois entre o grupo e aqueles a quem se dirigiam, os desafios operacionais e estratégicos importantes que enfrentavam eram resolvidos com mais facilidade. Mas qual foi o resultado mais importante? Scott tornou-se um líder muito superior. Pediu à FG algumas dicas sobre o conceito de «apoio pessoal mais profundo no local de trabalho» e encontrou o seu local seguro com a nossa equipa como consultora externa.

«Tive noção do êxito quando passei a ter reuniões muito francas com os membros da equipa», explicou Scott. «E fi-lo regularmente – com muito mais frequência do que antes. Obtive respostas muito mais depressa e, consequentemente, fui muito mais franco com a minha equipa.»

A relação de Scott com a equipa melhorou sobretudo porque ele estava disposto a tratar os membros como pares e a perguntar-lhes o que podia fazer para lhes prestar um melhor serviço como líder. «Keith diz que sou um espertalhão», diz Scott, soltando uma gargalhada. «Tinha um estilo de gestão que, por vezes, me levava a ser um pouco sarcástico com as pessoas, talvez até um pouco brusco. Então, aproveitei os conselhos que a minha equipa me deu e mudei de comportamento. Deixei de repreender as pessoas. Sem o *input* do grupo, reagia de forma negativa. Estava a mudar a forma como liderava. E resultou.»

Não só resultou como, recentemente, Scott passou a ocupar um cargo de liderança ainda mais importante: o lugar de director de gestão e director global de investimento noutra empresa. Actualmente, faz pela sua equipa o mesmo que a FG fez pela sua antiga equipa (uma das primeiras coisas que Scott fez foi apresentar-nos ao director de RH da nova empresa.) Além disso, tornou-se um defensor de ideias das quais outrora fazia pouco.

«AGORA A SÉRIO, NO TRABALHO?» SIM, ATÉ NO TRABALHO

Quase todos nós estamos predispostos a não falar do que não sabemos fazer muito bem, por medo de parecer fracos, especialmente na vida profissional. Infelizmente, esta táctica não costuma funcionar. No mundo dos negócios, vejo pessoas a falhar a toda a hora porque recusam reconhecer os seus medos de falar em frente ao patrão ou por receio de não terem certas capacidades ou conhecimentos. (Algo que vejo com frequência nos relatórios anuais.) Têm pavor em admitir as suas incapacidades. Tentam escondê-las, ignorá-las ou, ainda pior, negá-las.

Quando uma famosa empresa de tecnologia contratou a FG para transformar as capacidades relacionais da sua equipa de vendas global e melhorar a capacidade de se diferenciar perante os clientes, reparei imediatamente que havia um problema: a gestão de topo recusava-se a admitir as suas falhas. Tanto a nível individual como empresarial, o ego e o alarido que se gerava para que não fossem vistos como fracos eram quase ridículos. A gestão não se poupava a esforços para parecer sempre excepcional.

Claro que todas as pessoas da equipa de vendas percebiam claramente as falhas e as fraquezas da empresa, assim como as tentativas da gestão para as negar. Deste modo, a empresa criou inadvertidamente um ambiente de desilusão e de falta de confiança. Pior ainda, a mensagem que a empresa transmitia directamente era: *Se quer chegar ao topo, não deixe que o vejam nervoso. Nunca peça ajuda e nunca reconheça que errou.* Não admira que a empresa estivesse em apuros; não admira que a gestão não conseguisse que o pessoal das vendas se adaptasse aos aperfeiçoamentos e à mudança, apesar dos milhões de dólares que gastava.

Deparo-me constantemente com casos semelhantes: equipas de liderança que estabelecem um padrão de falsa perfeição e que dessa forma, arruínam o potencial de uma cultura de aperfeiçoamento contínuo e de verdadeiro crescimento.

No mundo dos negócios e na minha vida pessoal, aprendi que, quando nos permitimos ser vulneráveis – quando expomos a nossa verdadeira essência aos colegas, com todas as nossas qualidades e fraquezas, todos os nossos êxitos, capacidades e fracassos –, criamos uma ligação contagiante que gera uma enorme confiança e intimidade. Revelar as nossas vulnerabilidades diante de outra pessoa pode tornar rapidamente relações formais de trabalho em verdadeiras amizades – e ser a base de um nível de compromisso mais profundo e até de alegria na nossa vida diária.

CONFIE EM MIM

Quer esteja na sala de reuniões de uma empresa quer numa sala de aula, quando pergunto às pessoas que elemento consideram mais importante em qualquer relação, a primeira coisa que ouço é *confiança*. Mas a confiança não surge simplesmente pelo facto de pedirmos a outra pessoa que confie em nós. A confiança tem de ser merecida. Não basta dizer «os membros desta equipa têm de confiar uns nos outros» tal como não pode dizer a alguém que não tem qualquer interesse em ter uma relação amorosa consigo «tens de me amar». (Pois, também já tentei esta.)

Na verdade, desenvolver a confiança é um processo que resulta da capacidade de ser vulnerável. Há quem se sinta vulnerável mal se apresenta, mal partilha algo pessoal sobre a família ou quando fala de uma ou duas coisas que considera realmente importantes. Outros há que fazem progressos mais depressa. Mas ninguém vai confiar em si até estar disposto a ser receptivo, sincero e corajoso ao ponto de arriscar baixar as suas defesas.

No livro *Nunca Almoce Sozinho* citei a frase «a luz do sol é o melhor desinfectante», proferida por Louis Brandeis, um juiz do Supremo Tribunal de Justiça. É uma citação que adoro. Para mim, significa que a capacidade de revelarmos algo e de o partilharmos com outros nos liberta do medo de o guardar para nós. Quanto mais depressa identificarmos o que é, quanto mais o expusermos à luz, quanto mais o partilhamos com os nossos pares, mais facilmente eles conseguem ajudar-nos a pôr tudo para trás das costas.

OITO PASSOS PARA A INTIMIDADE IMEDIATA

Agora que percebeu os benefícios da vulnerabilidade, o estado último, abordaremos os oito passos para a intimidade imediata que vão levá-lo até lá. Podem ser postos em prática sempre que conhecemos alguém ou pretendemos transformar uma relação actual em algo maior e melhor: uma relação vital.

1. **Crie um ambiente autêntico em seu redor**

Abordarei em primeiro lugar a espécie de ambiente que *não* quer à sua volta. Um dos meus momentos *menos* autênticos – um que nunca esquecerei – ocorreu depois do êxito do livro *Nunca Almoce Sozinho*, quando fui convidado para um jantar privado em Chicago com Larry King. Quando cheguei, Larry disse: «Então, você é que é o próximo Harvey Mackay?» Harvey Mackay é o autor do *best-seller Como Nadar Entre Tubarões Sem Ser Comido Vivo* e um grande orador que apareceu por diversas vezes no programa de Larry King. «Vamos ter de fazer alguma coisa consigo», disse King.

Pensei: «Que espectáculo! Ainda agora me conheceu e já me quer convidar para o programa!» Mas, em vez de ter sido espontâneo, de ter tentado falar com Larry King, o homem, e de o ter entendido melhor, passei o jantar a exibir-me. Sentia-me constrangido, assustado e esforcei-me muito por impressioná-lo. Fiz muitas perguntas a Larry e aos outros convidados, armei-me em engraçado e teci comentários jocosos, enfim, dominei completamente a conversa. Ao invés de me resguardar, de deixar que King explorasse a nova relação ao seu próprio ritmo e de ouvir o que os outros tinham para dizer, ou seja, em vez de ser autêntico, assumi o papel da pessoa que quer controlar a situação.

Através da linguagem corporal de King, percebi que ele estava desiludido com o meu desempenho idiota e inconveniente. (*Alguém cale este tipo*! Eu quase lia os seus pensamentos.) Mas eu estava tão nervoso e agitado que, em vez de parar, ainda insisti mais na actuação. Não admira que ele não me tenha convidado para o programa.

A autenticidade prende-se com aquilo que somos. Pensemos na minha tia Rose, por exemplo. Era uma pessoa que me fazia sentir bem-vindo ao entrar numa sala. E não era por ser sobrinho dela. Ela era assim com toda a gente. De certa forma, sentíamos sempre que ela estava do nosso lado. A tia Rose era alguém que todos adorariam ter no seu círculo restrito – o tipo de pessoa com quem podemos ser completamente francos e, ainda assim, sentir-nos seguros.

Então, como é possível ser assim? É muito simples, na verdade. E todos nós podemos ser assim. Tudo começa pela autenticidade, pela arte de ser verdadeiro. O poeta E. E. Cummings escreveu certo dia: «O desafio mais difícil é sermos nós próprios num mundo onde todos tentam ser outra pessoa.» É verdade. A autenticidade tem a ver com saber quem somos e não tentarmos parecer alguém que não somos. É sairmos de nós próprios e tentarmos genuinamente ligar-nos a outra pessoa.

Já alguma vez entrou numa sala muito intimidado e com os nervos em franja? O primeiro passo é assentar os pés na terra. Respire fundo, descontraia. Deixe que a outra pessoa veja quem é e o que tem para oferecer – a sua preocupação, o seu interesse, a sua paixão, a sua inteligência, a sua capacidade. Ouça a sua voz interior autêntica. Medite por instantes ou respire fundo durante algum tempo. Estes exercícios ajudam--me a abstrair e a encontrar a minha voz interior.

2. Esqueça os preconceitos

Depois de ler o subtítulo desta secção, talvez pense: *Keith, foi longe demais! Não tenho preconceitos*!

Mas tem. Todos temos. Todos fazemos rápida e persistentemente julgamentos prévios sobre os outros. Pense no que acontece sempre que entra numa sala cheia de pessoas. Olha para alguém, essa pessoa olha para si e medem-se mutuamente. Estão a *julgar-se*.

O preconceito faz simplesmente parte do ser humano. É assim que as nossas mentes foram concebidas. Pense neste assunto da seguinte forma: todos os dias somos inundados de informações. Os estereótipos são um atalho que permite ao cérebro operar no dia-a-dia num mundo onde que há demasiada informação. Há milhares de anos, a distinção rápida entre «amigo e inimigo» salvou provavelmente a vida dos nossos antepassados. Assim, todos somos vítimas e culpados de preconceitos.

Recentemente, tive a honra de proferir um discurso na reunião anual dos caloiros de Yale. Depois do meu discurso, no qual incluí alguns exercícios para encorajar o apoio mútuo, uma aluna afro-americana abordou-me timidamente. «Muito obrigada», disse ela. Mas reparei que estava a pensar em algo mais do que gratidão. «Sei que todas as minhas companheiras devem pensar que sou anti-social e estranha porque não falo com elas e porque uso a mesma roupa todos os dias. Mas não falo com as pessoas porque tenho vergonha de lhes contar que até ao dia em que vim para a escola era uma sem-abrigo. Vivia num carro com a minha mãe e com o meu irmão. Ela perdera o emprego e tentava fazer o melhor que podia, mas fomos expulsos do nosso apartamento e toda a nossa roupa ficou trancada lá dentro. Isto é tudo o que eu tenho.»

Ela prosseguiu: «A certa altura, enchi-me de coragem para partilhar a minha história com um miúdo branco e rico de Greenwich. Tinha ar de quem não tinha muito com se preocupar na vida. Mas, quando ouviu a minha história, ele começou a chorar. Disse que toda a vida o pai lhe batera e que a mãe não fizera nada para o proteger. Estava muito feliz por ter fugido da sua família complicada. Portanto, nunca se sabe como são as pessoas.»

No ambiente social complexo dos dias de hoje, onde nos cruzamos com muitas pessoas, passamos a vida a fazer julgamentos falsos. Todos conhecemos alguém de quem pensámos que não gostávamos e, mais tarde, depois de o termos conhecido, descobrimos que gostamos imenso dele e que a nossa primeira impressão estava completamente errada. Algumas destas pessoas acabam por se tornar as nossas melhores amigas.

Espere aí, pensa o leitor. *Estou disposto a admitir que tenho preconceitos em relação a pessoas que acabei de conhecer, mas não os tenho certamente em relação a alguém que pertence ao meu círculo restrito.* Não é bem assim! Posso garantir-lhe que tem noções preconcebidas, mesmo em relação aos seus amigos mais próximos. Esses preconceitos são a razão principal pela qual muitos têm tão poucos amigos próximos ou conselheiros de confiança.

Numa perspectiva mais abrangente, as empresas também têm preconceitos culturais que se intrometem no caminho da produtividade – as forças de vendas encaram o departamento de *marketing* com desdém, o departamento de *marketing* não respeita o pessoal da área de investigação, o departamento financeiro parece detestar toda a gente e toda a gente odeia o departamento de recursos humanos. Em termos gerais, a empresa desconfia muitas vezes dos clientes e das suas exigências despropositadas.

É por isso que acredito que a melhor atitude a ter, quando se conhece alguém, é encarar todas as situações com o mínimo de preconceitos. Caso seja impossível, espere o melhor e procure formas de expressar o seu interesse e preocupação com a outra pessoa.

Faça uma experiência. Da próxima vez que estiver numa festa, na hora do café ou numa cerimónia da empresa, escolha um estranho na sala que lhe pareça um idiota ou que tenha uma presença intimidadora e aborde-o. Faça um esforço verdadeiro para demonstrar interesse em conhecer essa pessoa, o que implica ir além da conversa de circunstância. Significa ser receptivo à possibilidade de que é uma pessoa de quem pode vir a gostar. (Em festas, digo com frequência aos meus convidados que a tarefa deles nessa noite é exactamente esta: encontrar várias pessoas das quais venham a gostar.)

Eis o que penso que sucede inevitavelmente: uma pessoa real irá emergir da imagem caricaturada que concebeu na sua mente e talvez venha a gostar dela e a querer conhecê-la melhor. Todos os dias conhecemos pessoas que não fazemos ideia de quem são. Corrija esta situação pois nunca sabe quem irá encontrar.

No início, a vulnerabilidade não é fácil. Exige que abandonemos a nossa zona de conforto. Nas minhas palestras, como é previsível, é nesta altura que começo a perder assistência. Há sempre alguém que pergunta: «E se alguém usa essa informação contra mim?» Ou: «É impossível fazer isso onde trabalho. Não faz parte da nossa cultura.»

«Os homens nunca seriam vulneráveis a esse ponto. São demasiado competitivos», dizem-me as mulheres. «As mulheres não agem dessa forma. Não se podem dar ao luxo de parecer femininas ou fracas no local de trabalho», dizem-me os homens. No entanto, quando dou palestras, peço aos membros da audiência que se levantem e conversem com estranhos sobre algo que é realmente importante para eles. Não me refiro a conversas de circunstância. Não quero que perguntem uns aos outros como está o tempo na cidade onde vivem. É esse tipo de conversa que nos faz esquecer os nomes das pessoas antes de a conversa ir sequer a meio.

Não, a ideia é começar verdadeiras relações em tempo real, o que implica obrigar o público a correr riscos pequenos e controlados, algo que normalmente não acontece num auditório. Não estou interessado em entreter as pessoas ou em intelectualizar o processo. Quero que o público mude realmente – *já*! Quando peço pela primeira vez às pessoas para se levantarem e partilharem alguma coisa que para elas é realmente apaixonante, vejo braços cruzados e rostos sisudos. Mas o engraçado é que, assim que começam, é muito difícil convencê-las a sentarem-se novamente.

Considero especialmente importante não apenas que digam aquilo de que gostam, mas que expliquem *porque é que* gostam de algo. Quero que contem uma história. Sinceramente, houve momentos neste exercício em que perdi o controlo do público e não consegui que todos voltassem aos seus lugares. É nesses instantes que sei que estou no caminho certo.

3. Projecte optimismo

Em seguida, seja proactivo e optimista. Assim que tiver encontrado a sua voz interior e souber que se expressa com sinceridade, basta-lhe dar um simples passo para projectar sentimentos positivos nos outros – sentimentos que ajudam a colmatar o espaço que vos separa e que estabelecem um ambiente acolhedor e seguro para a outra pessoa, tal como a minha tia Rose fazia.

Maxine Clark, a fundadora e directora executiva da Build-a-Bear, é uma das mulheres de negócios mais dinâmicas que conheço. Certa vez, contou-me uma história fascinante sobre a forma de lidar com pessoas duras. Quando Maxine era criança e vivia em Coral Gables, na Florida, os seus pais recebiam visitas de amigos. Para uma miúda, aqueles homens corpulentos e imponentes eram simplesmente o tio Joe e o tio Don, amigos próximos de família com quem se sentia perfeitamente à vontade e que a mimavam com ternura paternal na segurança de sua casa.

Mas, quando Maxine entrou no mundo dos negócios, começou a cruzar-se com tipos que pareciam o tio Joe e o tio Don, mas que estavam muito menos dispostos a deixar que uma jovem progredisse na vida.

Então, Maxine desenvolveu uma estratégia: sempre que se deparava com uma situação injusta ou tendenciosa olhava nos olhos estes homens e lembrava-se de que estes tipos difíceis tinham o coração do tio Joe e do tio Don. A certa altura, ela percebeu que conseguia penetrar nos seus corações para o bem da relação e, por fim, para o bem da missão, quer fosse obter fundos que permitiriam o negócio arrancar ou ajudar uma escola carenciada. E geralmente resultava!

Eis um conselho extraordinário: mesmo antes de entrar numa sala, olhe nos olhos todos os presentes. Depois, concentre-se firmemente na ideia de que todos vão *adorar* o que tem para dizer. (Também é benéfico exprimir a sua mensagem tendo o público em mente desde o início. Não queira impressionar parecer sofisticado. Seja generoso, útil e proveitoso para o seu público.)

Hoje em dia, sempre que entro numa sala cheia de estranhos e me sinto nervoso ou acho que a mensagem não vai ser bem acolhida, uso um truque para concentrar todas as minhas energias no lado positivo. Imagino-me dali a algum tempo, no futuro, a abraçá-los, como se fossem familiares que não vejo há muito tempo! Ou imagino-os a virem ter comigo depois da palestra para me dizerem como a minha mensagem teve um impacto fortíssimo neles. É interessante: a minha percepção deles começa a mudar nesse preciso instante. Vejo-os mais descontraídos e os seus gestos tornam-se mais positivos. Reparo em mais sinais de aprovação (e noto menos olhares intimidadores) e esqueço-me completamente das minhas inseguranças.

Sempre que penso de forma positiva, o grupo pensa da mesma forma. Experimente e vai ver que funciona.

4. Partilhe as suas paixões

Nada verdadeiramente valioso pode acontecer numa relação sem que haja partilha. E, para começar, as coisas mais fáceis de partilhar são os nossos interesses e paixões. Partilhá-los dá início a uma reacção em cadeia que obriga as pessoas a ser mais receptivas.

Geralmente, os vendedores entendem este tipo de partilha como um guião ou uma fórmula para dar início a uma conversa impessoal numa das suas visitas. É um disparate! Fale das coisas da vida que lhe interessam verdadeiramente – e nem sempre tem de ser algo que a outra pessoa tenha em comum consigo. Lembre-se, não sinta que tem de ter paixões idênticas; limite-se a partilhar as suas paixões, de preferência através de uma história. «Contar uma história é uma viagem emocional», disse-me Peter Guber várias e com toda a razão.

As boas histórias esbatem fronteiras emocionais. Por vezes, até dão direito a empregos. Certa vez, numa sala onde estavam dois mil delegados de informação médica, perguntei-lhes quais eram as suas maiores paixões. E pedi: «Gritem-nas!» Do fundo da sala, ouvi: «Sapatos!» Bem, não ia deixar aquela escapar. Fui até ao final da plateia e encontrei a mulher que falara para o público. «Porquê sapatos?» perguntei-lhe. «Conte-me uma história que me ajude a entender porque é que os sapatos podem ser uma paixão.»

A mulher olhou para os pés antes de me encarar novamente. Era evidente que queria avaliar se estava ou não num ambiente seguro. Estava. «Bem, como pode ver, tenho peso a mais.» Seguiu-se uma longa pausa. «Quando experimento um novo par de sapatos, sinto-me bonita.»

Dei-lhe um forte abraço e todos aplaudiram a coragem dela. A melhor parte? Passada uma semana, a senhora enviou-me um *e-mail* para me agradecer a promoção. Explicou-me que sempre fora tímida e que não se relacionava bem com os colegas. Ao que parece, depois do evento, o gestor convidou-a para sair com outros gestores naquela noite; quando se descontraiu, deixou a sua personalidade e inteligência sobressaírem. Um dos gestores perguntou-lhe se ela queria ir a uma entrevista na sede para uma vaga que ainda não tinha sido anunciada e que ela desconhecia. Ela aceitou e conseguiu o emprego.

Partilhar as nossas paixões devia ser fácil, sobretudo com pessoas que pensam como nós. No entanto, fico sempre impressionado quando vejo que muito poucas pessoas o fazem. Certa vez dei um seminário de formação a cem das melhores executivas da área tecnológica numa empresa da Fortune 500, que foram reunidas num grupo de apoio mútuo de liderança. Pedi a cada uma delas que conversasse com alguém que não conhecia e que partilhasse as suas paixões. Sabe que nenhuma delas partilhou informações sobre a família e os filhos? Nem uma! Como podiam esperar apoiar-se umas às outras se nem sequer se sentiam seguras para atingir esse nível básico de intimidade? Noutra ocasião, encontrei-me com uma equipa pequena de dez homens com cargos de topo numa empresa que trabalhavam juntos havia anos. Não tardámos a convencê-los a falar sobre as suas vidas. Dois deles, colegas há oito anos, viviam no mesmo quarteirão e não sabiam. No mesmo quarteirão! Nem se trata de intimidade, mas de pura geografia!

5. Fale sobre os seus objectivos e sonhos

O próximo nível implica partilhar os seus sonhos e objectivos. Todos nós os temos – objectivos individuais, objectivos para a nossa empresa e para a nossa família. Frequentemente, estes sonhos não saem das nossas cabeças. Mas falar sobre eles com outras pessoas torna-os mais reais – e muito mais próximos de se concretizarem. É muito provável que as outras pessoas se identifiquem com os seus sonhos, que os partilhem consigo e que até o ajudem a concretizá-los.

Mas nunca há-de saber enquanto não se abrir e não partilhar esses sonhos. Entre clientes, equipas e pessoas com as quais queremos estabelecer uma relação mais íntima, há poucas coisas mais poderosas do que poder conversar sobre o que queremos neste mundo.

Falei recentemente com um responsável pela formação e desenvolvimento das equipas de vendas numa empresa de *software*. A conversa centrou-se no nosso programa de relação-formação e nas suas diferenças em comparação com outras formações em vendas que as equipas da empresa tinham frequentado. O meu colega achou que o nosso programa era um bom complemento à metodologia de vendas já em curso na empresa. Até àquele instante, parecia um encontro trivial com o responsável de vendas.

Mas, devido a um pressentimento, perguntei-lhe de repente: «Qual é o seu *verdadeiro* objectivo a nível profissional? Trabalha no desenvolvimento das vendas por um motivo. O que é que o motiva verdadeiramente e o entusiasma naquilo que faz?»

Aparentemente, a pergunta não tinha nada a ver com a venda do nosso programa. Eu estava apenas interessado em saber mais sobre a pessoa com quem conversava. (Evidentemente, quanto mais sabia, mais me iria preocupar e melhor poderia ajudá-lo.)

A minha pergunta deu um rumo inesperado à conversa. O sonho dele era entender melhor o modo como as pessoas aprendem. A dinâmica das alterações comportamentais deixava-o intrigado. O seu objectivo de vida era desvendar esse código e talvez publicar um artigo ou um livro durante o processo. Confesso que também fiquei entusiasmado. No final de contas, tinha fundado a empresa unicamente com uma missão em mente: transformar comportamentos, não apenas ensinar aptidões. Discutimos os valores que ambos partilhávamos e as nossas perspectivas distintas e sugeri que discutisse mais aprofundadamente o assunto com a nossa equipa da Greenlight Research Group.

Por ter ido mais além numa simples reunião com um responsável de vendas, não fiz apenas mais um cliente, fiz um novo colega e um potencial colaborador.

6. Revisite o seu passado

Agora que somos suficientemente francos para partilhar os nossos interesses, paixões, aspirações, sonhos e objectivos – todas as coisas boas –, o próximo passo destina-se a afastar-nos um pouco mais da nossa zona de conforto, através da partilha das lutas do passado. Se compararmos a vulnerabilidade a um passeio de bicicleta, chegou o momento de tirarmos as rodinhas laterais.

Porque devemos concentrar-nos num assunto passado? Bem, geralmente pensamos que é mais fácil falar de lutas passadas porque são um assunto encerrado (esperamos nós) e porque conseguimos vencê-las. Na verdade, falar sobre lutas passadas é também concentrarmo-nos nas nossas forças porque não estaríamos onde estamos hoje se não tivéssemos vencido obstáculos no passado.

Certa vez, colaborei com uma empresa de imobiliário cujo director executivo não era capaz de melhorar o desempenho da sua equipa executiva. David tinha herdado uma empresa pouco dinâmica, representada apenas numa cidade e fundada pelo seu pai, e transformara-a numa poderosa *franchise*. Era um homem de negócios brilhante. No entanto, o seu estilo dominador alienava muitos membros da sua equipa de topo.

Durante uma sessão de consultoria com ele e com a equipa, disse a David: «Fale-nos da maior luta pessoal que teve de travar na sua vida, a situação crucial que fez de si a pessoa que é hoje.»

Depois de ponderar por instantes, David respondeu: «A relação estranha que tenho com o meu pai. É uma pessoa muito competitiva, está sempre a tentar provar quem é – até a mim. Mesmo estando reformado a meio tempo, até hoje, nunca me atribuiu mérito pelo crescimento desta empresa. Independentemente do que faça, sinto que vivo na sombra dele.»

Depois de uma pausa, acrescentou: «Por vezes, acho que o meu pai gosta de me ver lutar e até falhar.»

Foi como se alguém tivesse tirado o ar de um balão muito cheio e pronto a rebentar. Ouviu-se um desabafo audível na sala. Todos conheciam o pai de David, era uma personagem que transcendia a vida e que ainda aparecia esporadicamente no escritório – a pressão entre pai e filho era óbvia para todos.

Mas a confissão de David deu aos empregados um contexto novo para o avaliarem como pessoa. Antes da reunião, talvez pensassem que o estilo cáustico e impetuoso de David era um comportamento digno de um filho mimado que fingia desempenhar o papel do pai, que tentava impressionar o velhote e que descarregava as suas frustrações no pessoal da empresa. Mas, em menos de dois minutos, ao entenderem a luta de David, começaram a sentir alguma empatia pelo patrão. Agora, entendiam o seu medo de não estar à altura do legado do pai e a sua necessidade de sair da sombra dele. De repente – e, para mim, era palpável – davam-lhe apoio moral.

Na Entrepreneurs' Organization, um fórum de apoio mútuo que mencionarei mais adiante, praticam um exercício pelo qual os novos membros relembram instantes das suas histórias individuais, partilhando com o grupo os momentos bons e maus. É um exercício pertinente que aprofunda de imediato o entendimento mútuo.

A minha opinião é a seguinte: se é possível levar empreendedores sisudos a ser tão francos, não tem desculpa para não fazer o mesmo com os seus amigos, com o seu pequeno grupo de apoio ou mesmo com a sua família. Toda a hostilidade e tensão se evaporam quando falamos do modo como as experiências passadas contribuíram para o nosso comportamento presente – cria-se uma empatia básica. Não há melhor forma de aprofundar uma relação com as pessoas que quer ter na sua equipa e na sua vida.

7. O que não o deixa dormir?

Assim que tiver estabelecido um local seguro para falar sobre o *passado*, chegou o momento de se concentrar no *presente*. O que o incomoda na sua carreira e no seu emprego? E nos seus superiores e subordinados? O que não o deixa dormir? Como está a sua relação com o seu esposo ou esposa, com os seus filhos e com os seus pais? Tem algum problema de saúde? Como está a sua situação financeira? Lembre-se, não digo que pode ou que deve atingir este nível de sinceridade com alguém que acabou de conhecer, mas é necessário um nível de partilha de ambas as partes para se obter uma relação vital.

Everette Phillips é um empreendedor que tirou partido do seu conhecimento do sector manufactureiro chinês (trabalhou muitos anos na Seiko Instruments, a empresa relojoeira) por meio de uma empresa chamada Global Manufacturing Network. A empresa oferece uma cadeia de fornecimento *on-demand* para ajudar as empresas dos EUA a abastecerem-se rapidamente de componentes e de peças na China. Enquanto trabalhou na Seiko, Everette foi encorajado por um mentor a aderir a uma rede formal de apoio mútuo na região. O conceito subjacente era criar um espaço onde proprietários de pequenas e médias empresas podiam reunir-se em mesas-redondas, de acordo com o seu sector, para discutir assuntos que os preocupavam.

«Em cada reunião,» diz Everette, «há um momento chamado 'O que não o deixa dormir?'. Pode ser um problema com os empregados, com o sector de vendas ou um problema jurídico. Todos referem um problema do dia-a-dia e os outros dão *feedback* sincero. Por exemplo: 'É a sexta vez que fala nesse assunto. Parece-me que não se encaixa; não me parece que consiga que esse empregado volte atrás.' Ou outra pessoa pode contar uma história ou algo que a tenha ajudado numa situação idêntica. Portanto, obtemos muitas informações acerca uns dos outros e, depois, partilhamos contactos úteis. 'Conheço um bom advogado para esse caso.' Ou: 'Conheço um banqueiro investidor que pode ajudar no financiamento.'»

Há seis anos, Everette conheceu Al Tien, o seu parceiro de negócios, na sua mesa-redonda de apoio. Ambos tinham uma vasta experiência no sector da produção. Ambos sabiam que iam gostar de trabalhar juntos. Assim sendo, reuniram-se para discutir em que aspectos as suas aptidões se complementavam e em quais diferiam – foi uma discussão exaustiva e somente possível porque já estavam habituados a partilhar os seus desafios mais prementes.

8. Medos futuros

O passo final rumo à intimidade e à confiança é ser franco e partilhar os medos e as preocupações em relação ao futuro.

É uma tarefa difícil. O passado já foi ultrapassado e tudo aquilo por que estamos a passar pode ser resolvido. Mas os nossos medos quanto ao futuro são a matéria das nossas fantasias (e dos nossos pesadelos). É neste ponto que as nossas verdadeiras inseguranças e fraquezas se revelam. As nossas preocupações podem girar à volta da economia, podemos temer que limitações pessoais nos arruinem ou recear não obter a tal promoção – ou, seja, são todas as coisas que nos inspiram receio.

A experiência diz-me que esses medos se baseiam na nossa simples crença de que não somos suficientemente bons para alcançar o objectivo ou os objectivos que estabelecemos para nós próprios, que não merecemos o nosso sonho, seja ele qual for. Esforçamo-nos muito para manter o sonho vivo, mas algures, lá bem no fundo, impedimos que o sonho se realize porque não acreditamos verdadeiramente que é possível.

Eu próprio lutei contra este aspecto. Toda a vida tive de me esforçar para seguir em frente. Quando deixei de carregar tacos de golfe depois das aulas, passei a vender jornais e, aos fins-de-semana, ia até à obra onde o meu pai trabalhava. Lutar pelas coisas é um sentimento que me é muito familiar.

Mas é como sou. Eu sou assim. Senti-me desconfortável ao aceitar as recompensas mais tarde, ao longo da vida; não é uma sensação «familiar», como o meu sócio Morrie Shechtman me relembra. Temo sempre estar inconscientemente a impedir-me a mim e à minha equipa, de alcançar o êxito, devido à minha necessidade profundamente enraizada de lutar.

Mas, ao partilhar esta mentalidade com todos aqueles que gostam de mim, consegui reconhecer este hábito e mudar a minha forma de pensar. O simples facto de falar sobre os meus medos e de me mostrar vulnerável mudou-me. Agora, tenho uma clara noção do meu comportamento e esforço-me para o ultrapassar. A minha equipa de consultores – aqueles que se preocupam com o êxito da minha carreira – tem permissão (aliás, a responsabilidade) para me ajudar nesta luta. E o melhor é que resulta.

Não vou mentir – não foi fácil para mim quebrar esta mentalidade. A maioria das pessoas vive de uma forma que implica vender uma imagem da pessoa que pensamos que os outros querem ver em nós (e nós próprios tentamos acreditar nisso). Mas o poder de nos permitirmos ser vulneráveis perante os outros e falarmos sobre as nossas inseguranças e os nossos medos é a única coisa que me ocorre para acabar de vez com os velhos hábitos e mentalidades.

TERCEIRO HÁBITO MENTAL

Sinceridade

Quando era um jovem estudante em Yale, frequentei um curso de Economia leccionado por James Tobin, o falecido académico keynesiano e vencedor de um Prémio Nobel. Apesar de não ter qualificações, decidi-me a frequentar as suas aulas porque queria aprender o máximo possível com um homem como ele. É claro que as aulas foram demasiado exigentes para mim. Obtive a nota mínima e, mesmo assim, estudei que me desunhei. O ponto mais positivo foi ter conversado com um vencedor do Prémio Nobel e ter até jogado póquer com ele. Geralmente, era ele quem ganhava. Eu ia para casa sem um tostão mas com uma sequência real de perguntas e de ideias.

Tobin ensinou-me que, numa bolsa de valores ideal, todos os intervenientes teriam um conhecimento semelhante e equiparado das acções que negociavam – segundo Tobin, era a «informação perfeita». O oposto de informação perfeita – várias pessoas a negociarem acções baseadas em informações que os outros não detêm, uma manobra também conhecida como *insider trading*, ou seja, abuso de informação privilegiada – não é uma boa prática.

É evidente que nada é perfeito mas, para que o sistema global funcione de um modo mais eficaz, todos têm de acordar no princípio da transparência completa e sincera. (Warren Buffett fundamenta em parte as suas decisões de investimento na sensação de que os executivos de uma empresa são sinceros e não tentam embelezar os problemas.) Investiria na Bolsa de Valores de um país em vias de desenvolvimento, se suspeitasse que os números apresentados pelas empresas eram completas mentiras? Claro que não.

E assim é – ou devia ser – na nossa vida pessoal e profissional. O *feedback* importante daqueles que respeitamos e que se preocupam connosco e com a nossa carreira (patrões, amigos, colegas, cônjuges e, até, conselheiros e terapeutas) pode ajudar-nos a prestar mais atenção à posição em que nos encontramos, ao que devíamos fazer de outra forma, ao que não devíamos fazer e ao que devíamos fazer melhor. O poeta Robert Burns exprime esta ideia de forma mais sucinta: «Vermo-nos como os outros nos vêem! Eis algo que nos libertaria de muitos disparates.»

Sermos permeáveis ao *feedback* é também relativamente seguro. Porque sejam quais forem as ideias dos nossos colegas de trabalho eles vão continuar a tê-las! A sinceridade deles não irá alterar esse facto. De um ponto de vista mais positivo, pode revelar-nos oportunidades que não tínhamos visto antes.

O que entendo por sinceridade? É a capacidade de tecer críticas saudáveis, sensíveis e construtivas – por contraponto a guerras de influências, a atitudes picuinhas ou simplesmente a virar as costas e não falar sobre os assuntos. Considero a sinceridade o maior presente que podemos dar, se for com o intuito de demonstrar preocupação com os outros ao ponto de desejarmos que sejam pessoas melhores. É uma situação recíproca – temos de conseguir dizer a verdade aos outros, mas estar também preparados para ouvi-la.

No entanto, no meu trabalho com clientes internacionais, o aspecto com que me deparo com mais frequência é a falta de comunicação espontânea, sincera, franca e respeitadora. No mundo empresarial, a falta de sinceridade é a causa mais corrosiva dos fracos desempenhos – e a principal culpada que se esconde na dita «política administrativa». A falta de sinceridade gera ressentimentos e comportamentos passivos--agressivos.

Porque não queremos ouvir a verdade? Porque pode magoar.

Tememos ouvir algo que contradiga a nossa auto-imagem cuidadosa-mente construída. Da mesma forma, ficamos aterrados com a perspectiva de ofender os outros, ao dizer-lhes a verdade. Portanto, ficamos calados, abstemo-nos de fazer comentários, distorcemos as nossas opiniões, suavizamos as críticas e o *feedback* e reformulamos as reacções verdadeiras de uma forma mais positiva (por vezes até mentimos). Ser sinceros com as outras pessoas pode custar-nos a auto-estima, o emprego ou até os amigos. É demasiado arriscado.

Todos estes medos são medos compreensíveis.

O Dr. Mark Goulston, meu colega na Greenlight Research, afirma: «Em parte, não queremos ficar a saber a verdade porque tememos que contamine a nossa vida. Ora, se estou errado num aspecto, posso não ter razão sobre nada. Na verdade, todas as pessoas estão erradas em relação a alguns aspectos e certas em relação a outros. Todas as pessoas são muito boas numas coisas e não tão boas noutras. Assim que aceitarmos que as nossas falhas não põem em causa os nossos méritos, podemos relativizar as críticas e não ser arrebatadas por elas.»

O VALOR DA REVELAÇÃO TOTAL

Ter a capacidade de ouvir a verdade no que os outros pensam de nós, das nossas acções e dos nossos comportamentos é essencial para nos dirigirmos a várias pessoas e formarmos um círculo restrito de conselheiros.

Em primeiro lugar, é fundamental saber a opinião que os outros têm de nós para termos oportunidade de mudar o nosso comportamento, caso estejamos a portar-nos de uma forma desadequada ou pouco própria.

Em segundo lugar, no fim a verdade vem sempre ao de cima. Se a ignorarmos, vai atraiçoar-nos; se a reprimirmos, irá revelar-se *invariavelmente*, de uma forma ou de outra – normalmente, na pior altura possível –, e resultar num desempenho medíocre a longo prazo. Por isso, muitas pessoas laboram no erro de que, se ficarem caladas, se se afastarem da linha de fogo e se calarem os seus verdadeiros sentimentos, tudo se há-de resolver. Lamento, mas os problemas *pioram* quando são mantidos em segredo.

Em terceiro lugar, evitar a sinceridade é fatal para o nosso êxito a longo prazo. Estudos levados a cabo desde os anos 70 deixam bem claro que as pessoas que evitam conflitos enfraquecem tanto as relações como o êxito. A sinceridade implica estabelecer diálogos sérios, duros e interessados. Os empregados que evitam a verdadeira sinceridade isolam-se socialmente dos que os rodeiam. Evitar a transparência pode enfraquecer todos os aspectos da vida, no trabalho e no lar, quer a de um homem que se deita aborrecido com a mulher quer a de uma mãe que fecha os olhos ao facto de a filha nunca chegar a casa a horas.

Já aqueles que respeitam a transparência:

- Facilitam um entendimento global dos pontos de vista de todos. Ouvem atentamente, não esperam que seja a sua vez de dar um passo e compete-lhes frequentemente conciliar o diálogo, pelo entendimento claro de ambas as partes, das suas necessidades, desejos e preocupações. Como não têm medo de se expressar, revelam com sinceridade o que ouvem e as suas interpretações e impressões sobre o que é realmente dito.
- Têm mais aptidão para conceber boas soluções. Como estas pessoas são francas (porque não escondem informações nem recorrem a subterfúgios), os outros confiam nelas e pedem-lhes soluções imparciais e equilibradas.
- Têm mais probabilidades de criar e manter relações mais fortes. Ninguém teme o que estas pessoas pensam sobre os outros e as suas ideias – assim, é mais fácil criar uma relação de confiança com elas sem temer o que pode estar implícito, para além das aparências.
- São mais competentes e respeitadas. As pessoas respeitam a verdade, mesmo quando não querem ouvi-la. É interessante observar que quem é mais transparente costuma ter menos rodeios e vai directamente ao assunto em discussão.

BOAS E MÁS FORMAS DE SER SINCERO NO TRABALHO

As organizações e os líderes a quem prestamos serviços de consultoria na FG entendem normalmente a importância da sinceridade, mas abordam-na da forma errada.

A má forma

Em primeiro lugar, pensemos na «entrevista de saída», uma prática comum nas empresas. Quando um empregado se despede, dirige-se ao gabinete de um representante dos Recursos Humanos e é encorajado a avaliar de forma sincera a sua experiência laboral, para seu bem e para o bem da empresa. Parte-se do princípio de que, dado que não têm nada a perder, os empregados vão dizer o que pensam sem temer represálias. Mas este procedimento será eficaz?

Quando as empresas esperam que os empregados se despeçam (ou sejam despedidos) para ouvir o que eles verdadeiramente sentem e pensam, é demasiado tarde para resolver o problema com o empregado em questão. Se os empregados que estão de saída não dão opiniões construtivas durante a entrevista, não é muito difícil entender porquê. É provável que já não se importem (e não vêem motivos para explicar à empresa as suas opiniões naquele momento), estão zangados (e usam a entrevista de saída para ficarem quites) ou não querem arriscar-se a ofender colegas (porque lhes foi dito para não queimassem pontes – podem um dia voltar a trabalhar com as mesmas pessoas).

Para além disso, a ideia de uma entrevista de saída basta para desencorajar de forma inconsciente a sinceridade numa organização. O processo implica que os empregados desabafem apenas quando já não têm nada a perder. É exactamente o oposto do hábito mental da sinceridade, que se baseia na criação de um círculo de conselheiros mais próximos com os quais se tem uma relação mais profunda.

Outro exemplo de sinceridade empresarial mal dirigida é a revisão de 360 graus em que os empregados dão *feedback* anónimo sobre um colega. Neste caso, o problema é o secretismo. Sem terem ninguém diante deles, os empregados sentem-se à vontade para apontar o dedo, enquanto as pessoas que são alvo de críticas ficam, muitas vezes, à defesa ao receber este *presente* indesejado. Em vez de críticas pela calada, devemos aspirar a críticas sinceras e construtivas e dar *feedback* directamente às pessoas. Assim, constrói-se uma equipa muito mais forte. Lutamos para alcançar este tipo de franqueza na FG e com os nossos clientes.

Algumas empresas defendem a paridade e a igualdade de oportunidades para todos os empregados e gestores. Nesta cultura empresarial, a opinião de todos conta e a sinceridade é um dado adquirido. Outras empresas têm hierarquias diferentes, e o poder e a comunicação não estão distribuídas irmãmente – o que dificulta o estabelecimento da sinceridade. Nestas empresas, os empregados talvez não se sintam à vontade para se expressar abertamente, por temerem estar a falar quando não lhes compete e incomodarem os superiores.

    Honestamente, penso que este raciocínio é contraproducente para as empresas e para os accionistas. Estudos já comprovaram que as empresas nas quais se fomenta uma atitude de sinceridade (e acredito que o mesmo se aplica às famílias) beneficiam – e até se fortalecem – das ideias e do discernimento que resultam da comunicação aberta. No *best-seller Vencer* (*), Jack Welch, o lendário director executivo da General Electric, e Suzy, a sua esposa, dedicaram um capítulo inteiro à importância da sinceridade. Mesmo numa empresa muito conservadora, como é o caso da General Electric, o casal Welch valorizou, abraçou e estimulou a sinceridade e a transparência em toda a organização.

A boa forma

    Não quero dizer que deve desde logo ser sincero com toda a gente. Tente essa abordagem com pessoas em quem confia e em locais onde haja menos desvantagens. Por exemplo, pergunte ao seu patrão como ele acha que está a sair-se num determinado projecto ou tarefa (deve fazer isto constantemente).

    O segredo é querer realmente ser um empregado melhor – uma vontade que começa pelo desejo pessoal de querer estar *sempre* na crista da onda. Peça *feedback* ao topo e facilite as respostas do seu patrão. Envie-lhe um *e-mail* de antemão, pedindo-lhe que pondere algo que possa melhorar o seu desempenho no trabalho. Há também que assegurar que o patrão descreve claramente os objectivos pelos quais o está a avaliar e que refira os seus progressos em relação aos resultados pretendidos, num *e-mail* (e também verbalmente). Descubra também se o seu percurso é adequado e se, por algum motivo, as expectativas do local de trabalho se alteraram – porque as coisas mudam, como todos sabemos, e é perigoso fazer suposições.

(*) Obra publicada pela Actual Editora. (*N. T.*)

E se cometer um erro? Seja o primeiro a explicar-se. Em consequência, será recompensado pela sinceridade e coragem se sugerir de forma proactiva uma solução para o problema. Não se esqueça de pedir desculpa pelo erro e encontre uma forma de o corrigir ou uma solução para diminuir as probabilidades de se repetir. Depois, cumpra as expectativas.

VAMOS SER SINCEROS

Se quer tratar os outros com sinceridade e que todos ajam da mesma forma consigo, cabe-lhe a si tornar isso uma realidade. Se as pessoas com quem se preocupa não estão a ser sinceras ou estão a esconder-lhe a verdade sobre si e as suas acções, há uma razão. De alguma forma, está a dar-lhes a ideia de que não quer saber a verdade. Sim, o problema é *seu*.

Talvez pense: *Esperem lá. Porque é que o problema é meu, se as pessoas não são directas e sinceras comigo? São os outros que se estão a salvaguardar.* Talvez seja verdade, mas geralmente há uma razão para que os seus amigos o encham de elogios e para que hesitem ser sinceros.

Convencemo-nos de que os nossos amigos não querem magoar-nos mas não estamos a ser completamente sinceros. Na verdade, os nossos amigos não querem dizer algo que possa prejudicar a relação que têm connosco. Por outras palavras, a maior parte das vezes, não querem arriscar dizer alguma coisa que possa magoar ou tornar os outros desconfortáveis. Têm medo. E essa situação é, em última instância, um problema nosso e da nossa responsabilidade.

APROFUNDAR A SINCERIDADE

Ao ser franco com as outras pessoas, conseguiu criar um espaço seguro, em primeiro lugar, sendo generoso, depois, sendo vulnerável. Agora, como pode ser mais sincero com os seus amigos e sócios? Comece por um telefonema, um café ou um jantar tranquilo. Até pode fazê-lo por via electrónica, mas o mais importante é dar a entender aos seus amigos que a sinceridade é uma qualidade que aprecia e valoriza – e que podem confiar em si.

Certa vez, enviei um *e-mail* a alguns amigos próximos a pedir-lhes um *feedback* sincero sobre todas as vezes em que sentiram que os desiludi a eles ou a outras pessoas. Quando os meus amigos foram brandos comigo, enviei-lhes outro *e-mail*, desta vez com o título «Estava a falar a sério, por favor! É um favor que me fazem! Não tenham medo. Preciso da vossa ajuda!»

Ora, foi o fim do mundo – embora não da forma que eu esperava. Um dos meus amigos respondeu: «O teu *e-mail* dá ideia de que és um tipo ocupado que não tem tempo para se preocupar. Não és simpático, não dizes olá, não reconheces o que significamos para ti, não arranjas uma forma agradável de pedir o nosso tempo e esforço, não nos dás uma explicação concreta do propósito e da forma como estas histórias te podem ajudar e não AGRADECES.»

Ele tinha razão – e a verdade *magoou*. Por vezes, quando pego no meu BlackBerry para organizar centenas de *e-mails*, todos os dias, em aviões, em táxis ou enquanto caminho pela rua, uso uma forma abreviada de comunicação que não abona muito as minhas boas maneiras. Não quero ser rude nem desrespeitador, apenas eficiente – os *e-mails* não prezam pelas suas capacidades de veicular *nuances*, como a maioria descobre da forma mais difícil. Mesmo assim, isso não desculpa o meu comportamento.

A partir desse momento, comprometi-me a ser muito mais atencioso nos meus *e-mails*, e é algo em que insisto todos os dias. Suponho que não me estou a sair mal, uma vez que tanto os meus colegas como os meus clientes disseram que os meus esforços para suavizar o estilo dos meus *e-mails* me ajudaram (a) a expressar-me melhor e (b) a demonstrar melhor o meu respeito pelos destinatários.

J. P. Kelly, um gestor da minha empresa, confessou estar céptico, no início, quando referi pela primeira vez a questão da sinceridade na empresa. «Parecia um enorme investimento de tempo, e todos estamos sob pressão para apresentar os números pretendidos e para garantir que os nossos clientes obtêm um serviço adequado», disse ele. «Achei que a psicologia melosa seria perigosa. Mas, na verdade, fez da empresa um local mais real e directo.»

Para que dar e receber sinceridade tenham um papel mais presente na sua vida, enumero uma lista de acções que deve considerar.

1. Encontre pessoas que respeita

Não podemos ser sinceros com toda a gente – nem tal é desejável. É por isso que temos de escolher a dedo as pessoas que nos rodeiam e cujas opiniões valorizamos. Quando pensamos melhor neste assunto, respeitamos as pessoas pela sua gentileza, simpatia, inteligência, sabedoria e empenho. É importante encontrar pessoas que respeitemos antes de sequer tentarmos ser sinceros com elas. O que entendo por respeito? Resume-se ao reconhecimento da singularidade da pessoa, do seu valor, das suas perspectivas e sabedoria. Se não respeitar alguém, acredite em mim, a pessoa apercebe-se e ser-lhe-á impossível estabelecer um espaço seguro com ela.

É nas pessoas que respeita profundamente, mas que não têm a perspicácia para o negócio, que quer encontrar conselheiros? Estas pessoas podem ser óptimas relações vitais na sua vida, mas, provavelmente, não deviam aconselhá-lo em negócios específicos que requerem uma capacidade concreta. Certifique-se de que faz as perguntas certas às pessoas certas, mas, em todo o caso, vai precisar de uma base do respeito mútuo.

2. Crie a oportunidade

Ser franco com outra pessoa e pedir-lhe o seu *feedback* sincero implica que se explique a situação antes da reunião, através de um *e-mail*, para que o seu amigo tenha tempo de ponderar o que pode dizer de antemão. Eis um exemplo: «Jim, quero que me faças um favor. Sabes que quero aquela promoção e francamente preciso de todos os conselhos que puder obter. Respeito muito a tua opinião. Vês-me todos os dias. Estarias disposto a dar-me meia hora de *feedback* sincero sobre o que faço bem e aquilo em que tenho mais dificuldades? Tudo o que me disseres será muito valorizado.»

Se pretende o *feedback* sincero de alguém, avise essa pessoa de que deseja uma crítica verdadeira e objectiva – elogios e meias verdades não lhe interessam. Para alcançar o que pretende, primeiro, seja sincero consigo. Pergunte-se: *Porque estou a abordar esta pessoa? E com que objectivo?*

3. **Deixe bem claro que todo o *feedback* é uma dádiva para si**

Expresse a sua gratidão quando receber *feedback*. O que está a pedir é uma dádiva – de tempo, de honestidade e de *feedback* ponderado. Aqui tem um exemplo: até nos meus negócios com Greg Seal, por vezes tenho de o relembrar de que *preciso* de *feedback* honesto e objectivo! Quando ele o faz, agradeço-lhe e relembro-o de que, mais uma vez, me mostrou o que significa uma *verdadeira* amizade.

4. **Reconheça os seus erros**

Não tente fingir que é algo que não é. A maioria de nós sabe lá no fundo aquilo que nos impede de avançar. Reconhecer que temos de corrigir defeitos torna muito mais fácil que os outros sejam sinceros connosco. Comece por dizer: «Escuta eu sei que tenho muitos defeitos, mas queria que me apontasse alguns em particular em que devo concentrar-me.» Ao reconhecer de antemão que somos imperfeitos (quem não é?), preparamos o caminho para que os outros sejam sinceros connosco.

5. **Diga à outra pessoa o que pensa fazer com os conselhos que ela lhe deu**

Não está a pedir conselhos para deixar a outra pessoa numa situação embaraçosa nem para a testar. Não vai certamente ficar magoado ou na defensiva. Está simplesmente a recolher informação. Diga com franqueza à outra pessoa: «Pretendo ter *feedback* de várias pessoas que respeito para dar prioridade àquilo em que devo concentrar-me. Vou certamente voltar a tocar neste assunto, se não se importar. Agradeço tudo o que tem para me dizer. Não se iniba. Diga-me, por favor, o que pensa exactamente.»

6. **Não lhes diga o que quer ouvir**

O meu conselho é começar de forma genérica e esperar pelo primeiro passo da pessoa, esperar que ela refira algo concreto. Se ela hesitar ou se resistir de alguma forma a dar o *feedback* que você pretende, diga algo como: «Eu ficar-lhe-ia muito agradecido.» Depois, faça uma pausa. Uma pausa é uma forma muito eficaz de encorajar o seu interlocutor a responder – as pessoas evitam a todo o custo silêncios incómodos ou constrangedores.

Certifique-se de que não induz a testemunha, identificando os seus erros e pedindo à outra pessoa que os confirme. O que pretende é obter sinceridade e não um efeito de eco. Deixe-se surpreender.

7. Faça perguntas específicas

Assim que a outra pessoa lhe der o *feedback*, refira exemplos concretos sobre si e sobre os quais pretende obter reacções. Por exemplo, diga: «Talvez me tenha expressado de forma muito directa. O que acha? Lembra-se de exemplos específicos?»

8. Aceite ou rejeite – mas reja-se pela segurança

Lembre-se de que pedir uma crítica não significa que tem de agir. As críticas são o que são: *feedback* sincero de alguém que você respeita e cuja opinião lhe interessa. Em último caso, quem decide se vai agir ou não de acordo com o *feedback,* é você. Quando discordo da opinião de alguém, digo simplesmente: «Obrigado» ou «Agradeço que me tenha dito isso.» Se estiver confuso, peço que me esclareçam antes de voltar a agradecer! Lembre-se de que não tem nada a perder. Em última análise, é você que decide.

9. Retribua

Idealmente, a sinceridade deve ser recíproca – mas não tem de ser, se a outra pessoa não quiser ouvir o seu *feedback* sincero. A escolha é da outra pessoa. Lembre-se de que a maioria retira muitos benefícios da ajuda que presta aos outros. Se está realmente grato pelas informações, haverá uma retribuição imediata devido à boa sensação que se tem por se ter ajudado o próximo. Para mim, o cúmulo da generosidade é permitir aos outros que nos ajudem, especialmente quando se preocupam connosco.

TORNE-SE UMA PESSOA DIRECTA

Frequentemente, o problema mais óbvio – a questão evidente ou, segundo um cliente meu, «o peixe podre» – é algo em que todos reparam mas que ninguém comenta. Quando Peter Guber – e também outros colegas meus – me falaram da minha falta de concentração, estavam a confessar algo que qualquer pessoa podia ver.

Bob Kerrigan acha que parte da luta pela sinceridade reside no facto de reconhecer que uma questão (ou o peixe podre) existe. Por vezes, basta dar às pessoas *feedback* sobre a forma como as vemos para ser uma revelação surpreendente, algo que também pode ser uma forma especialmente eficaz de cimentar uma relação.

Em tempos, fiz consultoria para uma empresa de gestão de risco, gerida por um director executivo impiedoso e agressivo. O homem tinha um físico possante e gostava nitidamente de exibi-lo. O problema maior e evidente era ele. Num serão, numa festa com um grupo de executivos de topo, ouvi-o gabar-se por ter importunado o presidente da própria empresa com vários assuntos, nos quais o director executivo estava claramente em vantagem. Adorava entreter os convivas com histórias sobre a forma como se tinha divertido à custa do presidente.

A certa altura, aproximei-me dele e disse-lhe casualmente, como se fosse a coisa mais natural do mundo: «Gosta muito de provocar as pessoas, não gosta?» Esbocei um sorriso ao falar com ele, mas, naquele momento, eu estava a ser absolutamente sincero e ele percebeu isso.

Pelo olhar dele, era notório que nunca lhe tinham dito tal coisa. Era tão evidente que gostou da observação e apreciou a minha coragem por ter falado com ele. Desatou a rir e deu-me uma palmada nas costas. E não se ficou por ali. Pensei que tinha estabelecido um lugar seguro com ele. Eu sorria e estava perto dele, o meu tom tinha sido meramente interessado e preocupado. «Essa estratégia traz-lhe sempre bons resultados?» perguntei.

Desta vez, o director executivo olhou-me de soslaio, fitou o chão e, depois, voltou-se para mim. «Percebo o que quer dizer», disse-me ele. Eu tinha a resposta, e ele também.

Na altura, tal como ainda hoje me acontece, senti que era importante explicar aos meus clientes que não quero dar-lhes um fardo. Sempre calculei que 50% do meu trabalho é servir a empresa que me contrata, e 50% é servir o meu cliente, ajudá-lo a ser mais bem-sucedido a nível pessoal. Aquela foi a minha forma de mostrar ao director executivo que me preocupava com ele o suficiente – que estava suficientemente envolvido – para lhe dizer a verdade. E, nas semanas que se seguiram, pediu-me que o ajudasse a focar-se nas suas atitudes que desencorajavam as pessoas e que eu estava convencido de que ele queria sinceramente mudar.

Problema resolvido!

SEJA DIRECTO, MAS NUNCA QUANDO ESTIVER ZANGADO

Ocasionalmente, todos somos culpados de ser pouco sinceros connosco. Mas lembre-se de que, quando evitamos a sinceridade e reprimimos os nossos sentimentos ou o que os nossos instintos nos dizem, os problemas não se resolvem. Em vez disso, acumulam-se até que explodem, e fazemos figura de idiotas por termos exagerado.

Quando era mais jovem, eu era uma pessoa que costumava evitar conflitos e, por isso, tinha um temperamento muito exaltado. Actualmente, reconheço muito melhor o meu indicador de pressão. Como falo dos problemas mal eles ocorrem, não sinto qualquer tipo de pressão.

Mas, na altura, era um mestre naquilo a que agora chamo «sinceridade em ebulição». Pense numa chaleira ao lume. A água ferve e vemos chamas azuis na boca do fogão. A tampa da chaleira pode estar bem fechada, mas, a dada altura, o vapor tem de sair por algum lado, certo? Então, como é que o vapor vai escapar? De uma ou de outra forma: em pequenos jactos (comportamento passivo-agressivo) ou numa grande explosão.

Em retrospectiva, a minha sinceridade em ebulição envergonha-me. Este tipo de sinceridade não era útil para ninguém. Calculo que há pessoas que conseguem conter o vapor constantemente e são essas que sofrem de úlceras e de dores nas costas. Na altura, nem conseguia imaginar que havia outras opções, por exemplo, ser honesto e sincero desde o início e confiar nos meus instintos à partida, se sentisse que algo estava errado ou que alguém me desiludia ou fazia alguma coisa que eu achava desadequado.

Estranhamente, quando a minha chaleira chiava, eu pensava que estava a reagir de forma muitíssimo sincera! Na verdade, evitava os verdadeiros motivos; o meu sistema de comunicação fechava-se àqueles que me rodeavam e desencorajava-os e ligarem-se a mim. Evitava ter conversas verdadeiras. Portanto, conseguia exactamente o que o meu subconsciente *queria* – evitar as conversas difíceis. Em suma, o meu estilo comunicativo era de facto inócuo, não dava azo a discussões saudáveis nem a argumentações. As explosões de temperamento permitem às pessoas avessas a conflitos furtarem-se a lidar com as verdadeiras emoções e assuntos – tal como descobri da forma mais difícil.

ARMADILHAS DA SINCERIDADE

Por vezes, ser sincero com outra pessoa não tem o efeito pretendido. Eis alguns aspectos em que deve atentar.

Repercussão da sinceridade

A sua primeira reacção ao *feedback* sincero talvez seja repercutir a sinceridade, ou seja, responder à letra, recorrer a uma sinceridade que é mais olho por olho e dente por dente do que sincera. Por exemplo, em resposta à crítica de que estou a tentar fazer muitas coisas ao mesmo tempo, podia responder aos meus colegas: «Se prestassem mais atenção à vossa parte do negócio, não teria de fazer tantas coisas sozinho e podia concentrar-me com mais eficácia e dar prioridade às coisas.» Quer seja ou não verdade, teria refutado os conselhos deles e tê-los-ia afastado.

Preparar para o «mas»

Uma forma muito má (mas frequente) de ser sincero é o que chamo «preparar para o 'mas'». Numa tentativa sincera de suavizar as más notícias, as pessoas encaixam as suas críticas numa avalanche preliminar de elogios: «Gosto imenso da forma como conduz as reuniões, tem muito jeito para convencer os colaboradores a entrar no projecto com novos programas e escreve muito bem uma carta de motivação...»

Todos sabemos o que nos espera ao virar da esquina: um *mas*. Põe as outras pessoas numa posição delicada, porque já sabem que as más notícias estão prestes a chegar-lhes aos ouvidos. O meu sócio, Morrie Shechtman, cujos ensinamentos no campo da sinceridade o converteram num dos conselheiros mais influentes na minha vida e na nossa equipa, diz que isto é uma sanduíche de treta – críticas entre duas fatias de Pão Maravilha.

É impressionante como as empresas instituíram a abordagem da «preparação para o 'mas'». Porque não se limitam a deixar-se de rodeios e a ir directamente ao assunto? É evidente que devem encorajar as pessoas, mas façam-no quando é devido. Afinal, é o objectivo da sinceridade. Ninguém beneficia de elogios falsos. As melhores críticas são claramente para o proveito da pessoa em questão. Quando tudo já foi dito e feito, a sinceridade, à partida, é uma dádiva.

Ver para crer

Outro aspecto a reter sobre a sinceridade é a ideia de que os defeitos que pensamos ver noutra pessoa podem, na realidade, não ser defeitos. Podemos simplesmente estar a encarar as acções do outro de determinada forma, devido a um comportamento humano normal conhecido como viés em proveito próprio.

Viés em proveito próprio refere-se à nossa tendência de *interiorizar* o nosso sucesso (ver os nossos triunfos como algo que se deve ao resultado das nossas acções – «ganhei uma corrida de vela porque sou um velejador excelente») e de *exteriorizar* os nossos fracassos (achar que os nossos fracassos foram causados por factores externos – «perdi a corrida de vela porque não havia vento»).

Por outro lado, tendemos a *interiorizar* os fracassos dos outros (a ver os fracassos alheios como culpa deles – «perdeste a corrida porque não sabes velejar») e a *exteriorizar* os seus êxitos, como se se devessem à sorte – «ganhaste porque o vento de sudoeste estava a teu favor»).

Todos somos influenciados pelo viés em proveito próprio. Não se limita a aumentar o nosso ego, impede-nos de nos sentirmos inferiores. Na verdade, quando criticamos outras pessoas, estamos muitas vezes a culpá-las e a inferir que o fracasso delas é da sua responsabilidade.

Quando os outros nos criticam, rejeitamos instintivamente as suas palavras (acreditando que os nossos fracassos raramente são culpa nossa) ou ficamos ofendidos.

O que não quer dizer que o comportamento individual nunca seja um problema. Quando for, há que dizê-lo com sinceridade.

Diga *apenas* que a sua intenção não é magoar

Se evitar ser sincero para proteger os sentimentos da outra pessoa, então, no fim de contas, está a ser cobarde. Está a proteger-se a si próprio mais do que a qualquer pessoa – simplesmente, não consegue lidar com a possível reacção negativa da outra pessoa. A sua falta de sinceridade não se deve aos outros, mas a si. Se se devesse exclusivamente aos outros, dir-lhes-ia o que pensa para que pudessem tirar partido disso e seguir em frente.

Ao longo dos anos, também descobri que as pessoas que têm medo de conflitos se preocupam em preservar todas as suas relações, porque não pensam que conseguem recriar uma relação semelhante (ou qualquer outra) depois disso. É o que acontece frequentemente em relações amorosas: quem não receou já que mais ninguém nos voltasse a amar ou que não voltássemos a conhecer ninguém igual? Tretas. Há centenas de pessoas por aí perfeitas para si.

Por vergonha

Quando nos sentimos inseguros ou zangados, é fácil culparmos os outros através da humilhação. Mas essa crítica não nasce de um desejo genuíno de ajudar um colega a resolver um problema. É concebido para humilhar. Ou é a reacção de um indivíduo amedrontado que não tem outros meios ao seu dispor.

Penso que essa forma de envergonhar os outros é o cúmulo do desespero. Vai directo ao âmago da pessoa, muitas vezes de uma forma baixa e desagradável. Diz à outra pessoa que é desprezível, não apenas devido ao trabalho que fez mas por ser quem é.

Podemos confiar na exactidão das outras pessoas?

Como podemos saber se a tentativa de alguém ser sincero connosco é exacta ou não? Afinal, as pessoas podem por vezes distorcer a realidade. As pessoas projectam constantemente nos outros as suas próprias vivências – o que significa que nos acusam de coisas de que não gostam nelas. Qual é o meu conselho? Não peça só uma opinião. Peça opinião a muitas pessoas. E esteja atento ao que a linguagem corporal e as expressões faciais lhe indicam.

Mas lembre-se: nunca refute ou discuta, baseado no que a outra pessoa lhe diz. Verá o lugar seguro que construiu desabar como um castelo de cartas.

A minha empresa é muito mais sincera e directa em relação a *tudo*, hoje em dia. Até J. P. Kelly, o nosso director de gestão, inicialmente céptico, está impressionado com os benefícios da sinceridade. «Agora as pessoas não se melindram tanto», diz ele. «Um administrativo pode dizer ao director executivo 'acho que só disse tretas' e não ser despedido, mas torna-se mais respeitado.»

O que me leva ao último aspecto que quero frisar: a sinceridade, ou crítica preocupada, é sempre mais importante do que a soma das suas partes. Por outras palavras, quando as pessoas trocam ideias opostas com sinceridade, a fusão cria perspectivas completamente novas, ideias originais e abordagens – a que chamamos globalmente inovação pela qual se cria valor – que nunca teriam surgido de forma espontânea. A sinceridade confere-nos a capacidade de correr riscos, prepara-nos para resolver problemas com uma atitude de cooperação – tanto no trabalho como nas nossas vidas profissionais – e com melhores resultados do que alguma vez conseguiríamos alcançar sozinhos.

QUARTO HÁBITO MENTAL

Responsabilidade

Promessas, promessas. Todos as ouvimos, todos as fizemos – a promessa do Ano Novo de perder peso ou de deixar de fumar, a jura aos amigos na sexta-feira à noite de entrar no escritório do patrão logo de manhã, na segunda-feira, e pedir uma promoção ou um aumento... e ainda todas as outras promessas e amanhãs que nunca chegam. Querer ser uma pessoa melhor é uma coisa; fazer de facto alguma coisa para que isso aconteça é outra. Então, o que é necessário para que a mudança seja uma constante na nossa vida?

Permitam-me responder a esta pergunta com outra pergunta: e se não cumprir as suas promessas tiver consequências sérias? Sabemos quais são as consequências das nossas acções na nossa vida porque, na verdade, vivemos com elas todos os dias. Se comprarmos as acções erradas, perdemos todo o nosso dinheiro. Se desrespeitarmos a Lei, pagamos uma multa ou vamos para a prisão. Mas essas consequências são-nos impostas de forma externa. E se optássemos por impor consequências a nós próprios por não conseguirmos viver de acordo com as expectativas? Por outras palavras, e se, em vez de confiarmos na nossa autodisciplina imperfeita, criássemos novas e melhores formas de nos responsabilizarmos?

FINALMENTE, A MUDANÇA!

O que podemos fazer para que as mudanças sejam uma constante na nossa vida? Durante anos, procurei uma boa solução para este problema. Quando fundei a Ferrazzi Greenlight, queria criar mudanças que perdurassem tanto nas organizações como nas pessoas, uma vez que é muito frequente as empresas e as pessoas pagarem muito dinheiro por programas de consultoria e formação que são rapidamente arquivados numa pasta bonita numa prateleira de escritório. E, embora eu soubesse que eu e a minha equipa sabíamos impressionar uma plateia, criar motivação num grupo durante vinte e quatro horas não era o objectivo que eu pretendia. Não me daria por satisfeito enquanto não pudéssemos garantir um modelo económico (e sustentável) para o crescimento de uma empresa através de relações internas e externas mais profundas. O meu objectivo maior era poder dizer que as pessoas com quem trabalhava não se limitaram a alterar os seus comportamentos no local de trabalho, mas fizeram perdurar essa mudança tanto no trabalho como em casa, com os amigos e com a família! Queria encontrar uma solução para algo a que os padres chamam «o problema de domingo para segunda-feira». Sentimo-nos inspirados pela missa no domingo mas, na segunda-feira de manhã, regressamos à vida de trabalho.

Com esse fim, fundámos o projecto Greenlight Research para avaliar os programas de alterações sustentáveis de comportamento existentes. Na melhor das hipóteses, as conclusões foram pouco elucidativas. Claro, muitos defendiam as mudanças sustentáveis como um resultado da participação em formação e consultoria, mas, quando tentámos encontrar dados que corroborassem esta ideia, percebemos que eram inexistentes. Nem nos deparámos com muitas empresas em que as alterações comportamentais dos colaboradores fossem mensuráveis durante um período mais longo. Falámos com centenas de executivos no maior número de empresas possível – mas, quando chegámos mesmo ao cerne da questão, ninguém tinha qualquer sistema comprovado para criar mudanças duradouras entre os empregados. Independentemente de quão bem-intencionados eram, os programas de formação não chegavam à raiz dos problemas.

Eis o que concluímos e que todas as pessoas ligadas ao sector do desenvolvimento profissional já devem saber: a maioria dos programas de formação centra-se em dar aos empregados mais conhecimentos sobre os produtos da empresa. Depois, há a formação baseada nas capacidades gerais para a liderança e vendas. Útil e necessária? Claro, evidentemente. Mas o maior crescimento entre os profissionais verificou-se em empresas nas quais havia um gestor influente e talentoso ou um executivo envolvido que dava formação a um indivíduo com regularidade.

Infelizmente, este tipo de envolvimento personalizado não pode ser duplicado em todas as situações, uma vez que há naturalmente alguns gestores ou executivos melhores do que outros nestas funções. De um ponto de vista económico, não existe simplesmente tempo administrativo para esse efeito, para a formação personalizada (especialmente, considerando as atenções cada vez mais direccionadas para a redução de custos e para a eliminação das hierarquias nas empresas). Dito isto, os esforços árduos para «formar» capacidades de *coaching* nos cargos de liderança pareceram ter um certo êxito, mas, mais uma vez, os economistas consideraram esta solução um desafio.

Discuti com a minha equipa os resultados do estudo. Por um lado, ficámos satisfeitos por saber que podíamos fazer uma diferença substancial no pensamento da política de gestão, se resolvêssemos esta situação. Porém, a pergunta mantinha-se: como concretizar uma mudança sustentável e contabilizável?

Pensando em retrospectiva, estávamos a analisar as questões erradas. Certa vez, numa reunião com a minha equipa para discutir estas ideias, Karen, a minha irmã mais velha, ligou-me para o telemóvel. Karen, tal como já referi, encontrou uma maneira de controlar o peso, graças à Weight Watchers e ao apoio de uma mulher chamada Jan Shepherd. Enquanto Karen falava do programa e da força e encorajamento incríveis de Jan, a minha mente libertou-se subitamente de um pensamento limitado ao mundo empresarial.

Se os modelos de sucesso estavam mesmo debaixo dos nossos narizes, o que nos impedia de aplicar às empresas o melhor que essas organizações oferecem? Todas as pessoas destes grupos são alvo de responsabilização, o quarto hábito mental necessário para criar apoio mútuo.

Quanto mais a nossa equipa pesquisou, mais entusiasmada ficou. Porém, a responsabilização num grupo não pode ser mantida sem os outros hábitos mentais e é essencial para obter e tornar duradouro o êxito.

Tenho outra expressão para a responsabilização: o «direito a dar sovas», porque a responsabilização obriga frequentemente a algumas reprimendas obrigatórias das pessoas que nos rodeiam para nos manterem na linha e nos fazerem progredir. Quando ainda era um jovem, pouco depois de ter saído da faculdade de gestão, lembro-me de Greg Seal me ter dito que eu devia mudar-me para Chicago, porque havia lá um director de uma empresa que «te dava uma sova como devia ser, Keith». Pensando nisso, Greg subvalorizou a frequência das sovas que eu devia levar. Só muitos anos mais tarde é que interiorizei as lições que tinha de aprender.

Claro que ter um mentor, alguns amigos e um grupo de conselheiros que me ajudavam a responsabilizar-me pelas minhas promessas, objectivos e acções implica mais do que dar apenas umas sovas. Tal como a minha irmã mais velha já o sabia na altura, também tinha a ver com dar apoio emocional positivo e encorajamento. A responsabilização implica estabelecer objectivos, reconhecer os fracassos quando tudo se complica e colaborar para encontrar soluções ou abordagens alternativas a que podemos recorrer para voltar a entrar nos eixos.

Na Weight Watchers, os membros estabelecem objectivos para perder peso e, depois, são pesados todas as semanas na reunião. Embora na prática as pesagens sejam sigilosas e ninguém seja obrigado a partilhar o peso que perdeu ou ganhou com os outros membros, a última moda é ver os membros a inserir os vídeos das pesagens no YouTube! Ainda quer comer a tal fatia de bolo, sabendo que, na manhã seguinte 250 mil pessoas de todo o mundo podem ver a sua pesagem? A responsabilização resulta.

Um relatório da *Human Relations* conclui que a responsabilização também encoraja as pessoas a estabelecerem objectivos mais exigentes. Num estudo, vários indivíduos foram analisados quanto aos objectivos e decisões de desempenho. Disseram a uma parte do grupo que depois teria de discutir as respostas com um líder da equipa. A antecipação dessa discussão levou-os a estabelecer, no geral, objectivos mais exigentes do que o grupo de pessoas a quem não foi dito o mesmo.

O que pretendo demonstrar é que o apoio do grupo é fundamental para a responsabilização e, em particular, para manter as alterações comportamentais de que precisamos para nos ajudarem a alcançar os nossos objectivos. Não digo que não haja pessoas que não consigam fazê-lo sozinhas. Acontece constantemente. Mas, na maior parte dos casos, as pessoas mais bem-sucedidas do planeta confiam em conselhos, apoio, encorajamento e numas cotoveladas fortes de algumas pessoas de confiança que as ajudam quando elas tropeçam, hesitam ou vacilam. Poucos questionam o recurso aos conselhos espirituais e ao apoio de um padre. Porque não achamos também que precisamos de conselhos permanentes de alguém de confiança, de um grupo no qual confiemos para que nos ajude a alcançar as nossas ambições pessoais e profissionais?

O PARCEIRO *CERTO*, NÃO QUALQUER UM

É fácil conceder a um amigo o «direito de dar um raspanete». Há um ano tinha delineado o objectivo vago de que os meus próximos livros iriam ajudar as pessoas a adoptar uma vida que dava prioridade ao poder dos relacionamentos e que fornecia um mapa fidedigno e com resultados garantidos a todas as pessoas e aos líderes. «Rob,», disse eu ao Dr. Dirksen, um amigo meu, «faz-me um favor. Não me largues enquanto eu não te mostrar a minha estratégia e a minha visão do processo editorial. Há coisas que tenho de fazer – começando por um resumo de cada livro e por determinar o plano de pesquisa, para ter a certeza de que o trabalho se baseia quer em boas histórias quer em dados científicos. Quero ter tudo terminado dentro de dois meses. Dás-me a certeza de que me pressionas enquanto eu não te mostrar tudo?»

Foi exactamente o que Rob fez. Uma das razões por ter resultado tão bem foi o facto de lhe ter perguntado se havia algum aspecto em que pudesse também responsabilizá-lo. Rob sugeriu algumas coisas e eu fiz questão de lhe pedir que ele viesse ter comigo várias vezes nessa semana, apenas para o incentivar.

Basta escolher um plano ou objectivo simples, a curto prazo, que tenha este mês e que exija trabalho antes de ser concluído. Depois, peça a um amigo que o obrigue a cumprir essa promessa. No início, relembra os outros de que somos sérios, e essa responsabilização não se limita a uma ideia engraçada e passageira; é o início de um compromisso e de um hábito. Garanta também que converte os esforços do seu amigo – enquanto ele vela para que você seja responsável – numa tarefa agradável. No princípio, expresse a sua gratidão; no final, agradeça pela ajuda na concretização do objectivo. Tal como no caso da sinceridade, o êxito deste plano depende inteiramente de si.

É preciso frisar que Rob desconhecia por completo o tema da planificação editorial. Rob não era um parceiro forte nesta área, alguém com quem delineasse estratégias. Em vez disso, era simplesmente um «parceiro de responsabilização» – alguém que me chamava à responsabilidade. Bastava dizer alto, ao pé de outras pessoas, que eu ia fazer alguma coisa; já fazia toda a diferença.

Qual foi o resultado? Rob e eu começámos a ter «reuniões de responsabilização» semanais. Ambos decidimos qual seria a melhor altura para discutir os nossos progressos semanais em relação à concretização dos nossos objectivos.

Inspirado por Rob e pelas reuniões, instituí momentos de responsabilização diários na Ferrazzi Greenlight, entre os responsáveis das equipas para o desenvolvimento da empresa. Agora, as equipas da FG revelam umas às outras os planos que pretendem concretizar nesse dia, em termos de estabelecimento de novos projectos; no dia seguinte, avaliam os progressos e estabelecem novos objectivos para esse dia. O resultado foi um progresso evidente do grupo, e há também que apontar que todos parecem divertir-se mais a trabalhar em equipa.

Responsabilidade. Apoio mútuo. Também a minha irmã colhia os benefícios do programa de apoio – graças à Weight Watchers, ela conseguira finalmente perder peso – mas ainda fraquejava. Eu não percebia porquê. *Porque será que ela não come menos e pronto?*, perguntava-me na qualidade de alguém que nunca teve problemas de peso. Ela necessitava de uma medida extra de responsabilização, de um companheiro – tal como eu tinha o Rob –, mas eu não era a pessoa adequada para essa tarefa. Eu não entendia a situação.

É preciso tomar este aspecto em consideração, quando pensamos a quem devemos recorrer para nos responsabilizar sobre as nossas vidas e carreiras. É importante saber escolher a pessoa a quem pedimos ajuda. A curto prazo, apercebemo-nos do que representa essa responsabilização com quase todas as pessoas a quem estivermos dispostos a pedir ajuda. Mas, para resolver objectivos a longo prazo, é essencial escolher as pessoas certas. (Abordarei este assunto em seguida, na terceira secção.)

Porém, mesmo nos grupos de apoio, as pessoas podem perder de vista o seu objectivo. O grupo existe para nos fazer cumprir o plano e, por vezes, para nos *apoiar* no nosso plano. Nos AA, os membros por vezes descarrilam; nos grupos para pessoas que querem deixar de fumar, os membros brincam com o número de vezes que «deixaram de fumar»; e na Weight Watchers, às vezes, os membros deixam de ir às reuniões (e comem uma tarte de noz). Há vinte anos, graças à Weight Watchers, a Karen emagreceu tanto que a minha mãe teve medo de que ela se tivesse tornado anoréctica. Agora, com cinquenta anos, a minha irmã tem mais dificuldades em ser disciplinada. «A minha força de vontade já não é a mesma», disse-me ela uma vez. «Agora, os meus netos vêm visitar-me e pedem-me gelados. Não quero dizer-lhes que não, portanto, acabo por comer um também.»

Nos grupos de apoio, estas situações ocorrem constantemente. E, mais uma vez, há uma solução: formalizam o apoio individual, de pessoa para pessoa, que é mais frequente e profundo do que o apoio normal de um ambiente das reuniões de grupo. É neste ponto que a incrível Jan Shepherd merece uma referência. Na qualidade de parceira de apoio da minha irmã Karen, ela ajuda-a diariamente e está sempre disponível.

Recorrer ao apoio de patrocinadores e de parceiros é uma prática generalizada também em muitos programas de *fitness*. Há pessoas que contratam um treinador profissional para as incentivar; outras pedem a companheiros atletas para treinarem em conjunto e para se ajudarem e responsabilizar mutuamente. Michelle Mudge-Riley é uma médica da Virgínia que corre, pelo menos, quatro manhãs por semana, com uma amiga. E não há *nada* que a faça levantar da cama com mais empenho do que saber que tem outra pessoa à espera dela no passeio. Quem quereria deixar pendurado um parceiro de corrida?

Outra equipa de responsabilização de *fitness* que conheço troca de mochilas de equipamento. Assim, se a outra pessoa não aparecer, deixa aquela que tinha a sua mochila em maus lençóis porque não pode ir treinar também. (Nunca falham um dia.)

Então, como é que Jan Shepherd entrou na vida da minha irmã? Conheci-a num almoço em casa de um amigo e soube imediatamente que tinha encontrado a parceira de que a minha irmã precisava para complementar o apoio da Weight Watchers. Jan é uma parceira de responsabilidade na perda de peso, uma espécie de colega de dieta contratada.

Jan é uma inspiração para qualquer pessoa que queira emagrecer. Chegou a pesar 158 quilos e a ser incluída na categoria da obesidade mórbida. Mas, ao longo do tempo, Jan emagreceu 90 quilos e conseguiu manter o peso durante sete anos. Comparada com o peso que Jan perdeu, a maioria dos problemas de peso parece irrelevante. Ele conhece as dificuldades de fazer dieta em primeira-mão. Karen elogia Jan como elogia a Weight Watchers e atribui-lhe o mérito de lhe ter salvado a vida: «É tão sábia; sabe sempre o que me há-de dizer. Telefona-me todas as noites, sem excepção, para saber como correu o meu dia e se tive alguma situação *stressante*. Ajuda-me a organizar as minhas prioridades, quando estou a ser solicitada para fazer diversas coisas em casa. Conseguiu convencer-me de que posso dizer à minha família: «Neste momento não vos posso ajudar porque, agora, é importante que cuide de mim e, assim, estarei cá mais tempo para vos dar carinho a todos. E *não* é ser egoísta. Nunca teria esperado dizer isso aos meus», acrescenta Karen. «Não conseguiria tê-lo feito sem ela. Adoro-a... e, agora, começo a adorar-me também.»

É importante perceber a diferença entre um companheiro e um companheiro de responsabilização. Quer esteja a fazer dieta ou a tentar dar um novo ímpeto à sua carreira, por vezes, a família e os amigos estão muito próximos para o responsabilizar verdadeiramente pelos seus objectivos. Outros, se conhecerem o seu percurso, podem ser críticos e envergonhá-lo. É muito fácil ressentir-se dessa intromissão, porque muitas histórias e bagagem emocional se podem intrometer no percurso.

Por exemplo, Kevin, o marido de Karen, tentou várias vezes sem sucesso encorajar a minha irmã a perder peso. «Sempre que o meu marido criticava o que eu comia ou me incitava a ir dar um passeio, eu ficava um pouco irritada», diz Karen. «Canalizava a minha raiva para ele porque me sentia incapaz de fazer alguma coisa com a minha vida e de melhorar o meu estado de saúde. Tinha medo de o tornar meu companheiro. Não sabia se ele ainda me achava atraente. Preferia evitar discutir essa questão com ele.»

Por outro lado, Jan não tem o mesmo peso de uma relação de longo prazo. Tem permissão para ser a polícia má. «Há pouco tempo, tive um fim-de-semana difícil», diz Karen. «Comi demais e, quando disse à Jan, ela ficou absolutamente impressionada. Disse-me assim: 'Karen, estamos no mesmo barco. Tens de me telefonar'». A Karen desligou depois de ter prometido telefonar a Jan, sempre que estivesse prestes a sabotar a dieta.

Isto não quer dizer que não haja lugar para os amigos e para a família, no que diz respeito à responsabilização. (Um assunto que abordarei posteriormente neste livro é quem deve e quem não deve pertencer ao grupo restrito de conselheiros.) Mas, para muitos de nós, é difícil começar com aqueles de quem gostamos. Por vezes, é necessário ter o encorajamento de um conselheiro de confiança que esteja mais afastado da nossa vida do dia-a-dia do que a nossa esposa ou melhor amigo. E, assim que se comprometer a confiar num parceiro ou grupo de responsabilização, irá concluir que está a desenvolver uma nova atitude para com esses parentes «aborrecidos». Não podia ter ficado mais feliz do que no dia em que Karen me disse: «Agora que Jan e a Weight Watchers fazem parte da minha vida, os comentários do meu marido já não me irritam; até os *aprecio*.»

Talvez esteja a pensar: *Esperem lá, a Jan é uma profissional paga, isso é batota!*

Não há nada de errado em pagar a um conselheiro profissional pelos seus conselhos e apoio, para que ele o torne responsável pelos seus objectivos. Na verdade, no caso das pessoas que não conseguem encontrar a pessoa ideal para desempenhar essa função, há que dar início ao processo pagando a um profissional! Não é uma situação muito diferente de contratar um treinador de *fitness* ou um mentor de carreira, pagar uma aula de ioga ou pedir ajuda a um terapeuta. Geralmente, os conselheiros pagos entendem os problemas porque já viram muitas situações semelhantes.

Assim que essa pessoa o ensinar a ter êxito, é provável que se torne mais fácil para si abrir-se com outras pessoas – com amigos e até com as suas relações vitais. Mas o êxito não implica obrigatoriamente grandes recursos financeiros. Quando eu era mais novo e não tinha meios para recorrer a um conselheiro ou terapeuta, optei por recorrer a um padre. Sim, já na altura do secundário. Ninguém me disse para o fazer; fi-lo simplesmente. (Já na altura, lá no fundo, sabia que tinha de criar uma relação permanente para acelerar e manter o meu desenvolvimento e possível êxito!)

A minha irmã queria morrer porque não conseguia perder peso. E a falta de dinheiro não era um motivo. Acreditámos, durante anos, que os serviços pagos por uma empresa têm de ser prestados, o que é verdade, mas, mesmo com a ajuda e o apoio de um conselheiro pago, nada se compara a abordar o poderoso encorajamento emocional de um sistema de apoio em que uma pessoa está disponível para a outra.

Independentemente de ser nosso amigo ou de estar a ser pago, ter alguém que nos responsabilize pelos nossos objectivos é um poderoso mecanismo de reforço. No início, a minha irmã precisava mesmo de alguém em quem pudesse confiar todos os dias. Se fosse mais frequentemente à Weight Watchers, teria tido a oportunidade de estabelecer um sistema de companheiros ou um grupo de apoio mútuo na Weight Watchers, semelhante ao programa de responsáveis que os AA têm. Mas ela tinha a Jan, e isso fez toda a diferença. Há quem procure formas bastante originais e novas de se responsabilizar pelos seus objectivos de vida. Lançado por dois membros da faculdade de Yale e um aluno licenciado, a «commitment store» *online* conhecida como Stickk.com usa dinheiro como uma nova forma de motivar as pessoas a aderirem aos seus objectivos. Para usar gratuitamente o *site*, patrocinado por publicidade, basta escrever o seu objectivo pessoal, por exemplo, perder peso, pagar a dívida do cartão de crédito ou, até, usar o fio dental diariamente e, depois, apostar se acha que vai conseguir ou não. Entra com algum dinheiro – você decide quanto, mas geralmente aposta-se algumas centenas de dólares. O seu progresso é acompanhado por um mediador de sua preferência – um amigo, um colega ou até o seu patrão – que decide em última instância se você cumpriu ou não o seu objectivo. Se você cumprir o objectivo, o dinheiro é-lhe devolvido. Caso contrário, a Stickk doa o dinheiro (em somas semanais) a instituições de caridade como a Cruz Vermelha ou a United Way. Para ter a certeza de que não beneficia, nem que seja indirectamente, a Stickk nem lhe passa um recibo dedutível nos impostos! Por outras palavras, você investe intencionalmente uma quantia significativa de dinheiro para se obrigar a ser responsável pelos seus objectivos, aceitando que o perderá na totalidade se não cumprir a sua promessa.

A Stickk também o deixa apostar na anticaridade, ou seja, numa organização ou causa pela qual nutra um profundo desprezo. (Atendendo ao espírito do bipartidarismo, as sugestões do *website* incluem a George W. Bush Presidential Library e a William Jefferson Clinton Presidential Library.) Evidentemente que a ideia de ver o seu dinheiro ganho com esforço ser doado a uma organização não lucrativa ou a alguém que detesta é a maior motivação que pode ter para seu bem.

Penso que todas estas ideias podem ser úteis mas, no que diz respeito a Karen, apostaria sem dúvida o meu dinheiro no apoio pessoal de Jan e da organização Weight Watchers.

O NEGÓCIO DA RESPONSABILIDADE

Perder peso, pagar a dívida do cartão de crédito, usar fio dental diariamente: eis objectivos pessoais importantes. Encontrar uma forma de se responsabilizar por eles é um processo importante de o ajudar a alcançá-los. Mas como pode recorrer à responsabilização para concretizar objectivos de negócio ou de carreira? Será que os colegas podem exigir padrões mais exigentes? Há alguma forma de os empregados responsabilizarem os patrões?

No nosso *website* GreenlightCommunity.com escrevo uma dica da semana. Escrevi recentemente uma dica sobre o «direito de dar sovas», recorrendo à seguinte pergunta: *Será que as empresas e as organizações promovem medidas formais de responsabilização como estas?* O nosso *website* foi inundado de respostas. Pelos vistos, muitas pessoas do mundo dos negócios se perguntavam o mesmo. Em vez de esperar que tais grupos se formassem a um nível institucional, têm simplesmente vindo a formar os seus grupos pessoais ou círculos de conselheiros de responsabilização.

Foi exactamente o que fiz, depois de conhecer Bob Kerrigan. Bob apresentou-me Morrie Shechtman, treinador executivo de Bob há anos. Eu e Morrie entendemo-nos imediatamente. Há anos que facilitava a criação de grupos de responsabilização e tínhamos um interesse mútuo em transformar as reuniões dos colaboradores em grupos de apoio mais fortes e coesos. Começámos a trabalhar juntos para formalizar a responsabilização no seio da FG e para a disponibilizar aos nossos clientes. No meu caso, Greg Seal, o meu conselheiro de confiança, é quem me responsabiliza por gerir os processos de forma mais controlada na FG e por estar mais concentrado, para que eu não comece um novo projecto que serei obrigado a pôr de lado porque não tive tempo suficiente – um problema que os meus colegas já tinham identificado.

Um projecto de relevo foi uma fundação bipartidária para treinar jovens políticos em liderança eficaz – um campo de treino de liderança política sem motivação comercial, baseado no trabalho que desenvolvemos com as empresas. Na altura, tal como ainda hoje, parecia uma boa ideia, e muitas pessoas influentes concordaram comigo. Mas a questão de fundo é que eu simplesmente não tenho o tempo necessário nem um líder forte para partilhar essa responsabilidade comigo. Sempre participei na política de forma activa, mas, ao mesmo tempo, não temos mãos a medir na construção de uma empresa centrada no crescimento dos nossos clientes. Entre os nossos clientes contam-se uma empresa de desenvolvimento de vendas e de liderança, uma empresa de consultoria, um negócio virado para o consumidor (livros, DVD e um *webside* comunitário de pessoas que partilham os nossos valores), uma comunidade de executivos e uma fundação sem fins lucrativos, a Big Task Weekend, concebida para aproximar os clientes em projectos comuns que se centram nas suas sinergias, ao mesmo tempo que se debruçam conjuntamente nas necessidades sociais do mundo. Recentemente, criámos um negócio que ajuda executivos seniores a construir as suas marcas pessoais, através das suas comunidades de executivos. Não atribuo títulos aos membros da minha equipa; separam por sinais as suas mais variadas funções e responsabilidades.

Greg pressiona-me constantemente em relação ao ponto fulcral da Ferrazzi Greenlight, insiste que eu analise o que escrevi, e, por vezes, percebo as suas razões. Nas primeiras etapas da nossa relação de apoio, eu e Greg tínhamos reuniões mensais e falávamos ao telefone semana sim, semana não. Nessa altura, o principal objectivo de Greg era obrigar-me a demonstrar responsabilidade específica pela área financeira da empresa e impedir-me de iniciar outro projecto ou divisão na empresa. Eu contava-lhe como estava entusiasmado com um cliente novo que queria um produto de formação e ele dizia-me: «Mas, Keith, tu não vais fazer isso.»

Eu respondia-lhe: «Pois, mas estão interessados! E conseguimos desenvolvê-lo melhor do que qualquer outra empresa!»

«Está bem, Keith, mas, neste momento, não tens esse produto. E criá-lo vai desviar-te a atenção do aperfeiçoamento e da avaliação dos projectos que estás a desenvolver. Não faças isso!»

A certa altura, Greg convencia-me (por vezes obrigava-me) a regressar à terra. Ele tinha razão: se eu queria construir algo realmente meritório e importante, tinha de sacrificar alguns projectos que não eram centrais para o meu negócio. Aprendi a rejeitar projectos que não eram de facto ideais para a FG, e, ao longo do tempo, soubemos prescindir airosamente de alguns clientes. Greg aplicava a sua experiência e conhecimento na minha vida e na minha empresa, tal como Jan fazia com a minha irmã. Quando contratámos uma nova sócia sénior, Greg disse-lhe: «Tem de entender que o Keith tem esta capacidade imediata de se autocorrigir. Se fosse praticante de *rafting*, seria o melhor da sua área. E essa capacidade permitiu-lhe contornar a falta de concentração – mas, a longo prazo, todas as pessoas estão sujeitas a distracções, até o Keith. Você e a equipa têm de ajudá-lo a amadurecer e a estar concentrado.»

Graças à sova de Greg e à vigilância da minha própria equipa, fiz progressos importantes. A certa altura, eu e Greg passámos a ter os colaboradores nas nossas reuniões – dando-lhes ainda mais possibilidades de me responsabilizarem pelos meus objectivos e acções. Há muitas pessoas que fazem estas sessões de aconselhamento e de responsabilização à porta fechada. Mas, ao permitir a Greg, o meu parceiro de confiança, que me responsabilizasse perante a minha equipa, fiz a equipa sentir que tinha mais poder e encorajei a sua participação.

Outra área em que Greg, David, o contabilista que contratei recentemente, e a minha assistente me responsabilizam é nas finanças pessoais. Juntos, estabelecemos anualmente o meu orçamento pessoal e os meus objectivos financeiros. Todos os meses analisamos a contabilidade, e eu sou obrigado a justificar as minhas despesas pessoais. Antes, não tinha ninguém que me ajudasse a controlar os meus gastos. Entre jantaradas, a garrafeira que comecei na faculdade, a filantropia, os donativos políticos, o desporto e as viagens, as minhas despesas subiram em flecha e eu precisava de uma equipa para me obrigar a ter de novo os pés bem assentes na terra. Agora, tenho um orçamento limitado, como me fazem questão de lembrar sempre que eu ligo para o escritório para pedir que me comprem alguma coisa ou que façam um donativo. Há alturas em que pareço um miúdo que tem uma semanada (claro que posso gastar o que quero em qualquer altura – afinal, o dinheiro é meu). Mas sabem que mais? Não quero desiludi-los nem parecer irresponsável. Em primeiro lugar, fiz uma promessa a mim mesmo e pedi-lhes ajuda. Em contrapartida, prometi respeitar o controlo apertado dos três e os puxões de orelhas que me dão. E tenho cumprido a minha promessa.

Quanto mais apuro o meu sentido de responsabilidade na vida, mais exemplos de responsabilização encontro na vida das outras pessoas. Como Rachel Shechtman disse: «Apercebi-me de que, quando crescemos, passamos a vida inseridos em estruturas caracterizadas por uma responsabilização implícita. Na escola, temos não só de estar presentes, mas também o nosso desempenho contribui para as futuras oportunidades na faculdade e opções que possam surgir mais tarde. Depois, de repente, terminamos a faculdade e deparamo-nos com muito pouca estrutura de responsabilização e muito poucos instrumentos para nos autodisciplinarmos.»

Rachel tinha uma colega de trabalho que queria sair da empresa para a qual trabalhava e fundar a sua agência de *copywriting*. «Posso ser a tua companheira de responsabilização», sugeriu Rachel. Combinaram encontrar-se duas vezes por mês e discutir tudo o que a colega tinha de fazer – desde recolher um *portfolio* de trabalho a discutir os honorários, assim como a estrutura de pagamento para os vários projectos. E Rachel responsabilizou a colega. «O que tem de ser feito e por que ordem?», perguntava-lhe, antes de se assegurar de que a colega fazia tudo. O benefício? A colega acabou por fundar a sua própria empresa.

Volto a repetir que o estabelecimento de um modelo de responsabilização pode variar. A colega de Rachel estava motivada, por isso as chamadas de atenção Rachel eram relativamente suaves. Mas, ao dar à relação um nome e uma estrutura – companheiras de responsabilização –, Rachel *formalizou* a responsabilização entre elas, mesmo no contexto de uma reunião apenas entre as duas. Isto é importante porque muitas pessoas que nos rodeiam são demasiado benévolas ou pouco persistentes para ser conselheiras ou motivadoras. Sem uma espécie de entendimento formal, é provável que as outras pessoas nos deixem em paz. Não se esqueça: «responsabilização» é sinónimo de controlo, que remete para contextos muito formais.

Claro que nem toda a gente quer ser controladora. E nem todos se sentiriam à vontade para lhe dar uma sova. Por isso, as pessoas que escolher têm de se sentir *obrigadas*. Descobri que a melhor maneira de fomentar a responsabilização é vê-la como uma via de dois sentidos, ou seja, está a ajudar os seus conselheiros de confiança tanto quanto eles o ajudam a si. Como Bob Kerrigan diz: «Todos beneficiam da responsabilização. Torna-nos mais astutos. É especialmente importante no caso dos empreendedores, porque, por natureza, querem controlar; é por isso que são trabalhadores independentes. E estão profundamente convencidos do valor daquilo que fazem.»

O Billionaires' Club é uma organização cujos membros se apoiam mutuamente nas suas ambições de êxito em grande escala. O clube junta dois membros com o objectivo de se responsabilizarem mutuamente. «Fizemos um exercício no qual tínhamos de executar algo diferente todos os dias, durante um mês, como parte integrante da nossa rotina diária», afirma Andrew Warner, um membro do grupo e fundador da Mixergy.com, uma comunidade de criadores de novos negócios na Internet, que começou por ser um *website* que organizava eventos. «Portanto, tínhamos um par e mantínhamo-nos em contacto ao longo do mês; todos os dias eu prometia evitar pensamentos e comportamentos depreciativos em relação a mim próprio.»

Outro modelo de responsabilização é introduzi-la nas suas práticas diárias até que se torne uma lista de afazeres prementes. Há um bom exemplo na esfera militar. O tenente-coronel Rob «Waldo» Waldman, um antigo piloto de caças que dá palestras sobre o tema da optimização do desempenho, diz que a responsabilização se incute nas missões simuladas, ou «voos de cadeira». «A chave do êxito em qualquer missão é a planificação dos contingentes através de perguntas como: *E se?* E se um de nós for abatido? E se o depósito não for atestado? Onde é o campo de aviação mais próximo? *E se? E se?* Fazemos todas estas perguntas para saber como havemos de reagir numa emergência e quem vai executar a tarefa. Estabelecemos expectativas claras por escrito e verbalmente, discutimo-las num *briefing* antes da missão e, se alguém não levar a cabo o seu trabalho, é responsabilizado por isso.»

Há muitas formas de responsabilizar os outros. Marc, um consultor de cinquenta e três anos, pertence a um grupo que tem um «livrinho vermelho». «Quando discutimos os problemas de alguém e a conversa atinge um ponto em que essa pessoa delineia um percurso a seguir, anotamos tudo no livro vermelho. A pessoa tem de se comprometer verbalmente. Na semana seguinte, verificamos tudo e retomamos o que foi escrito no livro e fazemos o seguimento da situação.»

Anotar compromissos é uma óptima forma de registar e formalizar a responsabilidade. Outra forma de gerir a situação é pegar no telefone com regularidade. A cada duas semanas, o empreendedor Greg Hartle marca uma conferência de responsabilização com mais quatro pessoas do seu grupo de apoio. «Disse-lhes recentemente que queria fazer uma dieta de alimentos crus *vegan*», explicou. «Mas não tinha a certeza de que forma isso iria afectar a minha saúde, visto que fiz um transplante de rim. Andava a adiar informar-me sobre o assunto. Então, o meu objectivo para o próximo telefonema é pesquisar esta dieta e explicar se é ou não uma boa ideia.»

Greg Hartle e os seus colegas de responsabilização não limitam o seu tempo a uma chamada telefónica de quinze em quinze dias. Entre teleconferências, dão muita importância ao facto de se manterem em contacto. Por vezes, Greg recebe uma chamada ou um *e-mail* a horas aleatórias dos outros membros do grupo de apoio, que querem saber como ele está ou enviar-lhe um artigo que Greg talvez ache interessante. «Apoiamo-nos todos os dias por via electrónica», diz Greg, «e isso é fundamental.»

Quer combine um telefonema ou um encontro no parque, use um caderno de notas ou um fórum na *Internet*, a chave é *formalizar* a relação de responsabilização, dar-lhe uma estrutura e um horário regular. Ficar simplesmente à espera que os colegas lhe telefonem quando falha um prazo não é suficiente. Se ser sincero exige um lugar seguro, a responsabilidade desenvolve-se num espaço concreto. Ambas as partes têm de clarificar as expectativas: «Eis o que vou fazer e quando o farei. Se não o fizer, eis o que o outro fará.»

Quando falo sobre a responsabilização, fazem-me muitas vezes perguntas sobre as consequências e até que ponto serão sérias se algo correr mal (uma situação que acontece a todos). A resposta, embora assumidamente frustrante, é: *depende*. Há pessoas que precisam de um verdadeiro abanão – aquelas que se inscrevem para doar dinheiro para a organização sem fins lucrativos de que menos gostam, se não permanecerem empenhadas, por exemplo. A outras basta saber que há pessoas atentas para se sentirem responsabilizadas. É assim que funciona, por exemplo, no Billionaires' Club: «Simplesmente não querem voltar a encontrar o grupo e desiludi-lo», diz Amir Tehrani, um dos fundadores do clube.

Elizabeth Amini, membro do Billionaires' Club e fundadora do Anti-AgingGames.com (concebido para melhorar a memória de curto prazo), é muito clara: «Se alguém não cumprir sistematicamente as promessas que faz a si mesmo, os restantes fogem dele.»

É uma ideia assustadora, porque ninguém quer ser posto de parte. Não desiludir os seus parceiros costuma ser um incentivo muito maior do que ser menosprezado e envergonhado ou até do que recompensas financeiras. É devido ao seu orgulho individual que a minha irmã não quer desiludir Jan nem os novos amigos da Weight Watchers. Da mesma forma, não fico ofendido se Greg, o meu conselheiro de confiança, me repreender por eu ter perdido a concentração momentaneamente. A questão é que não quero desiludi-lo – nem aos meus colegas da FG. Já não posso fingir que ignoro a desilusão deles em relação às minhas acções. A equipa de um líder ou o desempenho conjunto é exclusivamente da sua responsabilidade. E, se alguma vez planeámos alcançar o mais elevado nível de desempenho, todos devemos ter os dados disponíveis para a discussão e para decidir como fazê-lo.

Por fim, evidentemente, todos somos responsáveis por nós próprios. Mas, sem uma estrutura formal que nos responsabilize através da pressão dos parceiros – sem levarmos uma sova, quando precisamos dela –, é demasiado fácil acomodarmo-nos a uma rotina confortável e nunca melhorarmos.

A competência, o conhecimento e o *feedback* que as relações vitais fornecem são essenciais para o apoio mútuo. Mas só a responsabilização os converte em resultados.

QUAL É O SEU ADN RELACIONAL?

Agora que está a par dos Quatro Hábitos Mentais, está a perguntar-se onde se situa? Até que ponto vive actualmente de acordo com estes valores de fundo? E até onde é que tem de ir? Na Ferrazzi Greenlight, desenvolvemos o rDNA, um instrumento de diagnóstico que ajuda as empresas a reconhecer as forças e as fraquezas das relações entre os empregados. Disponibilizei uma versão para os leitores no *site* KeithFerrazzi.com. Experimente. Descubra os seus pontos fortes na construção e gestão das relações na sua vida e como vencer as suas fraquezas.

TERCEIRA SECÇÃO

Construir a sua equipa de sonho

*Nove passos para criar relações vitais que vão ajudá-lo
a obter os conselhos e o apoio de que precisa
para alcançar os seus objectivos*

Podia e devia. O meu pai costumava dizer: «Um dia, quando fores mais velho, nunca penses no passado, se te ouvires a ti próprio dizer '*devia* ter ido àquela entrevista de emprego quando tive oportunidade', '*podia* ter feito tudo sozinho se...' ou '*podia* estar bem melhor hoje se tivesse dado ouvidos ao meu chefe'.»

Lembrei-me destas palavras quando saí do escritório de Peter Guber em Wilshire Boulevard. Tinham passado dois anos desde a reunião em casa de Peter na qual ele fez referência à minha falta de «elegância» e me deu um novo rumo na vida. Ao aprofundar a minha relação com algumas pessoas importantes na minha vida, que me davam o *feedback* de que necessitava, tornei-me melhor presidente e director executivo, e a minha empresa floresceu como nunca. Concebíamos novos materiais de formação baseados no apoio mútuo e destinados a equipas de executivos e uma versão actualizada para as empresas de vendas. A FG tinha mais trabalho e mais procura do que nunca. Eu adorava o meu trabalho – e os meus colegas – mais do que nunca. Tinha criado um programa de equidade para os meus colaboradores de topo para que partilhassem mais o negócio.

Nessa altura, eu e Peter discutíamos um projecto empresarial e, um dia, ele começou a divagar com uma figura de estilo que me surpreendeu. «Keith», disse ele, «não devias perder o elevador.»

«O elevador?»

Fiquei confuso. Como faço *jogging* todos os dias, subo as escadas sem problemas – na verdade, até gosto do exercício físico por impulso. Além disso, eu tinha apanhado o elevador até ao gabinete dele.

«Keith, tenho-te observado», prosseguiu ele. «Tens motivação para ser tudo o que desejas, mas pareces sempre ir pelo caminho mais difícil.

Arrastas-te pelas escadas e nem sequer reparas no elevador que está ao lado.»

Estaria ele a dizer que eu trabalhava demasiado? Eu sempre tive muito orgulho na minha ética de trabalho persistente. E o próprio Peter também não era molengão.

«Que queres realmente, Keith?», continuou Peter. «Define a tua grandeza. E, assim que o fizeres, convence-te dela e começa a agir em concordância. Mas, age *mesmo* em conformidade. Alguém reparará em ti e na tua visão, garanto-te. É a isso que me refiro quando digo que tens de apanhar o elevador.»

De repente, percebi: Peter referia-se à luta e às vantagens dessa luta. Apesar de todos os aperfeiçoamentos de fundo que feito com a ajuda da minha equipa de apoio, eu estava ainda demasiado ocupado para olhar à minha volta e ver para onde me dirigia. Para onde ia eu e o que estaria eu a construir com a minha empresa? Se Peter Guber, uma das pessoas mais inteligentes que conheço, não sabia, então ninguém mais saberia.

Eu passara os últimos dois anos a aprofundar e a construir as fundações da FG e agora Peter parecia perguntar-me: *Então, Keith, como vai ser quando tudo estiver pronto? Qual é o teu plano? Vê se descobres e começas a agir como se tivesses um plano.*

A analogia do elevador foi muito relevante. Nos dias que se seguiram à nossa reunião, comecei a pensar se a equipa de apoio, pela qual me tinha feito rodear, necessitava de ser ampliada. Seria a minha visão muito limitada? Os consultores que tinha escolhido – Greg Seal, Bob Kerrigan e a minha equipa da FG – tinham-me ajudado a reorganizar completamente a minha empresa. Antes, eu nem olhava para os números, por vezes evitava assumir o comando e, depois, ficava frustrado quando o negócio não prosperava suficientemente depressa. Esses tempos pertenciam ao passado graças ao meu círculo restrito de confiança. Mas eu precisava de conselhos que me ajudassem a determinar o rumo da minha empresa, agora que o meu rumo mais abrangente era claro. Percebi que estava na altura de procurar mais conselheiros.

Tal como já mencionei, quando se abre a possibilidade de juntar novas pessoas ao círculo restrito, por vezes elas parecem surgir como que por milagre, tal como aconteceu com Bob Kerrigan. Outras vezes, temos de as encontrar. Neste caso, as minhas preces foram atendidas quando fui almoçar com Doug Turk. Doug é chefe de *marketing* e vendas na Aon Corporation e também nosso cliente. Ele e alguns colegas tinham fundado uma bem-sucedida empresa de consultadoria com um valor de mercado de milhões de dólares. Durante o almoço, Doug fez-me perguntas acerca da minha empresa.

«Então, Keith, qual é a sua estratégia de saída?», perguntou-me Doug sem mais nem menos.

Estratégia de saída, pensei eu. Precisaria de uma? Respondi a Doug que esperava fazer o que fazia durante o resto da minha vida. O meu sonho era construir uma empresa de topo que permitisse que eu e os meus sócios lucrássemos com o êxito que tínhamos junto dos nossos clientes. Por outras palavras, um modelo de negócios de uma empresa tradicional de serviços profissionais.

Doug pressionou-me: «Mas pretende atrair grandes talentos, não é verdade? E quer que essas pessoas façam parte do investimento no sucesso da empresa?» À medida que ele falava, senti-me tal como me tinha sentido na noite em que estive com Bob Kerrigan. A única diferença era que, naquela altura, tinha conseguido algum tempo e estava verdadeiramente empenhado em receber os conselhos e a sabedoria dos outros.

«E se alguém lhe dissesse hoje que oferecia cem milhões de dólares pela sua empresa? Ou duzentos?», prosseguia Doug «Vendê-la-ia? Por quanto é que aceitaria a oferta e começaria outro negócio, ou aproveitaria simplesmente tudo o que sabe para o aplicar noutros interesses?»

A pergunta de Doug fez-me pensar: sempre me imaginara a gerir uma empresa que sustentasse os meus esforços por marcar a diferença no mundo, enquanto eu gostasse do meu trabalho. Era o que sempre pensara fazer toda a vida. Mas o que estaria a impedir-me de dar um salto maior?

Senti-me tão grato que resolvi escrever um *e-mail* a Doug, assim que cheguei ao escritório. Dizia: «O nosso almoço foi decisivo para mim, Doug. Obrigado. Depois da nossa troca de ideias, passei a ter objectivos diferentes. Digo-lhe que o nosso almoço de hoje alterou o rumo da minha carreira profissional!»

Depois do meu almoço com Doug, pedi a opinião de outro consultor novo, um gestor, Bill Braunstein, ou «Dollar Bill», tal como nós carinhosamente lhe chamávamos. Bill disse que, pela sua experiência (pois passou grande parte da sua vida como consultor de novos negócios), os negócios com mais êxito são aqueles que constroem algo, tendo em em mente uma estratégia de saída. É uma forma de assegurar que se mantêm no topo do seu sector e, também, de manter a sua mensurabilidade, o que significa que o negócio não depende apenas de uma pessoa que pode um dia desencorajar seguidores futuros.

A minha opinião? Os meus conselheiros diziam-me que estava na hora de redefinir os meus objectivos, algo que eu não podia ter feito sem o *feedback* deles. Queriam que eu me interrogasse sobre as minhas intenções em relação à FG. Eu queria criar uma organização baseada na investigação e reconhecida pela capacidade de produzir resultados tangíveis. Queria que a empresa fosse respeitada e reconhecida como líder, enquanto meio de auxiliar pessoas e empresas na construção das relações necessárias para atingir o crescimento exponencial.

Mas, apercebia-me então de que, para alcançar os meus objectivos, tinha de pensar em termos mais concretos. Devia analisar o objectivo final da empresa que, na verdade, contemplava duas situações: uma instituição que tinha valor de equidade e podia funcionar sem mim, sendo até talvez vendida um dia; e a criação de um canal directo para as pessoas que desejavam crescer em termos pessoais e de carreira, com a publicação de livros e dos nossos conteúdos *online*.

Tinha chegado a um ponto da minha vida e da minha carreira ao qual muitos chegam. Tinha-me apercebido de que podia fazer muito mais na vida. Queria ter mais êxito, contudo, queria defini-lo. Mais amor. Mais família. Mais estímulo intelectual. Mais impacto nos outros. Por isso, necessitava das contribuições dos meus conselheiros de confiança para que me guiassem e me orientassem no caminho.

A minha empresa nunca se teria tornado tão próspera sem o meu grupo de conselheiros. Reuniam-se comigo pelo menos uma vez por mês – e geralmente falávamos por telefone todas as semanas – para nos ajudarmos uns aos outros a aperfeiçoar, aprofundar e ampliar os nossos objectivos.

Para todos aqueles que obtêm e usam o apoio mútuo, o todo torna-se muito melhor do que a soma das partes. É isto que acontece quando deixamos o termo *eu* e passamos a utilizar a forma *nós*.

Nas restantes páginas, vou guiá-lo passo a passo através do processo que deve utilizar para encontrar e trabalhar com um grupo de confiança nas relações vitais, que o ajudará a romper, ou talvez até destruir, os telhados de vidro que o impedem de avançar, tal como me ajudou a reconhecer e a vencer as minhas próprias limitações. Eis os nove passos a que me refiro:

Primeiro Passo: Exprima a sua visão. Tal como tudo na vida, é necessário escolher um rumo. Terá de identificar alguns objectivos abrangentes rumo ao futuro que descrevam as suas aspirações.

Segundo Passo: Procure as suas relações vitais. Dir-lhe-ei onde pode procurar potenciais conselheiros e enunciarei os critérios que deve utilizar para avaliar as pessoas, de modo que se certifique de que são as indicadas.

Terceiro Passo: Pratique a arte do jantar prolongado. Ou seja, o modo de converter potenciais conselheiros em amigos, e, com sorte, alcançar relações vitais das quais possa depender.

Quarto Passo: Amplie a sua estratégia de determinação de objectivos. Terá não só de identificar os seus objectivos fundamentais, mas também as novas aptidões e o conhecimento de que necessita para atingi-los, o que implica estabelecer dois tipos de objectivos: os objectivos de aprendizagem e de desempenho.

Quinto Passo: Crie a sua Roda de Êxito Pessoal. Este é o plano de jogo essencial para a sua estratégia de vida.

Sexto Passo: Aprenda a lutar! Este é o ingrediente necessário para impulsionar o tipo de conversa e de troca de impressões que revela novas verdades e cria novos valores.

Sétimo Passo: Diagnostique as suas fraquezas. A compreensão das suas fraquezas será a fonte da sua maior força. Todos aqueles que compreendem o que os impede de avançar dão passos importantes.

Oitavo Passo: Comprometa-se no aperfeiçoar-se. Comprometa-se a agir de acordo com o que aprendeu – mantendo a sua palavra.

Nono Passo: Fingir até conseguir – depois, torne tudo duradouro. Fuja das profecias pessimistas. Finja que consegue. Depois, aprenda a fazer perdurar tudo.

Deixe-me fazer uma advertência. Viver segundo os Quatro Hábitos Mentais e pô-los em prática não é fácil; requer dedicação, disciplina e a vontade de baixar as suas defesas e de vencer os seus receios. Estabelecer objectivos e depois lutar para alcançá-los exige esforço, auto-reflexão, honestidade e perseverança. Mas pense na alternativa: será que quer olhar para trás, quando for mais velho, e pensar nos sonhos que quase alcançou mas que não chegou a concretizar, ou para as relações que nunca teve coragem ou tempo para desenvolver? Ou prefere olhar para trás e dizer «sim, eu consegui»?

PRIMEIRO PASSO

Exprima a sua visão

Quando comecei a pensar no que significava para mim ser realmente bem-sucedido, tornou-se óbvio que o poder do apoio mútuo era quase infinito, em todas as suas possibilidades. Bob Kerrigan era o parceiro perfeito, quando eu necessitava de confrontar e superar a minha tendência para evitar os conflitos na empresa e na vida (principalmente os conflitos que envolviam dinheiro). Greg Seal foi decisivo para me ajudar a assumir o controlo da minha empresa. O Dr. Rob Dirkson foi sempre um óptimo companheiro de responsabilização, dia após dia. Peter Guber, que Deus o abençoe, foi o meu Yoda e ajudou-me a alargar a minha visão quando eu me sentia satisfeito com o que tinha conseguido até ali.

E tudo isto foi só o começo. Desde então, resolvi trazer ainda mais pessoas para o meu círculo de confiança. Mas não são necessárias tantas relações vitais como as que eu acabei por criar. Mesmo que sejam só três, já faz toda a diferença.

Sempre achei que um dos nossos maiores «pecados» é o facto de não rentabilizarmos o potencial que cada um de nós possui ou de não fazermos uso pleno dos talentos e das capacidades de que dispomos. Conheço pessoas que reciclam diligentemente todos os pedacinhos de plástico e de papel, mas que desperdiçam grande parte das suas vidas por não viverem à altura dos seus talentos e capacidades. E falam no desperdício dos recursos naturais! As árvores podem ser replantadas, mas, tal como o meu pai me ensinou, só se vive uma vez.

O que nos impede de tirar o melhor partido da única vida que temos é a incapacidade de olharmos em profundidade para nós mesmos e de percebermos quem somos, onde estamos e o que queremos da vida. Todos nós conhecemos pessoas que nem de longe se serviram de todo o seu potencial. Se virmos bem, talvez encontremos parte dessa faceta em nós próprios.

Talvez não saiba neste momento que rumo quer seguir. Se não souber, infelizmente, terá de iniciar o processo de estabelecer uma equipa de apoio numa situação de desvantagem. Se não sabe o que motiva a sua luta ou o que precisa para crescer e se aperfeiçoar, terá menos probabilidades de encontrar aqueles de que necessita para o ajudarem no seu caminho.

Aqui ficam algumas perguntas para o ajudar a começar. Pense nestas questões e leia o Quinto Passo, Crie a Sua Roda de Êxito Pessoal.

1. O que pretende alcançar daqui a um ano na sua carreira? E na sua vida? E daqui a três anos?
2. Que facetas identifica em si e quais pensa poder fortalecer? De que conhecimentos, experiência, formação e relações pessoais necessita para isso?
3. Que passos tem de dar para se certificar de que não se vai arrepender quando chegar ao fim da sua vida e da sua carreira?
4. Que aspectos da sua vida deseja melhorar neste preciso momento? Está mais preocupado com a sua carreira, com a sua relação com o seu parceiro ou esposo? Ou em encontrar uma relação duradoura? Está mais preocupado com a sua família ou com o seu desejo de ajudar os outros?

SEGUNDO PASSO

Procure as suas relações vitais

Lembra-se do que referi anteriormente? As três pessoas em que está a pensar neste momento como futuras relações vitais talvez não venham a fazer parte do seu círculo restrito.

Há uns meses, eu estava num ginásio em Nova Iorque com uma *personal trainer* chamada Sandy. No meio da aula, começámos a falar sobre a vida e a carreira dela. Rapidamente se tornou claro que ela ainda não tinha encontrado a paixão da sua vida, em termos de trabalho. «Então, Sandy», perguntei-lhe, «com quem fala todos os dias?»

«Bem», disse ela, «falo com a minha mãe. E com a minha melhor amiga, a Janet, que conheço desde o liceu.»

«E falam sobre o quê?»

«Quando falo com a minha mãe é ela que fala, e passa a vida a perguntar-me quando é que caso. Gosto imenso dela, mas faz-me sentir mal.»

«E a sua amiga Janet?»

«Agora que penso nisso, ela fala pelas duas. A Janet tem os problemas dela. Não gosto de lhe dizer nada, pois sei que me dirá 'achas que isso é mau? Nem imaginas o que me aconteceu ontem!'»

Por fim, eu disse: «Oiça, Sandy, você merece ter uma rede de apoio verdadeira. Faça o seguinte: arranje uma pessoa que respeita e inclua-a na lista dos telefonemas diários. Que diabo! Ligue-me algumas vezes durante umas semanas só para se habituar!»

Encorajei Sandy a procurar mais algumas pessoas (que não a mãe ou Janet) a quem recorrer periodicamente, até encontrar um amigo e conselheiro verdadeiro, alguém que se preocupe com Sandy e com o futuro dela.

«Depois, tomem café todas as semanas», acrescentei. «Encare tudo como uma sucessão de encontros amorosos, mas, neste caso, você quer arranjar um novo confidente.»

PROCURE PARA ALÉM DO SEU CÍRCULO PRÓXIMO

Com duas relações principais negativas na vida dela, Sandy podia ser um exemplo extremo. Mas será? Nas centenas de entrevistas que eu e a minha equipa fizemos para este livro, mais de metade das pessoas com quem falámos disse não ter ninguém que realmente lhes desse apoio – amigos, familiares, parceiros ou cônjuges.

Algumas pessoas que conheço têm muita relutância em recorrer aos amigos íntimos para criar a equipa de apoio. Mais depressa revelariam sonhos ou receios a um estranho do que a um irmão ou um amigo íntimo. Porquê? Porque correm menos riscos. É menos desmotivante ser rejeitado por um conhecido recente do que ser rejeitado por um familiar, um velho amigo ou um colega de trabalho (muita gente tem receio de que um colega de trabalho ou um sócio revele os segredos a outros no escritório ou no ramo de negócio). Alguém fora da rede íntima é menos arriscado.

Em 1787, o ministro russo Grigori Aleksandrovich Potemkin decidiu impressionar a imperatriz Catarina II com a construção de falsas fachadas de aldeias, muito imponentes, ao longo do rio Dneiper – na verdade, eram apenas cenários. O seu objectivo era causar boa impressão à imperatriz, ao exibir as suas novas conquistas, e a imperatriz ficou bem impressionada.

Pela minha experiência, quase todos nós queremos proteger e preservar as nossas próprias aldeias de Potemkin! Todos nós temos receio de que os nossos feitos não sejam o que parecem – que os nossos êxitos sejam menos impressionantes vistos dos bastidores. Temos receio de deixar entrar outras pessoas, com medo de as desiludir. No entanto, esse é precisamente o momento em que *devíamos* convidar outras pessoas a fazer parte da nossa vida, para que não nos escondamos atrás de feitos ilusórios.

Um dos problemas que podem surgir com os nossos amigos mais próximos e com a família é o facto de eles terem as suas próprias ideias acerca de nós. A nossa relação com eles é prejudicada por memórias do passado, por problemas por resolver e pela bagagem emocional. Inclua alguém imparcial na sua equipa, alguém que lhe dê o impulso de confiança de que tanto necessita para começar.

Eu tinha amigos chegados que me responsabilizavam na vida pessoal, mas não tinha esse tipo de relações vitais na minha vida profissional. Tinha medo de deixar de estar à defesa; o dinheiro e o êxito na minha carreira eram assuntos delicados. Já desde criança eu não deixava transparecer nem o meu valor individual nem o meu êxito e abominava expor a menor brecha na minha armadura, mesmo diante dos meus colegas mais próximos.

No entanto, o facto de as suas relações vitais apresentarem *alguns* riscos pode ser positivo. Vejamos o exemplo de Greg. Durante os meus esforços para fortalecer as minhas competências de gestor, foi muito útil ter um membro da equipa a quem me parecia arriscado desiludir. Com Greg na minha equipa, eu mantinha as promessas que lhe fazia e que fazia a mim próprio.

Não quero com isto dizer que não possa criar relações vitais com amigos próximos, familiares ou colegas. Esse seria o objectivo ideal – quando se sentir preparado e assumir que as pessoas que fazem parte da sua vida estão à altura de preencher o lugar. Já assisti de perto a muitos exemplos extraordinários.

Mehmet e Lisa Oz, um casal a que fiz referência anteriormente, estão casados há um quarto de século e são um dos casais mais realizados que conheço. O apoio que dão um ao outro vai para além do encorajamento emocional que se espera de um cônjuge ou parceiro. Como trabalhavam em áreas distintas, cedo se aperceberam de que o tempo de que dispunham juntos era limitado. Assim, resolveram ter mais tempo um para o outro, colaborando em projectos conjuntos e dando um ao outro não só o seu amor, mas também as suas opiniões, conhecimentos e sabedoria.

«Muita gente acha que o facto de trabalharmos juntos prejudica a relação», diz Lisa. «Mas tem sido óptimo para os dois.» Lisa diz que o marido se concentra em atingir objectivos. Considera-se uma pessoa que estabelece prioridades, que sabe ver as coisas por outro prisma e que tem uma visão mais abrangente. Na brincadeira, diz que o seu trabalho consiste em «controlar Mehmet pois, se o deixasse à vontade, ele faria de tudo».

«No casamento, primeiro apoiamos o bem-estar emocional e espiritual», diz Lisa. «Portanto, ver que outra pessoa se prejudica por se esforçar demasiado não é positivo. Não se trata apenas do êxito profissional – trata-se do sucesso de Mehmet enquanto pessoa, do nosso êxito enquanto casal e do êxito da nossa família. Parte do que damos um ao outro é uma avaliação constante da realidade. Ainda assim, o ponto de honra na nossa relação é o respeito mútuo e o nosso compromisso enquanto casal.»

Todos os parceiros deviam esforçar-se para se apoiar, tal como Mehmet e Lisa. Claro que o grau de compatibilidade profissional que os dois possuem talvez não seja uma realidade em todas as relações amorosas. A minha irmã é o membro da minha família de quem sou mais próximo. Sempre que preciso de ternura, encorajamento e empatia, vou ter com ela. Ela talvez viesse a ser uma óptima companheira de responsabilização, mas Karen é dona de casa – não sabe muito acerca da gestão de uma empresa nem acerca da formação de equipas de vendas ou da satisfação do cliente. Quando necessito de conselhos ou apoio específico em relação à carreira, chamo outras pessoas com mais experiência em negócios que possam dar conselhos mais práticos.

AMIR TEHRANI, EMPRESÁRIO

Quando Amir Tehrani estava no terceiro ano, um polícia de Los Angeles foi dar uma palestra à turma dele. «Ele disse que se nos soubéssemos rodear de boas pessoas, singraríamos na vida», relembra Amir. Ele lembra-se de ter pensado: *Uau! Basta isso?* Como era um aluno médio, travou amizade com os miúdos «espertos» da turma. As notas dele subiram rapidamente.

Amir nunca esqueceu aquele conselho e, ao longo dos anos, tem-no seguido a níveis mais cruciais. Tem-se feito sempre rodear de boas pessoas e de conselheiros de confiança. Mas, quando frequentava a Anderson School of Management, na UCLA, deparou-se com um senão: «Eu queria tornar-me empresário, mas a maior parte dos meus colegas procurava fazer carreira em sítios como a McKinsey, o Goldman Sachs e a Toyota.»

A sua estratégia para avançar tinha chegado a um beco sem saída temporário. Assim, com a ajuda de outro colega, Amir começou a procurar outros que quisessem tornar-se empresários. Por fim, os dois formaram um grupo de apoio que apelidaram de Billionaires' Club.

A referência a «bilionário» até àquele momento era apenas uma aspiração, mas Amir não tem medo de traçar objectivos. Atribui o êxito que os dois tiveram até hoje em grande parte aos encontros de responsabilização que realizam de duas em duas semanas num café da zona. «Não quero chegar ao pé dos membros do grupo e desiludi-los», disse Amir.

Qual é o negócio de Amir? Ainda quando estava na UCLA, ele sabia que queria criar um produto que pudesse vender a cadeias como a Wal-Mart e a Target. «Percebi a tendência da grande comunidade hispânica nos EUA.» Depois de discutir ideias com os membros do grupo e de os ter encorajado a agir rapidamente, ele apanhou o primeiro avião e resolveu mergulhar na cultura mexicana. Ao assistir a um jogo de futebol profissional, nem queria acreditar na energia obcecada dos fãs. Ao pé deles, um jogo de basquetebol dos Lakers em casa parecia tão silencioso como uma morgue. «Fiquei muitíssimo surpreendido», disse ele. Chamou o grupo para falar sobre o caso e, pouco tempo depois, tinha já adquirido os direitos de *merchandising* da Federação Mexicana de Futebol.

Na próxima vez que passar por uma loja Target da sua zona e vir uma prateleira de camisolas dos *Chiapas Jaguares*, pense em Amir e na equipa dele. São eles os responsáveis. Muitos outros membros do grupo tiveram histórias semelhantes de êxito. Todos eles atribuem o

> seu êxito ao grupo. O parceiro de Amir e sócio fundador do Billionaires'
> Club angariou recentemente mais de um milhão de dólares para criar
> um *website* educacional muito influente.
>
> Desde que lançou o seu negócio de sonho, Amir tornou-se também
> um empresário evangelista, ao encorajar outros empresários a fundarem
> grupos próprios. «Parece que muitos empresários têm os mesmos
> problemas que nós», diz Amir. Tantas pessoas querem juntar-se ao
> grupo que a equipa foi obrigada a fazer entrevistas para seleccionar
> membros entre as centenas de candidatos interessados.

Criar uma relação vital para apoiar os esforços que faz pela sua carreira exige um tipo de dedicação que a família e os amigos chegados, por vezes, não são capazes de disponibilizar. (Apesar de talvez vir a verificar que, se partilhar os princípios deste livro com os que lhe são mais próximos, algo que eu recomendo vivamente, eles têm mais capacidades do que você pensa!) De um modo geral, os familiares e os amigos próximos têm menos probabilidades de nos considerar responsáveis ou de nos punir quando fazemos asneira. Acarinham-nos e cuidam de nós, independentemente do que façamos. É algo de que todos necessitamos na nossa vida, mas não é o tipo de apoio e de responsabilização de que necessitamos para vencer obstáculos.

No contexto do apoio mútuo, os sentimentos devem incluir a honestidade, a sinceridade (mesmo que magoe), o *feedback* e a crítica. É triste dizer que as pessoas que nos são próximas se habituam a aturar os nossos pontos fracos. De vez em quando, precisamos de sangue novo e de novas perspectivas que nos afastem do que é familiar, tal como diz Morrie Shechtman, o meu sócio.

Referi já a necessidade de criar um espaço seguro para os outros. Mas tenha cuidado para não confundir um espaço seguro com um espaço confortável e familiar. São aspectos diferentes. Numa relação, o fácil, o familiar, refere-se àquelas pessoas com quem tem uma história e ao pé das quais se sente confortável – o que pode, muitas vezes, levá-las a fechar os olhos, quando é necessário o *feedback* ou a responsabilização, e a mimá-lo ou a ignorar um mau hábito.

O ideal seria procurar pessoas que partilhem os mesmos valores em relação aos seus sonhos e objectivos. Todos nós temos amigos de quem gostamos muito, mas nem todos partilham do mesmo modo o nosso compromisso com a evolução na carreira, o bem-estar pessoal ou o desenvolvimento espiritual. Serão sempre nossos amigos, mas talvez não sejam os companheiros ideais para nos ajudar a ampliar e a alcançar o nosso potencial na totalidade.

Saberá quando tiver encontrado alguém cujos objectivos de crescimento pessoal são semelhantes aos seus. Lena West, a fundadora da Convengine, diz que o lema favorito do seu grupo de apoio é *vocês são a minha marca de loucura*. «Com isto queremos dizer que as pessoas estão totalmente empenhadas no seu desenvolvimento pessoal e em viver segundo o seu potencial máximo», disse-me Lena. «A par desta ideia vem também a noção de que, por vezes, ouviremos comentários que talvez não apreciemos. Mas o *feedback* será óptimo.»

Moral da história: se, de facto, deseja dar o salto no seu desenvolvimento profissional e pessoal, provavelmente terá de alargar o seu círculo. Os seus amigos, colegas e familiares podem amá-lo incondicionalmente, mas provavelmente falta-lhes o conhecimento ou a experiência para o ajudarem no trabalho ou na sua vida pessoal. Ao procurar as três pessoas que podem ajudá-lo a mudar a sua vida, o seu objectivo principal é encontrar pessoas com quem possa construir relações vitais de confiança e de respeito.

Agora que já entende a necessidade de ir para além do seu círculo de companheiros, amigos e familiares de modo a criar uma equipa de conselheiros fortes, onde deve procurá-los?

No trabalho

O escritório é um local legítimo para conhecer pessoas novas que podem vir a ser suas parceiras. No fim de contas, estamos rodeados de colegas todos os dias! E não sabemos quase nada acerca da maior parte deles – desconhecemos o seu passado, as suas paixões, as vidas pessoais, os passatempos, as suas aspirações e objectivos. Problema: no trabalho temos tendência a interagir com estas pessoas em termos do que podem fazer por nós e, como consequência, mantemo-las à distância. É um grande erro.

Talvez pensee o seguinte: *Mas não posso confiar nas pessoas com quem trabalho. Podem vir a prejudicar-me*! De facto, podemos confiar mais nas pessoas do que julgamos. Talvez pareça estranho, mas, quando nos aproximamos de alguém em relação a quem temos estado apreensivos, o compromisso dessa pessoa para connosco aumenta. É muito mais fácil falar nas costas de alguém que não conhecemos ou com quem não nos importamos. Porque não abordar um colega promissor? Aprendam comigo: se não conseguem encontrar alguém no escritório que possam abordar, o problema é *vosso* e não dos outros.

P.S. Não se esqueça dos seus *antigos* colegas. Talvez não façam parte da sua vida neste momento, mas o ex-colega certo pode ser indispensável para o seu êxito. Eu fui ter com Greg Seal e veja o que aconteceu! Por isso, lembre-se de velhos amigos, professores, chefes e mentores.

Na escola

Quer esteja a tirar uma licenciatura, um curso de formação para executivos, um MBA ou um curso de direito, a escola é mais um local perfeito para conhecer potenciais parceiros a longo prazo.

Mesmo que já não estude há muito tempo, as relações escolares são sempre úteis. Porque não ligar a *alumni* ou a um antigo colega de turma? Claro que seria mais benéfico ter mantido estes laços ao longo dos anos, mas, mesmo que não o tenha feito, basta telefornar-lhes ou mandar-lhes um *e-mail*. Os antigos colegas de escola, que gostavam de si e o respeitavam, ficarão contentes por pôr a conversa em dia. Entre eles, talvez a pessoa certa tenha todo o prazer em juntar-se à sua equipa. Conheci Ray Gallo, um dos meus melhores amigos de Yale, numa cadeira única de gestão de relacionamentos baseados em experiências, leccionada por Ella Bell, a reconhecida autora e defensora das mulheres no local de trabalho. Eu e Ray éramos os únicos brancos numa turma de doze alunos – ainda por cima dois italianos – e criámos uma relação instantaneamente. Ray é meu advogado há anos e, como um dos meus conselheiros mais próximos, a sua ajuda ultrapassa em muito os conselhos legais.

Em actividades, conferências e eventos

Greg Hartle queria tanto ser empresário que não frequentou a universidade e começou a trabalhar logo depois do liceu – o que representou um desafio, quando chegou a altura de procurar um grupo de apoio sólido. Qual foi a solução de Greg? Começou a frequentar eventos e seminários, esforçando-se por criar laços com empresários. Sempre que Greg conhecia um candidato cativante, enviava depois um *e-mail* a perguntar se ele queria juntar-se a um grupo de apoio formado recentemente. Greg trouxe para um grupo um velho companheiro de basquetebol e um tipo interessante com quem se cruzou na praia. Quando já reunira gente suficiente, Greg fez uma teleconferência e foi assim que tudo começou. (Hoje em dia, o grupo de conselheiros de Greg inclui um engenheiro, um agente de seguros de saúde e um bancário.)

Online

Nunca foi tão fácil conhecer pessoas fora do círculo imediato como agora, graças à utilização generalizada de redes sociais como o Facebook ou o LinkedIn. São oportunidades quase infindáveis de contacto. E não diga: *já não tenho idade para isso*! Os utilizadores do Facebook serão seus amigos, sem hesitar. Assim que fizer parte da rede e puder percorrer os vários perfis, ficará a saber mais sobre a vida das outras pessoas em dois minutos do que se almoçasse com elas durante uma semana. Quando vir alguém que lhe interessa, escreva um comentário no mural da pessoa. Depois, poderá trocar impressões no *chat* público do sítio (conhecido por mural). Mais tarde, comunique com a pessoa em privado, antes de chegar, por fim, ao contacto através do *e-mail* pessoal, telefone e, atrevo-me a dizer, em pessoa.

Outra abordagem *online* é procurar pessoas em comunidades mais pequenas organizadas apenas por ramos ou interesses específicos. Por exemplo, o GreenlightCommunity.com que criei é um site a consultar, se estiver interessado em conhecer profissionais que partilham a crença de que as relações são a chave para o êxito. Mas, na verdade, há comunidades *online* para todos os assuntos. (No *site* Ning.com, a plataforma onde alojei a minha rede, poderá encontrar um directório com vários temas.) Se não existir um para a sua área de interesse, crie-o!

A tecnologia facilitou o contacto com parceiros de apoio longínquos. Hanif Rehman, um consultor de Internet de Yorkshire, cerca de trezentos quilómetros a norte de Londres, criou um grupo de apoio por telefone com cerca de meia dúzia de londrinos, utilizando o *software* Skype e Dimdim. O grupo fala uma vez por semana e cada pessoa tem quinze minutos para discutir o progresso dos seus objectivos, ao que se segue o *feedback* dos outros membros.

Desconhecidos

E não se esqueça de abordar desconhecidos. Não hesito em iniciar conversas francas com pessoas que acabei de conhecer – em aviões, restaurantes, acontecimentos desportivos – talvez porque estou sempre disposto a levar a conversa um pouco mais além de assuntos como o trânsito ou o tempo. É garantido que não se iniciam relações com todos os estranhos com quem esbarramos. Mas um desses encontros casuais pode evoluir para uma grande relação de apoio com alguém que um dia talvez venha a completar as suas frases.

Mas como posso conhecer estranhos? Passo a semana no trabalho e, ao fim-de-semana, estou em casa com a família. Isso é o medo e a preguiça a falarem. A minha resposta é: *seja criativo*! Pode conhecer pessoas no ginásio, no Starbucks, no bairro; se o quiser, consegue. Organize um churrasco com os seus vizinhos. Organize uma acção de caridade ou um jogo de basquetebol semanal. (Para saber mais sobre formas de maximizar as oportunidades diárias para construir relações, leia o livro *Nunca Almoce Sozinho*.)

Mentores profissionais

Todos atravessamos diferentes etapas das nossas carreiras e das nossas vidas. Talvez não se sinta ainda preparado para ser franco e vulnerável perante pessoas que fazem parte da sua vida pessoal ou profissional. Se for uma pessoa religiosa, recorra ao seu padre, rabi ou outro membro do clero. Se não for, aconselho-o vivamente a consultar um conselheiro profissional ou um psicólogo que lhe dará o *feedback* e a responsabilização de que necessita.

COMO SABER SE A OUTRA PESSOA TEM POTENCIAL VITAL?

Agora que já sabe *onde* procurar relações vitais, que qualidades específicas deve procurar? Comece pelos Quatro Hábitos Mentais mencionados na secção anterior.

Responda às seguintes perguntas:

- A outra pessoa está disposta a falar consigo abertamente? Terá coragem para lhe dizer as verdades que deve ouvir? Permitirá que você também seja franco com ela?
- Conseguirá a outra pessoa abrir-se consigo e ser vulnerável? É compreensiva em relação aos seus receios e problemas?
- Estará pronta a responsabilizá-lo para o ajudar a atingir os seus objectivos e ultrapassar comportamentos que o impedem de avançar? A outra pessoa deixará que você faça o mesmo por ela?
- É generosa nas suas atitudes? É suficientemente generosa para deixar que você também a ajude?

Talvez não tenha respostas para estas perguntas logo após o primeiro encontro, mas é este o tipo de perguntas a que deve responder. Percorra a lista dos Quatro Hábitos Mentais com a pessoa que tem em mente (uma pessoa em que esteja seriamente a pensar não lhe deve suscitar dúvidas). Se a reacção não for satisfatória perante as questões, essa pessoa provavelmente não conseguirá abordar assuntos difíceis mais tarde – por isso, continue à procura.

OS QUATRO C

Esboçar os Quatro Hábitos Mentais representa apenas o primeiro passo da avaliação de um membro potencial da equipa. O apoio que procura nos seus conselheiros exige também considerações mais práticas, ou aquilo a que eu chamo os 4 C.

1. Compromisso

Necessita de pessoas que sejam generosas e disponham do tempo necessário para lidar com assuntos delicados. Primeiro, conte manter-se em contacto – *online*, pelo telefone, em pessoa – pelo menos uma vez por mês durante várias horas e, de preferência, mais vezes. Entre as reuniões devem falar por telefone ou trocar *e-mails*, principalmente no início ou se estiverem a passar por uma fase conturbada. Emocionalmente, necessita de parceiros ou conselheiros que lhe dêem apoio 24 horas por dia, todos os dias da semana; à medida que o tempo passa, o seu compromisso com cada um deve ser tão forte que todos terão em mente os assuntos que dizem respeito a todos.

2. Compreensão (ou *Know-How*)

Os seus conselheiros de confiança não têm necessariamente de ser especialistas na sua área – longe disso –, no entanto, é preferível que tenham um conhecimento prático que o ajude a atingir os seus objectivos. Mais uma vez, ao nível mais básico, os membros do seu círculo devem perceber tudo – ou seja, compreender os seus receios, os seus objectivos e problemas. Por outras palavras, é importante respeitar as opiniões deles para que, logo à partida, esteja disposto a seguir os seus conselhos.

Debbie Muller, a empresária de Nova Jérsia que mencionei anteriormente a propósito do hábito mental da generosidade, não procurava conselheiros com um *know-how* específico acerca do *software* que ela estava a conceber. Procurava apenas pessoas que pudessem contribuir com os seus conhecimentos empresariais, desde a tecnologia ao direito. O mesmo se aplica aos conselhos administrativos empresariais. Um conselho é, normalmente, constituído por directores executivos de vários grupos empresariais. Pense no que deseja e, depois, faça a sua lista de convidados em concordância.

3. e 4. Curiosidade e Critérios de Química

Fico invariavelmente surpreendido pelo facto de os membros dos grupos de apoio se interessarem genuinamente pelos problemas dos outros – e por se admirarem e gostarem genuinamente um dos outros. Esta curiosidade e química são, creio eu, a chave para obter ideias reveladoras da sua equipa. A química pode ser inata ou trabalhada gradualmente, mas este sentido de ligação é a chave.

A curiosidade é uma óptima qualidade nos seus parceiros de apoio – pessoas que não hesitam em agir rapidamente e que se tornam imediatamente peritas numa área que quase desconheciam. Os consultores têm capacidades semelhantes – a capacidade de abordar uma situação e de a observar rapidamente para dar atempadamente sugestões úteis e relevantes.

5. Diversidade

Há um critério que vale a pena considerar (e que não começa com a letra C): tal como afirma Jim Whaley da Siemens Foundation, «procuro sempre o apoio de pessoas com diferentes percursos – pessoas que cresceram de maneira diferente da minha, frequentaram outras escolas e têm influências diferentes. E quero pessoas de todas as idades. Penso que assumimos quase automaticamente que uma pessoa mais velha é mais sábia, mas eu não acredito nisso. Tenho alguns conselheiros muito próximos muito mais novos do que eu; têm menos experiência, mas têm vastos conhecimentos e dão-me sempre novas ideias.»

Não é só Whaley que pensa assim. Aquando do advento da Internet, Jack Welch, o antigo e lendário director executivo da GE, convenceu os membros mais velhos da sua equipa a ter parceiros mais novos. Por outras palavras, velho ou novo, não tenha receio de procurar pessoas com ideias, independentemente da idade ou percurso.

Kirk Aubry, ex-director de operações da Textron, ainda exerce numa organização de apoio a executivos de topo chamada CEO Project. Segundo ele, os conselheiros são mais eficazes quando são *diferentes* da pessoa que aconselham. «Terá de trabalhar com pessoas que estiveram onde você nunca esteve, para o ajudarem a aprender com os erros que eles próprios cometeram e ver as oportunidades de um modo diferente do seu», afirma Kirk. «A ideia principal é *partilharem consigo o que viram e o que você nunca viu.*» Claro que esta é uma lista de qualidades bastante desafiadora para procurar noutra pessoa, talvez mesmo um pouco assustadora. É absolutamente compreensível pensar o seguinte: *não conheço ninguém com todas estas qualidades.*

O que acabei de descrever é o super-homem do apoio mútuo, o ideal. Mas você não precisa de um super-herói em cada canto, apenas de uma super-equipa. Todos os que fazem parte do meu círculo restrito têm defeitos, tal como eu falho em determinadas coisas. Uma pessoa pode ser franca, mas pode não oferecer muita segurança; outra pode oferecer segurança, mas não compreender na totalidade os meus objectivos. A questão é que os membros do meu círculo restrito me conhecem bem, já me viram falhar e percebem o que me fez vacilar no passado (e vice-versa). Portanto, todos trabalhamos para fazer da equipa a melhor possível.

A EQUIPA QUE ESCOLHER VAI MUDAR E EVOLUIR

À medida que o tempo passa, parte da sua equipa de apoio poderá ficar pelo caminho ou tornar-se menos participativa. Acontece. As prioridades e os interesses das pessoas oscilam. É perfeitamente normal!

Quando os membros de uma equipa desistem rapidamente ou ao longo do tempo, encaro a situação como uma «certificação» de um membro da equipa, e não como uma perda. Pense no tempo em que aprenderam uns com os outros, numa excelente formação mútua, e ponto final. Certifique-se apenas de que aprendeu alguma coisa e se sente mais preparado. Não receie abordar alguém desconhecido (algo que o encorajo a fazer 24 horas por dia, sete dias por semana). A sua relação com os conselheiros é dinâmica e não estática. E lembre-se: só porque alguém se ausenta durante algum tempo, não quer dizer que essa pessoa não volte a desempenhar no futuro um papel importante na sua vida.

Não tenha medo de incluir alguém à experiência na sua equipa, durante algum tempo. Se não correr bem, escolha outra pessoa. Mais uma coisa: não deve dar início à relação pedindo à pessoa que faça parte do seu círculo restrito. (Também não entramos num bar e perguntamos à primeira pessoa que vemos se quer casar connosco!) As relações vitais progridem ao longo do tempo, tal como as relações com os mentores. Crie uma rede abrangente e não assuma que a sua tarefa de recrutar novos membros da equipa alguma vez terminará.

LIMPAR A CASA

O meu psicólogo, Joe Lay, disse-me uma vez: «Keith, pare de querer comprar leite na secção de ferragens.» Adorei! O que Joe queria dizer era que nem todos são capazes de fazer tudo o que pretendemos deles. O hábito de «arrancar as ervas daninhas e cuidar das flores» na sua vida é muito benéfico. As ervas daninhas são as pessoas que nos desencorajam, que consomem a nossa energia e o nosso tempo sem nos dar nada em troca. As flores das nossas relações são as pessoas que iluminam a nossa vida e que lhe dão cor, ideias, apoio e significado.

Por vezes, temos de nos distanciar das pessoas que nos impedem de avançar, mesmo que gostemos muito delas. Por vezes, vemos claramente que damos mais do que recebemos numa relação. Mas, quando uma relação é nociva ou consistentemente alimentada só por um dos lados, evite-a. Passe mais tempo a alimentar as relações que são fortes e importantes para a sua vida e esqueça as que consomem os seus recursos sem apresentarem retorno.

Sandy, a *personal trainer* cuja melhor amiga passava o tempo a sobrepor-se a ela sempre que Sandy queria falar sobre os próprios assuntos ou problemas, disse-me no outro dia que já não fala com «a melhor amiga» há muitos meses, e a amiga não tentou falar com ela nem uma vez. Caso deseje, pode manter estas pessoas como amigas, ou, quando se trata de familiares, contar com o amor delas. Mas não lhes peça conselhos e não espere obter *feedback* válido delas. Esse tipo de reacção provavelmente ultrapassa-os. Aceite simplesmente o que eles têm para oferecer, se tiver tentado sem êxito mudar a relação, e obtenha aquilo de que necessita em termos de um *feedback* sincero recorrendo às relações que são verdadeiramente vitais na sua vida (em muitos casos, quando decide deixar um velho «amigo» para trás, nem sequer precisa de avisar que vai seguir em frente, a relação acaba por esmorecer por si mesma).

Segue-se uma lista que o ajudará a decidir se deve afastar-se de uma relação ou não. Se responder sim à maior parte das perguntas, isso significa que provavelmente está na hora de avançar.

- A relação parece desequilibrada? Sente que é vantajosa para si?
- Acha que os seus valores básicos e hábitos estão em dissonância?

- Já tentou pôr em prática mais do que uma vez os Quatro Hábitos Mentais para melhorar a sua relação, mas não teve êxito?
- A outra pessoa limita-se a acenar com a cabeça em vez de realmente o ouvir?
- A outra pessoa leva os seus objectivos a sério? A pessoa esquece-se de o ajudar a segui-los?
- Sente que podia ser mais forte, feliz ou bem-sucedido se esta pessoa não fizesse parte da sua vida?

A boa notícia é que, se consentir, algumas pessoas extraordinárias que integrou na sua rede de apoio podem *tornar-se* os seus novos melhores amigos. Por vezes, digo às pessoas que há muitas hipóteses de não terem ainda conhecido os melhores amigos. As pessoas olham para mim confundidas, como se eu lhes estivesse a dizer que os amigos actuais não são suficientemente bons, mas digo-o com um grande optimismo.

As pessoas que têm vidas mais longas e preenchidas tendem a partilhar uma atitude virada para o futuro em relação às pessoas que conhecem. O que as faz continuar é a convicção de que o melhor da vida – as melhores experiências, as melhores pessoas – ainda está para surgir. Quando tiver oitenta anos, espero ainda estar receptivo a fazer novos amigos: todos aqueles que surgem na minha vida na altura certa e pelos motivos certos. Independentemente da sua idade ou do seu estatuto, aconselho-o a estar receptivo a viver o melhor da vida, incluindo travar amizade com pessoas que ainda não conhece.

EQUIPA DE SONHO: PROJECTOS INTELECTUAIS

Então, não acredita que perspectivas diferentes podem dar origem a grandes descobertas, inovações radicais e grandes inspirações? Basta pensar na Intellectual Ventures, de Nathan Myhrvold, uma empresa cujo único produto é a invenção.

Myhrvold, o físico que liderou o departamento de investigação da Microsoft, fundou a empresa devido a uma ideia inspirada: se juntasse pessoas brilhantes de áreas diversas, tais como a química, a engenharia eléctrica e a neurologia, em «sessões de invenção», todo o processo renderia patentes lucrativas. Segundo a *Businesss Week*, «os objectivos não eram apenas avanços graduais, mas progressos à velocidade da luz, no valor de milhões e milhões de dólares e que poderiam mudar o mundo».

Alimentadas por cafeína, alguma comida de plástico e um discurso interdisciplinar, as ideias que surgiram das sessões de invenção de Myhrvold floresceram para além de todas as expectativas. Ao início, Myhrvold esperava conseguir registar cem patentes por ano, mas, em vez disso, a empresa está a registar mais de quinhentas. Até ao momento, a Intellectual Ventures inventou óculos 3D, novas técnicas de fabrico de *microchips* e motores a jacto aperfeiçoados e uma forma de customizar as «mangas» que os neurocirurgiões utilizam para tratar aneurismas.

Hoje, a Intellectual Ventures é um exemplo brilhante da forma como podemos inovar e acelerar o progresso científico – não como fruto de génios solitários que têm ideias devido a uma súbita inspiração, mas como os esforços de um grupo de indivíduos verdadeiramente inspirados e visionários.

TERCEIRO PASSO

Pratique a arte do jantar prolongado

Se para identificar os potenciais membros da sua equipa necessita da mente lúcida e estratégica de um general, para cortejá-los necessita do tacto e da subtileza de um diplomata. Mesmo as pessoas bastante receptivas ao conceito de apoio mútuo profundo – aquelas que compreendem os Quatro Hábitos Mentais – têm de estar confortáveis no processo. É claro que, num primeiro encontro com uma pessoa, não diria: «Vamos jantar e revelar os nossos segredos mais íntimos!»

Uma das melhores ferramentas para aprofundar uma relação é algo a que chamo um «jantar prolongado», em honra de Greg Seal, que propôs uma refeição deste género quando lhe telefonei pela primeira vez a pedir ajuda. Greg sempre entendeu que afastar as pessoas do ambiente quotidiano e das distracções é crucial para estabelecer relações de maior proximidade, com base no entendimento genuíno.

Como italiano, compreendo perfeitamente o valor de discutir assuntos importantes e de cimentar relações pessoais durante uma refeição prolongada. Temos um ditado que diz: *A tavola non s'invecchia*. Ou seja, à mesa não se envelhece. *Adoro* esta ideia – não podia ser mais verdadeira. À refeição, parece que o tempo pára. E temos todo o tempo do mundo. Este é um conceito importante, pois, sempre que o relógio avança, as relações chegam à fase do «Vamos directos ao assunto!» ou «Em que posso ajudá-lo?» ou «Em que é que você me pode ajudar?»

Um jantar prolongado é diferente. Quando o relógio pára, as pessoas baixam as defesas. Vêem para além dos preconceitos e da bagagem emocional e procuram partilhar caminhos. É nestas alturas que a sua relação com uma pessoa que deseja para seu conselheiro de confiança ou com um membro de equipa pode surgir. «A essência de um jantar prolongado reside na construção da confiança, abertura e vulnerabilidade», disse Greg, «para que *em cima* da mesa se coloquem os verdadeiros assuntos e se *afastem* dela todos os compromissos. Um jantar prolongado proporciona uma intimidade que elimina a pretensão e permite que os participantes mergulhem na alma uns dos outros e partilhem a verdade. Apenas com a verdade se pode pôr em acção um plano que venha a ser bem-sucedido.»

No entanto, antes de fazer a reserva no seu restaurante habitual, lembre-se de que o jantar prolongado é apenas uma metáfora para o encontro entre si e a pessoa que poderá vir a desejar como membro da sua equipa de confiança. Será um ambiente seguro para pôr em prática os Quatro Hábitos Mentais – sinceridade, vulnerabilidade, responsabilidade e generosidade. Você e a outra pessoa irão apoiar-se. O resto não importa.

Se a palavra «cortejar» lhe vier à cabeça, bom, não está longe. É *como* cortejar alguém. Não defendo que o seu círculo íntimo deve ser formado por almas gémeas ou por espelhos de nós próprios; até certo ponto, procuramos pessoas que possam *complementar* os nossos conhecimentos e capacidades e que contribuam com a sua sabedoria para assuntos que nós não dominamos.

Mas qualquer acto de cortesia tem um objectivo – conhecer outra pessoa num ambiente seguro. O objectivo não é comprometermo-nos com alguma coisa, trata-se apenas de uma exploração preliminar. Não há necessidade de apressar um comprometimento prematuro para nos apoiarmos uns aos outros, até termos a certeza de que a outra pessoa é capaz de desempenhar este tipo de papel importante na nossa vida e está disposta a isso.

Assim sendo, que proveitos podem advir de um jantar prolongado, no qual os dois partilham preocupações e revelam sonhos, se a relação parecer estar a dar certo? Quer seja necessária apenas uma refeição ou três meses para se conhecerem, o ideal seria alcançar um entendimento mútuo com base nos Quatro Hábitos Mentais de uma relação vital.

1. Que cada um reconheça a necessidade de mudar e de alcançar mais na vida.
2. Que estejam interessados em trabalhar em conjunto como parceiros para atingir os objectivos mútuos.
3. Que cada um de vós esteja disposto a revelar as suas necessidades, para o bem da parceria.
4. Que ambos reconheçam os benefícios de tal parceria.
5. Que ambos se comprometam com honestidade, rigor e introspecção.
6. Que estejam dispostos a não deixar que o outro falhe.

Um jantar prolongado serve para conhecer alguém num ambiente adequado. Nem precisa de ir mesmo a um restaurante, principalmente porque, ao longo do tempo, poderá encontrar-se com muitas pessoas que julga que podem vir a ser seus conselheiros. O objectivo principal é afastar as pessoas das suas fortalezas, das secretárias, dos cubículos, dos escritórios, de casa, do telefone e dos computadores, ou seja, de tudo aquilo que isola as pessoas no trabalho ou em casa.

Sentadas à secretária, as pessoas estão efectivamente encerradas num casulo de comportamentos preestabelecidos. É necessário afastá-las. Na verdade, nos escritórios, os *open spaces,* actualmente tão em voga, frustram as relações genuínas. Os escritórios sem divisórias estimulam a eficácia e a transparência ao mesmo tempo que quebram as hierarquias rígidas, e, de certo modo, cumprem a sua função. Mas tenho notado que este tipo de espaço também impede a comunicação aberta, pelo medo que as pessoas têm de ser ouvidas. Algumas delas prendem-se às secretárias como se estas fossem salva-vidas e os últimos refúgios para a segurança e a solidão.

Faça o seguinte: convide alguém para tomar um café ou para beber um chá. Por vezes, sirvo-me do sofá da recepção de uma empresa, já que é normalmente o sítio mais sossegado e menos concorrido. Melhor ainda é um pequeno-almoço ou um almoço fora do escritório ou de casa. As refeições de manhã ou a meio do dia podem ser um desafio, pois o tempo é limitado, mas, pelo menos, conseguirá afastar as pessoas das distracções físicas e do bulício do escritório.

Descobri que uma das melhores formas de cortejar as pessoas é levá--las a minha casa. Passar este limiar elimina desde logo barreiras – as nossas casas são os bastiões que nos protegem do mundo exterior. Quando vai a casa de alguém, está a entrar num espaço privado – e na vida privada. Este pequeno gesto é, muitas vezes, quanto basta para alcançar um novo nível de sinceridade e de franqueza numa relação. Não tem de preparar uma refeição especial, nem mesmo de cozinhar. Tomar uma bebidas no alpendre ou na varanda quebra facilmente o gelo. Pode também convidar alguém para fazer exercício, jogar um jogo ou ver um filme.

Em suma, o jantar prolongado pode ocorrer onde quer que ambos se sintam em segurança.

AJA COMO SE TEATRALIZASSE RELAÇÕES VITAIS

A melhor forma de perceber se a outra pessoa é um bom candidato ao seu círculo íntimo é mergulhar totalmente na situação e agir como se a pessoa fosse já um bom candidato! Observe a reacção do outro. O objectivo consiste apenas em levar a relação a um nível mais profundo, sem perguntar se a pessoa se quer «juntar» a si.

Ora, esta estratégia nem sempre resulta. O vosso primeiro encontro pode perfeitamente fracassar. Talvez você se sinta inseguro ou a outra pessoa não esteja interessada em si e nos seus assuntos, ou, simplesmente, sinta que os vossos valores e objectivos não estão em consonância. Mas não deixe que as primeiras impressões ditem as decisões.

Quando descrever os seus objectivos e sonhos, certifique-se de que diz à outra pessoa onde pretende chegar na sua carreira e na sua vida. Não esqueça o que Peter Guber disse acerca do poder e da importância de contar uma história. Fale do seu percurso prévio e de como o encaixa nos seus objectivos. Depois, concentre-se no *presente*. Que problemas e preocupações não o deixam dormir? Quais são as suas aspirações? Convide a outra pessoa a fazer o mesmo – e certifique-se de que a ouve.

VÁ MAIS LONGE DE FORMA ABRANGENTE E CONSTANTE

Se não conseguir estabelecer uma ligação mais profunda com a primeira ou a segunda pessoa, *não desista*. Talvez tenha de passar por este processo algumas vezes até encontrar as três pessoas certas (ou mais), tal como se entrevistasse uma dúzia de pessoas para uma vaga de emprego. É perfeitamente normal. O objectivo é encontrar pelo menos uma pessoa com quem possa estabelecer este tipo de relação profunda e de apoio mútuo. Ao princípio, eu tinha apenas dois conselheiros de confiança. (Não me tinha apercebido de que Peter Guber se importava comigo e com o meu êxito pessoal até ele me ter dado uma paulada na cabeça.)

Prepare-se para alargar a sua rede. Há muitos anos, conheci Beth Comstock, a directora de *marketing* da General Electric. Beth é uma executiva extraordinariamente talentosa que se concentra inteiramente no crescimento da GE e é leal à empresa e aos seus executivos. Depois do nosso primeiro encontro, mantivemo-nos em contacto por *e-mail*, mas, devido à agenda tão preenchida de Beth, não voltámos a ver-nos durante mais de um ano. Depois, tivemos uma reunião de negócios, mas não tínhamos tido qualquer encontro social.

Nessa altura, apercebi-me de que precisava de alargar o meu círculo de conselheiros. Ocorreu-me que devia tentar incluir Beth na minha equipa. Tinha um grande respeito por ela e era muito sensível à sua abertura, sinceridade e generosidade. Então, enviei-lhe um *e-mail* a propor um almoço ou um jantar para discutir um assunto que não estava relacionado com os negócios que tínhamos em curso. Beth concordou e sugeriu uma data. Nesse dia, eu estaria a cerca de cinco mil quilómetros, em Los Angeles, mas a minha ansiedade era tanta que apanhei um avião e regressei a Nova Iorque.

É certo que nem toda a gente pode largar tudo desta maneira, mas o que quero dizer é que devemos fazer tudo para que este tipo de relações tão importantes seja possível. Não as deixe ao acaso.

EXPERIMENTE UM POUCO DE SINCERIDADE

Considero importante pedir à outra pessoa que me dê um *feedback* sincero no nosso jantar prolongado. Se a outra pessoa já o conhecer suficientemente bem, diga-lhe: «Gostaria de ouvi-lo, se achar que me beneficia dizendo-me alguma coisa que me esteja a impedir de avançar.» Convide a outra pessoa a arriscar. Veja se a pessoa confia no sítio seguro que você está a tentar criar.

SERÃO SUFICIENTEMENTE FORTES PARA RESPONSABILIZÁ-LO?

Mais para o fim do jantar prolongado, se tudo estiver a correr bem, peça à outra pessoa que o responsabilize por algo que você está a tentar alcançar. Veja se consegue retribuir o favor, responsabilizando a pessoa por um objectivo da vida dela. Nos dias ou semanas seguintes, veja como tudo corre. Mas, quer os conselhos mútuos e o *feedback* sejam transmitidos de modo informal ou mais formal – em encontros semanais –, é importante deixar bem claro à outra pessoa exactamente o que quer dela: uma parceria de apoio na qual possa confiar e baseada num *feedback* sincero. Veja como a pessoa reage não apenas ao jantar, mas ao longo do tempo.

UM ÚLTIMO REPARO

Não dê por terminado o jantar prolongado sem marcar outro dia para voltarem a conversar ou para se encontrarem. É um passo importante para converter este processo num êxito. Por exemplo, eu e Greg Seal não vivemos na mesma cidade e, por isso, combinámos encontrar-nos uma vez por mês. Os outros membros do meu círculo íntimo entram em contacto comigo pelo menos uma vez por semana. Mesmo que a minha agenda esteja muito preenchida, pois costumo percorrer o país com frequência, faço grandes distâncias para me encontrar regularmente com os meus parceiros de apoio. Se uma pessoa não arranjar tempo para se encontrar consigo em breve, também não conseguirá fazê-lo mais adiante.

EQUIPA DE SONHO: OS INKLINGS

A vida literária é uma das actividades mais solitárias. «Trabalhamos às escuras... fazemos o que podemos... damos o que temos», é uma das citações famosas de Henry James. Mas quem diria que a escrita pode ser uma obsessão colectiva?

Inklings era o nome de um grupo de escritores e intelectuais da Universidade de Oxford que se reuniu durante cerca de duas décadas, entre os anos 30 e os anos 40, para rever o material que viria um dia a constituir algumas das obras mais famosas da literatura do século XX – entre as quais *Para Além do Planeta Silencioso*, de C. S. Lewis, e *O Senhor dos Anéis*, de Tolkien. (Lewis escreveu a colecção pela qual é mais conhecido, *Crónicas de Narnia*, já depois de o grupo se ter desintegrado.)

Durante vários encontros em noites de terça-feira, em bares e apartamentos, Lewis, Tolkien e os seus colegas Inklings liam os seus primeiros esboços em voz alta, debatiam questões de estilo e de entoação e tinham discussões apaixonadas sobre a filosofia cristã e o seu papel real na literatura. Os Inklings celebraram algo a que Lewis chamou «oposição racional». O próprio Lewis procurou homens que partilhavam os seus interesses, mas abordou-os todos de maneira diferente, tal como escreveu mais tarde em *Surpreendido pela Alegria*, um livro que descreve a sua passagem do ateísmo para o cristianismo – uma mudança alimentada sobretudo pela influência e pelo encorajamento do seu círculo de conselheiros de confiança.

Palavras e debate teológico à parte, os valores centrais dos Inklings eram a amizade e o apoio. Segundo um dos membros do grupo, o escritor Owen Barfield, «discutíamos sempre para alcançar, não a vitória, a verdade ou o conforto, mas a verdade».

Apesar de o grupo se ter desintegrado no fim dos anos 40, a amizade entre Lewis e Tolkien perdurou até ao fim das suas vidas, tendo sobrevivido até às críticas tecidas por Tolkien às *Crónicas de Narnia*, de Lewis (apesar de a História e de milhões de leitores discordarem). Pouco tempo depois da morte de Lewis, em Novembro

> de 1963, Tolkien escreveu à filha: «Até agora partilhava os sentimentos próprios de um homem da minha idade. Sentia-me como uma árvore que perde as suas folhas uma a uma. Mas, agora, sinto um machado perto das raízes.»

QUARTO PASSO

Amplie a sua estratégia de determinação de objectivos

Bill George, autor de sucesso, ex-director executivo da Medtronic e professor de gestão em Harvard, participa há vários anos num pequeno grupo masculino de apoio mútuo. Bill considera que o seu grupo foi fundamental para a sua decisão de deixar o consórcio tecnológico da Honeywell para gerir a Medtronic, nessa altura uma empresa de pequena dimensão.

«Penso que estava tão enredado na presunção de ser director executivo que era difícil admitir que não estava a desempenhar bem o meu papel na Honeywell», disse Bill. «Eu era um empreendedor. Durante quanto tempo estaria ainda disposto a retroceder? Acho que os membros do meu grupo perceberam isso e, então, confrontaram-me. Ficaram maravilhados quando finalmente enfrentei a realidade e encorajaram-me a ir para uma empresa mais pequena. Deram-me coragem para mudar.»

Os conselheiros de Bill ajudaram-no a ver que o seu interesse incidia na construção de empresas e não em repará-las. Se esse era o seu objectivo e aquilo com que se comprometia, não estaria a preencher esse propósito nem a comprometer-se na Honeywell. Mas isso era exactamente o que poderia fazer na Medtronic. Em suma, as pessoas que rodeavam Bill conseguiram *ver* aquilo em que ele se empenhava, os objectivos, os pontos fracos e fortes, sob uma perspectiva diferente da dele.

Apercebi-me de que, no que diz respeito à determinação de objectivos, tal como em tudo o resto, dois cérebros ou mais são melhores do que um.

Pense na determinação de objectivos como um plano estratégico para SI, Lda. Aprenda com as melhores empresas, que compreendem a necessidade de uma equipa para traçar um rumo – não há ninguém que o faça bem sozinho. As grandes empresas sempre tiveram processos de planeamento estratégico que incluíam pessoal externo e interno e investigadores de mercado, entre outros. Você também deve ter uma equipa! Já perdi a conta às vezes que a minha equipa me ajudou a acertar em alvos em que eu nunca teria reparado, quanto mais acertado. E sou uma pessoa que, desde pequeno, me regi de forma obcecada pela determinação de objectivos.

Para atingirem um determinado objectivo, muitas pessoas bem-sucedidas e com elevado desempenho necessitam de ajuda para conceber um mapa de orientação que inclua objectivos anuais, trimestrais, mensais e semanais. Criar esse mapa e dar-lhe prioridade é algo a que se chama «funcionamento executivo». É algo inato em algumas pessoas, mas não noutras. Podemos ter os sonhos mais ambiciosos, mas, se não os conseguirmos encarreirar num curso de acção coerente, provavelmente nunca os concretizaremos. Se você for uma pessoa que, por norma, sabe até onde quer ir mas nunca consegue lá chegar, não desespere – necessita apenas do auxílio de alguém com uma grande capacidade de planeamento. (Ficaria surpreendido com o número de líderes de topo e de filósofos que necessitam de «um director executivo mental», segundo a definição do *New York Times*, para obterem as qualidades de funcionamento executivo de que carecem.)

E, depois de ter o seu plano de acção, necessita de parceiros que o ajudem a manter-se concentrado nos seus objectivos principais, em particular num mundo de constantes distracções.

AS *NUANCES* DA DETERMINAÇÃO DE OBJECTIVOS

O pequeno segredo obscuro da determinação de objectivos consiste no facto de ser em certa medida contraproducente. Há vários *tipos* de objectivos e não saber reconhecer as suas diferenças pode prejudicar o seu modo de encarar o futuro.

Alguns objectivos, os «objectivos de desempenho», sugerem um resultado finito, tal como um pote de ouro no fim do arco-íris. O Dr. Rob Dirksen disse-me certa vez que um dos seus objectivos era fazer uma determinada quantia de dinheiro todos os anos. É positivo e, também, uma fórmula válida. Mas, na minha opinião, o mais importante é desenvolver um *processo* e *um mapa de orientação* que o ajude a alcançar esse resultado em determinada altura. Por outras palavras, você deve pensar no arco-íris não apenas pelo pote de ouro.

Sugiro que estabeleça não apenas um, mas dois tipos de objectivos: objectivos de desempenho e objectivos de aprendizagem. A sua equipa pode ajudá-lo quer nuns quer noutros.

Os objectivos de desempenho são todos aqueles que consideramos como objectivos neste momento. São os potes do ouro: mudar de emprego, obter a tal promoção, ter uma quota das vendas, passar férias no Quénia, casar e perder dez quilos. Todas estas ideias consistem em obter um resultado específico.

Por outro lado, os objectivos de aprendizagem dão ênfase à aquisição de novas capacidades e de novos conhecimentos, para aumentar as suas capacidades e potenciar a sua carreira.

Objectivos de aprendizagem *vs*. objectivos de desempenho

Não compreende a distinção entre os dois tipos de objectivos? Aqui ficam alguns exemplos:

Objectivos de desempenho
Perder cinco quilos
Aumentar o tráfego da Internet em 50%
Aumentar as vendas em 10%

Objectivos de aprendizagem
Aprender a cozinhar refeições saudáveis
Descobrir novas técnicas de *marketing*
Aperfeiçoar o seu melhor lançamento

Uma história sobre o meu sócio, Data, ilustra estes dois tipos de objectivos. Data queria, tal como ele dizia, «tonificar o corpo». Data é um tipo franzino do Midwest que, ao mudar para o sul da Califórnia, começou a ligar ao físico. (Eu já disse que Data é solteiro? Talvez tenha algo a ver com isso.)

Em todo o caso, Data passou meses no ginásio a levantar pesos, sozinho, fantasiando acerca do dia em que os seus músculos seriam como os do Mr. Universo. Não estava a ter muito êxito, pois os pesos eram ridiculamente leves. Então, falei com ele e ensinei-lhe um pouco da ciência de levantar pesos (este é também um dos meus passatempos e eu sabia que Data aceitaria de bom grado uma abordagem analítica). Pelo que pude ver, ele estava tão fixado no seu objectivo de *desempenho* (aumentar os bíceps) que se esquecera de que tinha de *aprender* algumas coisas antes de conseguir alcançá-lo.

Duas horas depois, tinha-o ajudado a reformular um conjunto de novos objectivos. O que antes consistia em «tonificar o corpo» converteu-se em «quero aprender os exercícios melhores e mais eficazes para trabalhar o meu corpo». Passadas poucas semanas, Data já sabia o que estava a fazer e estava no caminho certo para ganhar músculo. Data necessitava dos dois conjuntos de objectivos – o objectivo de desempenho, que o motivava, e o objectivo de aprendizagem para se concentrar nas acções que o levariam a atingir o que desejava. Os objectivos de aprendizagem seduzem – pense nas resoluções do Ano Novo! Mas, se não forem abordados da maneira correcta, podem ser prejudiciais.

Na FG, quando começámos a pensar nas nossas estratégias *online*, o nosso objectivo era conseguir o registo de cem mil subscritores para a nossa lista de endereços da Dica da Semana. Mas como? E porquê cem mil? Era um objectivo agressivo, mas não era arbitrário nem baseado em marcos definidos. Não sabíamos muita coisa e, durante algum tempo, o nosso objectivo só nos causou frustração.

Por fim, abordámos especialistas na área e reavaliámos a nossa estratégia. Apercebemo-nos de que precisávamos realmente de vários indivíduos empenhados que estivessem bem servidos com os nossos conteúdos *online* e que se relacionassem uns com os outros.

Em suma, apercebi-me de que os subscritores não passavam de uma fórmula de um objectivo de desempenho mais importante e maior: construir uma comunidade *online*. Para alcançar esse objectivo dentro de um ano, estabeleci alguns objectivos de aprendizagem: perceber que conteúdos as pessoas gostariam de ver *online*, determinar a tecnologia certa e a melhor plataforma a utilizar e, por fim, encontrar os parceiros indicados para nos ajudarem a criar um *website* comunitário. Três objectivos de aprendizagem, um de desempenho e, um ano depois, eu não podia estar mais orgulhoso do GreenlightCommunity.com. Veja por si próprio!

Os objectivos de desempenho são motivantes. A sua desvantagem prende-se com o facto de, se não forem correctamente determinados, serem intimidadores e, por vezes, desmoralizadores se não os alcançarmos. As pessoas que se concentram apenas nos objectivos de desempenho tendem a afastar-se e a ter um pior desempenho quando se deparam com problemas.

Por outro lado, segundo um estudo realizado pela Dr.ª Carol Dweck e pela Dr.ª Heidi Grant da Universidade de Stanford, todos aqueles que determinam os objectivos de aprendizagem têm mais facilidade em concretizá-los, em permanecer motivados e em alcançar mais, quando enfrentam as dificuldades que inevitavelmente ocorrem.

OBJECTIVOS ALARGADOS

Compreender a necessidade do pensamento gradual (objectivos de aprendizagem) não significa que deva abandonar os objectivos grandes, complexos e audaciosos (uma expressão cunhada pelo famoso autor Jim Collins) que dão à vida um pequeno laivo de aspiração. O meu colega Peter Roche, do Perret Roche Group de Londres, intitula-os «objectivos alargados».

Em certa ocasião, Peter trabalhava como consultor para uma marca de consumíveis muito conhecida que pretendia aumentar as vendas. Peter perguntou: «Ok. Querem aumentar quanto e em quanto tempo?»

Os executivos da empresa disseram-lhe que tinham aumentado as vendas a uma média de 5%, anualmente, nos últimos dez anos. «Se conseguirmos passar para 6 ou 8% era óptimo.»

«Isso é muito? É preciso algo inovador?», perguntou Peter.

«Não, mas acho que conseguimos.»

«Nesse caso,» respondeu Peter, «não quero falar sobre isso. Quero falar sobre aquilo que vocês querem que seja realmente uma *descoberta*.»

Peter regressou à empresa e falou com todas as equipas. Tornou-se claro que todos estavam empenhados em transformar as necessidades deste produto e em disponibilizá-lo a muito mais pessoas. «Quando perceberam o número de pessoas necessário para cumprir os objectivos, disseram: 'Sabe que mais? Estávamos empenhados em aumentar as vendas em 50%.' Agora, os executivos e a empresa enfrentavam o facto de necessitarem de uma transformação completa nas suas operações. Os colaboradores do departamento de vendas diriam, e com razão, que não conseguiriam aquele nível de desempenho só pela inspiração ou por trabalharem com mais afinco. Precisavam de uma transformação. E é para isso que trabalham neste momento.»

Ao ampliar o conceito de êxito, a empresa está agora empenhada em trabalhar rumo à transformação de todo o mercado para o seu produto. Mesmo que não alcance um aumento de 50% nas vendas, a empresa terá tido êxito ao expandir radicalmente o mercado.

Os seus parceiros de apoio podem ajudá-lo a alargar a sua noção do que é alcançável.

COM OBJECTIVOS DE APRENDIZAGEM, O FRACASSO É UMA IMPOSSIBILIDADE

No decurso do planeamento e da execução dos seus objectivos, é claro que incorrerá nalguns erros. Faz parte da aprendizagem. Ninguém que tenha planos de carreira ou de vida ambiciosos avança sem passar por dificuldades. (Acreditem no que digo!) Mas, assim que concentrar a sua atenção nos objectivos de aprendizagem, a ideia de «fracasso» começa a fazer menos sentido. Quando em tudo o que se faz se adopta uma postura de constante aprendizagem, o fracasso deixa de ser uma opção. Pense em Data: mesmo que levante pesos durante muitos anos, poderá não alcançar o seu objectivo de aumentar os bícepes. Talvez a fisionomia de Data não se coadune com o crescimento muscular. Mas, se o seu objectivo de desempenho for aprender as melhores estratégias para aumentar a força e a resistência, a única possibilidade que tem de falhar é se desistir por completo.

TRANSFORME OBJECTIVOS DE TRABALHO ALHEIOS EM OBJECTIVOS SEUS

Como colaboradores, todos nós estamos familiarizados com os objectivos de desempenho: «Vender *x widgets* para conseguir o bónus.» Este tipo de objectivos pode frustrar-nos, em vez de nos motivar, se sentirmos que foram impingidos. Um modo garantido de desmotivar os colaboradores é não recompensar nem reconhecer o crescimento e a aprendizagem obtidos em cada projecto.

Criar objectivos pessoais de aprendizagem (ou mesmo sugerir que os nossos supervisores os integrem no protocolo da empresa) para apoiar os objectivos de desempenho que nos deram pode dar-nos algum poder. Agora *dispomos* dos objectivos que eram da empresa, já que estes se tornaram ferramentas para o nosso desenvolvimento. Pense nisto como uma forma de descobrir um incentivo que não faz parte do seu emprego.

Imagine uma vendedora, a Judy, que decide juntar um objectivo de aprendizagem pessoal aos objectivos da empresa onde trabalha – *aprender três novas técnicas de venda, utilizadas pelos vendedores de topo, para aumentar a sua própria percentagem de vendas*. O objectivo principal dela continua a ser vender mil *widgets*, mas agora juntou-lhe um objectivo pessoal a atingir. Acredito que uma empresa que encoraja este tipo de compromisso com o aperfeiçoamento deve reconhecer a realização dos dois objectivos de Judy. Contudo, mesmo que a empresa não o faça, Judy conseguiu aperfeiçoar as suas aptidões e tornou-se melhor profissional.

E não cometa o erro de assumir que os seus objectivos profissionais a longo prazo não coincidem necessariamente com o seu trabalho actual. Sei que a maior parte das pessoas que conheço podem ocupar cargos que não têm qualquer relação com a carreira que desejam. Mas, tal como as pessoas de maior sucesso sabem, tudo está relacionado! Quando organizar a vida pessoal e profissional, deve misturar as duas e não procurar atingir o equilíbrio! Eu encorajo vivamente as pessoas a encontrarem formas de misturar as exigências do «trabalho diário» com os seus objectivos a longo prazo, por meio de uma «delineação» – uma remodelação dos objectivos de trabalho actuais para que possam servir os interesses pessoais a longo prazo.

Ao delinear, consegue incutir o seu interesse e paixão no trabalho e aumentar significativamente a energia para desempenhar o trabalho actual. Entretanto, terá um melhor desempenho – e toda a gente fica a ganhar! Tem de dizer aos outros quais são os seus objectivos a longo prazo? Não. Limite-se a pô-los em prática. Escolha um objectivo que lhe tenham imposto e transforme-o num objectivo de aprendizagem para seu benefício. Ou ligue a um amigo e diga: «Olha, estou a tentar arranjar uma maneira de transformar os meus objectivos diários no trabalho nalguma coisa que possa ser realmente proveitosa para a minha carreira a longo prazo. Estes são os meus objectivos actuais, e estes são os meus objectivos a longo prazo. Podes ajudar-me?» Os empregadores beneficiam com a motivação acrescida dos seus colaboradores.

Os objectivos de aprendizagem são uma óptima ferramenta de delineação. Quando transformou os seus objectivos de vendas numa missão para ser uma melhor vendedora, Judy passou a concentrar-se no seu crescimento. Geralmente, investimos mais nas nossas tarefas diárias (e temos mais êxito nelas) se sentirmos que estão directamente relacionadas com os nossos interesses pessoais. Se for incapaz de descobrir uma forma de o seu trabalho actual servir os seus interesses a longo prazo, das duas, uma: ou não está a ser suficientemente criativo ou está no trabalho errado. Esforce-se para equilibrar os seus objectivos!

CRIE UM «COMUNICADO DE IMPRENSA» PARA OS SEUS OBJECTIVOS

Basta-lhe *comunicar* os seus objectivos aos seus parceiros ou mesmo a outras pessoas para que sinta que é mais fácil alcançá-los.

- Partilhar os seus objectivos com outras pessoas obriga-o a clarificar a sua visão.
- Os seus parceiros poderão descobrir falhas no seu plano que a si lhe tenham escapado.
- Comunicar os seus objectivos não consiste apenas em dizer aos outros o que vai alcançar – consiste em dizê-lo a *si próprio*, vezes sem conta, até acreditar nisso.

QUINTO PASSO

Crie a sua Roda de Êxito Pessoal

Em Dezembro, tiro sempre uma semana de férias para reavaliar a estratégia para a minha vida pessoal e restabelecer os objectivos específicos que criei para atingir a vida que desejo. Vale a pena tirar algum tempo para compreender bem os meus objectivos a longo prazo. No fim de contas, tudo o que faço durante o ano irá aproximar-me dos meus objectivos ou afastar-me deles, por isso, é melhor saber quais são.

A determinação dos meus objectivos começa de modo abrangente. Primeiro, estabeleço uma combinação entre os objectivos de aprendizagem e os objectivos de desempenho que quero atingir em sete áreas da minha vida: pessoal, profissional, financeira, saúde, intelectual, espiritual e retribuição. Em termos visuais, represento este esquema por meio de uma Roda de Êxito Pessoal, disponível para *download* no *website* keithferrazzi.com. Utilizo-a como o meu mapa de compromisso pessoal. Apesar de nunca ter encontrado outras categorias que abrangessem a minha vida melhor do que estas, você poderá acrescentar outras.

Esta é a versão mais básica. Na verdade, acabo sempre por alterar o tamanho dos elementos individuais para aproximar a percentagem que corresponde às áreas que mais me interessam no ano seguinte. (Tenho de me lembrar de que disponho apenas de um certo número de horas por dia!)

O crescimento profissional e o êxito financeiro estão bem definidos. Quanto às outras áreas:

- A espiritualidade pode ir desde a ida à igreja a um retiro de ioga nas montanhas. O objectivo é isolar-me e poder concentrar-me em assuntos para além da minha vida.
- O estímulo intelectual diz respeito a qualquer coisa que eu queira aprender ou experienciar, seja dedicar-me à pilha de livros que tenho na mesa-de-cabeceira, aprender a tocar uma passagem de Scott Joplin no piano, tirar um curso ou visitar um país que não conheço.
- O bem-estar físico diz respeito a cuidar do corpo por meio de uma boa alimentação, fazer exercício diariamente, tomar vitaminas, etc.
- As relações profundas incluem a família, os amigos, a rede de apoio em que confio e as relações amorosas.
- A retribuição refere-se às nossas actividades filantrópicas – aquilo que todos nós podemos fazer para contribuir generosamente para os outros na nossa comunidade e no mundo.

MISTURE-SE, NÃO SE COMPARE

Os elementos que encontra na Roda de Êxito Pessoal não são territórios individuais ou feudos. Devem e irão sobrepor-se! Eu preencho uma grande parte da retribuição com o trabalho que faço para além da nossa fundação, com os donativos e com trabalho sem fins lucrativos. Uma vez que acredito em converter os nossos colegas e clientes em amigos, lido com muitas das minhas relações pessoais no contexto do meu desenvolvimento profissional. Transformei muitas actividades de bem-estar em oportunidades de relacionamento social, dos programas de treino ao tempo que passo no ginásio e à minha corrida ao fim do dia. Além disso, gosto tanto de receber visitas que a minha família, os meus clientes e os meus amigos acabam por se cruzar. Escolhi viver a minha vida misturando várias áreas pessoais. Se quer tirar o melhor partido de todos os elementos da Roda de Êxito Pessoal, faça o mesmo.

Deixe-me explicar brevemente como utilizo a Roda de Êxito Pessoal.

1. Primeiro, atribuo a mim mesmo objectivos abrangentes para cada categoria. Depois especifico. Por exemplo, desdobro os meus objectivos profissionais em mais categorias: desenvolvimento de equipa, edição de livros, formação e *coaching*, etc.
2. O passo seguinte consiste em criar limites temporais. Pergunto-me o que devo fazer durante três anos para me aproximar dos meus objectivos de vida, depois o que necessito de fazer durante um ano e, finalmente, o que necessito nos dois meses seguintes (conhecidos pelos meus amigos como os objectivos «põe-te a mexer»). Por exemplo, há alguns anos um dos meus objectivos para três anos era criar o Big Task Weekend na FG (BigTask Weekend.com), um encontro anual que criei para construir alianças entre as empresas de maior dimensão e explorar e fomentar o bem social, começando pelo bem-estar e pela saúde do país – por exemplo, fazer uma parceria entre a Kaiser Permanente e a Safeway para fornecer informação nutricional importante aos clientes da Safeway nas suas lojas. A iniciativa foi um enorme êxito e quero expandi-la a uma comunidade reconhecida globalmente com pessoas influentes que se baseiam na filosofia do benefício mútuo da sociedade, do crescimento do valor dos

accionistas e do desenvolvimento pessoal de todos os que participam. O meu objectivo anual consistia em clarificar a proposta de valor em relação aos interesses que desejamos servir. Por fim, o meu objectivo para os dois meses seguintes consistia em formar um grupo de consulta e desenvolver um programa de liderança cujo objectivo seria incrementar estes interesses e estas aptidões na geração seguinte. (No *site* Keithferrazzi.com, encontra uma ficha que poderá imprimir para anotar os seus objectivos a curto e a longo prazo.)

3. Ora bem – agora serei ainda mais específico. Atribuo a cada objectivo uma percentagem do meu tempo para que cada pessoa do meu círculo (bem como da minha empresa) saiba as minhas prioridades e me possa responsabilizar por elas. A minha equipa de apoio ajuda-me a garantir que atribuo uma quota de tempo adequada a cada categoria. Por exemplo, a minha assistente sabe que de três em três meses faço um retiro espiritual. E que duas vezes por ano dedico uma semana inteiramente à leitura, durante a qual mergulho nas revistas e nos livros que me mantêm actualizado intelectualmente. Os meus objectivos são apenas uma parte da minha agenda – nem sequer tenho de pensar neles, tal como não tenho de pensar nos meus exercícios diários, nos meus jantares semanais com os amigos ou nas grandes festas que organizo para os clientes. A decisão está previamente tomada!

JEREMY HOUSE E MICHAEL MCDERMOTT, CORRETORES HIPOTECÁRIOS

Jeremy House e Michael McDermott, uma equipa de dois corretores hipotecários do Arizona, falaram-me acerca de um processo de determinação de objectivos diários a que chamam «acerto do dia». É o momento em que se juntam e discutem o que necessitam de fazer num determinado dia para ter êxito.

> Jeremy House e Michael McDermott criaram o «acerto do dia» quando, a certa altura, começaram a sentir que os seus dias eram desequilibrados e que eles estavam desorganizados.
>
> «Talvez pareça um pouco estranho, mas percebemos que o nosso problema estava enraizado no facto de irmos ao ginásio à noite», disse Michael. «Isso acrescentava uma pressão estranha ao resto do dia e não nos permitia o equilíbrio e a organização de que necessitávamos. Por isso, começámos a ir ao ginásio de manhã cedo e depois fazíamos uma sessão de debate para estimular a criatividade.»
>
> Depois de cerca de um mês a seguir este novo esquema, a equipa disse-me que notava melhorias consideráveis na empresa e na vida de cada um. «O debate matinal ajudou-nos a analisar os objectivos e os obstáculos e o apoio fez-nos avançar.»

O FACTOR QUEM

Então, aqui temos o «quê» e o «quando», os pontos em que normalmente todos os planos acabam. De seguida, apresentarei uma lista de pessoas que são imprescindíveis para que eu alcance os meus objectivos. Este elemento final – a que chamo o «factor quem» – é *sério*! E, por isso, poucas pessoas lidam com ele. Na verdade, este é o factor que até a maior parte das grandes empresas se esquece de incluir no processo de planeamento estratégico. Como parte dos seus planos estratégicos, perguntamos às grandes empresas: «Quem são as mil pessoas mais importantes envolvidas na realização do vosso plano estratégico?»

Para as empresas, esta lista desdobra-se em muitos «constituintes» ou grupos de pessoas: clientes e potenciais clientes, parceiros, pessoas de grande influência, por exemplo analistas, académicos, membros dos *media*, e, claro, pessoas internas. Quanto a nós, vale a pena escolher um número de pessoas – quantas quiser. Vinte e cinco pessoas? Duzentas e cinquenta pessoas? Que constituintes necessita de ter em consideração?

Ora bem, para cada objectivo anual, faça uma lista das pessoas específicas (ou pelo menos do tipo de pessoas) que tem de conhecer para atingir o seu objectivo. É o chamado Plano de Acção Relacional.

Como poderá criar um plano para atingir os seus objectivos, se não tiver em consideração as pessoas que o ajudarão a tornar tudo possível? Este plano devia ser uma parte essencial do planeamento estratégico de qualquer pessoa ou de qualquer empresa. É também uma área em que os parceiros de apoio podem ser especialmente úteis – para fazer uma lista e até para estar em contacto com as pessoas que deve conhecer. (Para saber mais sobre a organização de «quem» necessita para formar uma rede ou uma comunidade que o ajude a atingir os seus objectivos, leia o livro *Nunca Almoce Sozinho*.)

Por fim, desenvolvo fórmulas de êxito e orçamentos para o tempo e para o dinheiro – faço-o sempre no caso dos objectivos profissionais e também muitas vezes para os pessoais. De que outro modo como podia a minha equipa responsabilizar-me? Os orçamentos financeiros para os objectivos pessoais podem incluir a quantia que gasta em retiros, no ginásio, nos serviços de um treinador ou de um psiquiatra e os donativos para a igreja, para o templo ou outras organizações.

Ao criar um calendário estratégico, envolvo os meus companheiros de apoio – tal como você deve fazer. Por vezes, encontramo-nos formalmente para rever os rascunhos, outras vezes, falamos pelo telefone para discutir ideias ou encontramo-nos para jantar e traçar estratégias a partir de grandes ideias. Estas reuniões envolvem pessoas internas e externas à empresa – não apenas os conselheiros como Greg ou Doug, mas também as pessoas cujo contributo é por mim valorizado, colegas autores e pessoas que considero terem potencial para vir a ser grandes conselheiros no futuro. Uma óptima maneira de descobrir se nos podemos ajudar uns aos outros é fazer um tipo de viagem-teste todos juntos!

Houve um ano em que juntei um grupo de amigos chegados para fazer um retiro e planear objectivos. Para meu espanto, percebi que apenas um deles estava empenhado no nível elevado de rigor de determinação de objectivos que eu esperava abordar. Assim, embora sejamos ainda grandes amigos, nunca os trouxe para o meu círculo de conselheiros.

A minha assistente administrativa ocupa um papel importante na minha vida no que diz respeito à responsabilização. Uma vez que é ela quem gere a minha agenda, tem mais capacidade para analisar se a minha gestão de tempo diária ou semanal corresponde aos objectivos que estabeleci. Se 50% do meu tempo for ocupado com actividades políticas ou sem fins lucrativos, em vez de o ser com actividades da minha empresa, ela avisa-me. Normalmente, faço com ela uma revisão anual da minha agenda, relativamente ao ano anterior, para avaliar se a minha gestão de tempo é adequada.

É algo semelhante ao tipo de apoio e de determinação de objectivos que se tem fora do escritório. Na verdade, há famílias que o fazem em conjunto uma vez por ano. Reúnem-se em família uma vez por mês para rever os planos e o progresso de cada membro da família (tirando o cão). Conheço um casal que procedeu deste modo durante anos; quando a filha de apenas nove anos perguntou se podia participar, eles criaram uma versão mais simples para ela.

Os seus parceiros de apoio podem fazer o mesmo por si – utilizar os conhecimentos de que dispõe para testar todos os aspectos dos seus objectivos, bem como os seus planos para conseguir atingi-los. Talvez queira abordar apenas um ou dois dos seus conselheiros, ou a equipa toda. Cada revisão – e é você quem decide quantas vezes necessitará de fazê-las, mas sugiro que se encontrem pelo menos uma vez por mês – deve incluir três perguntas: O que funcionou? O que é não funcionou? O que falta para retomar o caminho certo? Se não tem um assistente pessoal, peça a um amigo para rever periodicamente a sua agenda diária (e faça o mesmo à dele) de modo a verificar se a sua gestão de tempo é ou não adequada aos seus objectivos.

É ISSO MESMO QUE QUER?
OU PENSA SIMPLESMENTE QUE É O QUE *DEVIA* QUERER?

Agora que já tem em mente o «quê», «quando» e «quem», está na altura de pensar no «porquê»: *Por que razão quero atingir este objectivo*? Para o ajudar a encontrar a resposta, imagine como seria a sua vida se atingisse este objectivo. O que espera que venha a mudar na sua vida? O que seria igual? Uma compreensão objectiva das suas expectativas relativamente ao êxito pode ajudá-lo a compreender melhor os seus motivos.

Deixe-me dar-lhe um exemplo: por que razão quero construir um negócio mensurável? Bom, isso trar-me-ia mais rendimento e mais tempo. Porquê? Bom, com mais rendimentos e mais tempo, poderei fazer mais coisas que quero na vida, tais como escrever, pensar e despender de mais tempo no meu desenvolvimento espiritual. Porquê? Bem, vai ajudar-me a pensar em mais formas de ajudar os outros. Porquê? Bem, eu quero deixar uma marca neste mundo e ajudar o mais que puder.

Está a perceber o que quero dizer. Faça estas perguntas a si mesmo com frequência e, no fim, pergunte: *haverá outras maneiras de fazê-lo?* Bom, no meu caso, acho que poderia direccionar-me apenas para a escrita e para o pensamento, em vez de construir a FG, mas isso não me permitiria chegar a tantas pessoas como me permite a empresa. Muito bem, óptimo, espectacular. O objectivo parece ter pernas para andar.

Agora avance. No livro *Encontrar O Verdadeiro Norte: Um Guia Pessoal*, o ex-director executivo Bill George, já referido neste livro, refere o equilíbrio de motivações extrínsecas e intrínsecas na determinação de objectivos.

As motivações extrínsecas ocorrem no mundo exterior:

- Quero poder pagar uma excelente educação aos meus filhos.
- Quero fazer os meus pais felizes.
- Quero ter um *Mercedes* para impressionar as pessoas que conheço.

As motivações intrínsecas são aquelas que vêm de dentro:

- Quero realizar a paixão da minha vida.
- Quero ajudar os outros.
- Quero ter tempo suficiente para estar com as pessoas de quem gosto.

Pergunte-se se as suas motivações estão alinhadas com este paradigma interno e externo. Ambos os tipos de motivações são válidos mas, tal como Bill George salienta, quanto mais bem-sucedidos somos, mais atraentes se tornam as motivações extrínsecas: o dinheiro, o estatuto, o poder e a ostentação. E, muitas vezes, tal como toda a gente sabe, tudo o que é vistoso pode ocultar os nossos desejos mais secretos e profundos. Qual o resultado? Os nossos objectivos parecem vazios assim que os atingimos; perdemos algo a que Bill chama o «verdadeiro norte», a missão autêntica que faz de nós seres incomparavelmente capazes de atingir o nosso potencial total enquanto líderes.

RESOLVER PROBLEMAS DO PROCESSO DE DETERMINAÇÃO DE OBJECTIVOS

Uma tira recente do *New Yorker* retratava um director executivo numa reunião de conselho: «O nosso objectivo é desenvolver aplicações de arrasar para o novo paradigma da Web mas, até atingirmos esse objectivo, vamos continuar a fabricar os melhores sistemas de tratamento de resíduos sólidos do planeta.»

Esta tira é a prova viva de que, se os seus objectivos a curto e a longo prazo não estiverem alinhados, os seus objectivos não darão em nada. Se houver algo a curto prazo que não sirva os seus planos a longo prazo, os seus parceiros devem ajudá-lo a avaliar se deve mantê-lo.

Vejamos o caso de Lena West, na Convengine. «Há alguns anos, criei um programa chamado Technology Direct», disse-me ela. «Era um programa de aprendizagem *online* para pequenas empresas que as ajudava a perceber a tecnologia da Internet. Correu bem, mas não estava a despertar a atenção que pensávamos merecer. Não consegui arranjar uma maneira de o aperfeiçoar e todos aqueles que faziam parte do meu grupo de apoio me incitaram a desistir do programa. Foi difícil, eu não queria aceitar isso. Mas o meu grupo lembrou-me de que eu tinha o *compromisso* de fazer apenas coisas que fortalecessem a minha empresa, e o Technology Direct não dava provas disso. Então, desisti.»

Aqui ficam algumas das armadilhas mais comuns da determinação de objectivos e algumas sugestões para que os seus parceiros o ajudem a evitá-las.

DESVIO DA MISSÃO

Problema: está a perder o enfoque, despende muito tempo com assuntos que não contribuem para alcançar os seus objectivos a longo prazo.

Solução: Você e a sua equipa devem rever a sua agenda estratégica e discutir os seus objectivos e as motivações subjacentes para se voltar a empenhar neles.

FALTA DE FÉ

Problema: a incapacidade de acreditar que conseguirá o que pretende leva-o a fracassar nos seus actos.

Solução: partilhar os objectivos com os seus parceiros ajudá-lo-á a apurar a sua visão; se repetir muitas vezes os seus objectivos, acabará por acreditar neles!

FALTA DE CAPACIDADES

Problema: os seus objectivos exigem capacidades que lhe faltam, o que atrasa ou dificulta o desenvolvimento do seu mapa de acção.

Solução: a sua equipa pode ajudá-lo a reconhecer os lapsos e a corrigi-los através de outros recursos ou por meio de formação adicional.

QUEDA NA TERCEIRA ENTRADA

Problema: a sua motivação começa a fraquejar.

Solução: os seus companheiros podem encorajá-lo, apoiá-lo e entusiasmá-lo. Podem lembrá-lo do porquê do esforço que faz para atingir o seu objectivo e convencê-lo a comprometer-se de novo. Ou talvez o ajudem a tirar um tempo – talvez uma semana – para se revitalizar. Mas, depois dessa semana, chamam-no outra vez!

SEXTO PASSO

Aprenda a lutar!

Já mencionei Maxine Clark, a directora executiva da Build-a-Bear. Maxine é uma mulher especial que gere uma empresa especial, genuinamente vocacionada para crianças, onde predomina a cultura de seguir a regra de ouro.

Maxine acredita convictamente nas regras impostas por amor. Assim sendo, que ditador nesta cultura empresarial assumiu a tarefa de verificar se ela estava no caminho certo, na vida e na empresa?

Maxine assegurou-me que lá porque a cultura da Build-a-Bear é afectuosa (fazem animais de peluche para os miúdos!), isso não significa que não se responsabilizem uns aos outros. Maxine tem um conselho de administração e também tem Jimmy. Jimmy é um tipo duro e prático, um pai extremoso, cuja empresa de capital de risco investiu desde o início na empresa de Maxine.

Há vários anos, o conselho da Build-a-Bear reuniu-se para discutir a expansão das lojas, bem como algumas questões operacionais. De repente, a meio da reunião, Jimmy exclamou: «Tretas! Para quando a abertura do capital?» Todos os que estavam na sala ficaram admirados, uma vez que este assunto nem fazia parte da ordem de trabalhos daquele dia. «Está bem», disse Jim, por fim, «se não acordarmos uma data para a abertura do capital, vamos embora daqui», querendo dizer que a sua firma de investimento venderia as acções que possuía da Build--a-Bear.

Tal como Maxine recorda: «Fiquei toda arrepiada.» O conselho também não ficou muito satisfeito. E, apesar de a conversa se ter prolongado por mais algum tempo, depressa se deteriorou passando a gritos e acusações.

Mas, à medida que me contava esta história, Maxine sorria. «Na altura pensei: *Jim, deixa-me voltar à ordem de trabalhos e não perturbes*. Mas estava muito enganada. O que Jim disse tinha de ser dito. Não percebi logo, mas Jim tinha razão.»

Maxine considera-se uma mulher «orientada por uma missão» que prescindiria do próprio salário para que a empresa tivesse êxito. Mas Jim sabia que, para construir uma boa empresa, Maxine teria de deixar de gerir a Build-a-Bear como uma empresa privada e começar a geri-la para os accionistas e para os empregados.

«Jim preocupava-se muito comigo», disse Maxine. «Ele sabia que eu abdicaria do dinheiro para atingir os meus objectivos. Preocupava-se comigo ao ponto de perturbar a reunião daquela maneira! Na altura pareceu-me mal-intencionado, mas fez a coisa certa no momento certo. E é isso que aprecio em Jim, pois não encontro esta qualidade em mais ninguém.»

A dada altura, quando formei a Ferrazzi Greenlight, também tive de ser responsabilizado. Tudo aconteceu num fim de tarde de Junho. Estava a caminhar no passeio em frente ao 30 Rock, a sede da GE em Manhattan, com o telemóvel colado ao ouvido. Falava com Bill Braunstein, meu conselheiro e gestor externo. Estava atrasado para um jantar no Rainbow Room, mas a chamada não podia esperar.

Tinha decidido recentemente, em conjunto com a minha equipa da FG, alargar a minha empresa. Estava na altura de fazer um investimento de capital – e a Ferrazi Greenlight tinha feito lucros suficientes naquele ano para que eu pudesse obter uma linha de crédito considerável.

Agora tinha chegado o momento da verdade: precisava de subscrever uma linha de retirada de crédito.

Mas primeiro tinha de ser aceite por Bill Braunstein. Esta era uma das regras com que ambos tínhamos concordado. Apesar de conhecer Bill há muitos anos, ele era ainda um membro muito recente do meu círculo íntimo, ao mesmo tempo que era um dos meus conselheiros mais valiosos. A tarefa dele era prever as minhas acções e salvaguardar-me em todas as decisões financeiras que eu tomasse.

Na noite deste compromisso financeiro de grande dimensão, Bill levava-me a pensar duas vezes. Aqui estão algumas das perguntas que formulou:

- «Acha que, neste momento, a empresa está a funcionar de modo a poder utilizar adequadamente este dinheiro?»
- «Que parte do investimento seria *desnecessária,* se a empresa tivesse ainda melhor gestão do que tem neste momento?»
- «Seria capaz de gerar o dinheiro a partir do funcionamento normal ao longo do tempo? Se sim, estará este investimento apenas a encobrir uma gestão descuidada?»
- «Está realmente preparado para aceitar a disciplina necessária para gerir esta empresa? Keith, a sua empresa está numa situação que lhe permitiria investir todas as suas poupanças? Porque, caso contrário, não devia fazer isto. A sua assinatura está no empréstimo e, por isso, este compromisso é o mesmo que investir as suas poupanças! Veja se está a ser irresponsável.»
- «Está a gostar de construir esta empresa? Já percebeu o que de facto lhe traz alegria?»

Em vez de comparecer numa festa, para a qual já estava atrasado, ali andava eu pelo passeio, envolvido numa conversa acesa, séria e um pouco desmotivante. Fiquei muito confuso. Estas perguntas não eram propriamente fáceis! Mas eram absolutamente pertinentes. Bill queria que eu me defendesse e ao meu empenho em fazer crescer um negócio que marcasse a diferença em relação a outras empresas e aos seus colaboradores pelo mundo.

Bill preocupava-se comigo e com o meu êxito a longo prazo e, por isso, estava a assumir precisamente o papel de que eu necessitava na véspera desta grande decisão: o papel de um parceiro empenhado e capaz de debater ideias.

DEBATER REGRAS BÁSICAS

Quando os parceiros de confiança se juntam para aperfeiçoar e debater objectivos, chamo a esse momento *sparring*. Que quero dizer com isto? Bom, o processo é muito semelhante ao que faço no boxe com J. J., o meu treinador. Ou seja, não se trata de uma competição de esforço, não há vencedores nem vencidos.

Segundo a Wikipédia, sempre útil e em desenvolvimento, o *sparring* está definido como «uma forma de luta-livre com um número de regras e hábitos que impedem ferimentos». Este tipo de «luta» tem propósitos educativos – a sua intenção é permitir que os participantes adquiram novas aptidões e capacidades. Não tem por objectivo determinar um vencedor.

O melhor exemplo é o dos *boxeurs* que adquirem a sua arte ao participar em competições de *sparring*. Os *boxeurs* utilizam equipamento de protecção, vão para o ringue e envolvem-se naquilo que, para os menos atentos, parece uma luta desordenada. No entanto, todos aqueles que estão familiarizados com ela sabem que se trata de regras e de uma dança coreografada.

A experiência dos parceiros que se envolvem no processo de dar e receber educação é interessante e, ao mesmo tempo, relevante e útil para o apoio mútuo. Ou seja, uma vez que já estabelecemos a importância de incluir os outros na determinação de objectivos e noutros passos do autodesenvolvimento, é importante atribuir uma certa estrutura ao modo como os conselheiros de confiança podem dar o *feedback* de uma maneira segura e educacional.

O *sparring* é um exercício vital e muito mais intenso (e produtivo para alcançar objectivos) do que um jantar prolongado. E, enquanto as trocas do *sparring* podem ser acesas, no fundo, o acto de dar e receber entre si e os seus conselheiros está intimamente ligado ao aperfeiçoamento e à aprendizagem, à mudança e ao crescimento. «Há alguém que lhe diz, 'estás a fazer isso mal', que é o mais duro de ouvir», afirma Kirk Aubrey. «E, depois, há outra pessoa que diz 'é assim que se faz'.»

Quando é bem feito, o debate, tal como os Quatro Hábitos Mentais, converte-se numa via de dois sentidos. Kirk afirma que aprendeu tanto a ajudar as outras pessoas como quando ele próprio pedia conselhos. Não se trata de quem tem mais experiência ou é mais velho. No debate eficaz, ambos os lados têm novas ideias e apresentam *feedback*.

Este aspecto é semelhante à astúcia de Shinichi Suzuki, o violinista japonês que desenvolveu o método de ensino de música Suzuki, utilizado actualmente em todo o mundo. Suzuki acreditava que, com o devido apoio e conselhos, qualquer um pode aprender a tocar boa música – e que o professor e o aluno aprendiam um com o outro. No fim de uma aula tradicional Suzuki, o aluno e o professor viram-se um para o outro, fazem uma vénia e dizem em uníssono: «Obrigado pela aula.»

No debate, «os seus parceiros de apoio devem retirá-lo da zona de conforto», afirma Jim Whaley, da Siemens. «Um bom apoio mútuo consiste num desafio para que você cumpra os objectivos que estabeleceu para si próprio. Consiste em processos exigentes que talvez você ainda não tenha considerado. Por vezes, as pessoas vão dizer-lhe coisas que não quer ouvir. Isso pode pô-lo na defensiva. Mas aprendi que, quando se trata de uma conversa difícil, os meus parceiros estão apenas a tentar fazer o melhor por mim. Se não se importassem comigo, nem sequer conversaríamos.»

Jim acabou de nos relatar a forma como os Quatros Hábitos Mentais se juntam no debate: os parceiros irão dizer-lhe coisas que não quer ouvir (sinceridade); primeiro, talvez fique na defensiva, mas irá aceitar o facto de necessitar de ajuda (vulnerabilidade); os outros desafiá-lo--ão a atingir os seus objectivos (responsabilidade) e você chegará à conclusão de que os seus parceiros querem genuinamente ajudá-lo (generosidade).

Se eliminarmos qualquer um destes hábitos mentais, destruiremos a confiança. Sem sinceridade não há conversas honestas; sem vulnerabilidade, sentir-se-á ofendido (e ignorará o *feedback*); sem responsabilidade, é difícil beneficiar das informações dos outros e, sem generosidade, é improvável obter ajuda. Precisamos dos Quatro Hábitos Mentais a funcionar em conjunto.

É por isto que o debate pode ajudar a *aprofundar* as suas relações com os outros. Tenho um amigo, Ajit, que é engenheiro e gere um grande departamento numa empresa de tecnologia internacional. Ajit conheceu o seu parceiro de debate no fim dos anos 90, num momento em que não estava preparado para debater. «Sou uma pessoa muito optimista e, por isso, a avaliação que faço de qualquer situação – quer seja uma análise de mercado, quer seja das capacidades da minha equipa de vendas ou do valor do produto que temos para oferecer – é quase sempre positiva», disse Ajit.

O departamento de Ajit estava a perder terreno no segundo trimestre do ano fiscal e Ajit não ia conseguir atingir os seus objectivos. Com o seu optimismo erróneo de que tudo se iria compor, Ajit seguiu o seu caminho. Khush Mehta, director financeiro na altura, costumava dizer a Ajit de vez em quando: «Estás no mau caminho, não vais conseguir.» Por vezes, estas conversas aqueciam bastante, contudo, a confiança que existia entre os dois permitia-lhes o debate. Ajit ripostava sempre – até que, por fim, as profecias de Khush se concretizaram e Ajit não alcançou os números pretendidos.

«Foram tempos muito difíceis», afirma Ajit, «que testaram os limites da minha relação com Khush. Mas, por fim, percebi que Khush não me queria desencorajar, mas tentar ajudar-me. Sucederam duas coisas: aprendi a equilibrar o meu optimismo, tendo uma melhor noção da realidade e da gestão do risco, e desenvolvi uma plena confiança em Khush que perdura até hoje. Essa confiança estava enraizada no facto de ele ter depositado muita credibilidade em mim. Ele sabia do que falava e eu podia contar com ele. Ele despendeu de muito tempo para compreender o que era importante para mim.

Ao longo dos anos, e assumindo variados papéis, Khush tornou-se a minha consciência. Sinto-me bem ao ser vulnerável com ele e, por causa dele, tornei-me muito melhor. Na verdade, não tenho de recorrer constantemente a Khush, pois aprendi com ele a fazer uma avaliação realista das situações.»

Por vezes, as pessoas dizem-me que o debate parece extremamente arriscado. Ou, então, dizem que não se adequaria à cultura das suas empresas. Eu falo-lhes de Maxine Clark, da Build-a-Bear, e do facto de ela pedir e conseguir um árduo empenho dos colaboradores, mesmo no ambiente de uma empresa de artigos para crianças.

O debate pode também incutir um sentido de urgência aos seus esforços de crescimento e de aperfeiçoamento. Pensamos, com muita frequência, que temos todo o tempo do mundo – o que não passa de uma ilusão. O nosso tempo é precioso. Um querido amigo meu, Michael Hammer, faleceu subitamente na noite passada com sessenta anos. Michael foi o criador do termo «reengenharia» e foi o co-autor da obra de sucesso *Reengineering the Corporation*, na qual apresenta às empresas instrumentos revolucionários para se reinventarem. Michael era um amigo, um mentor e um conselheiro. Por isso, de que estamos à espera?

A vida acontece agora. O papel mais importante dos nossos parceiros de luta ou de debate é levar-nos a actuar agora.

Quando falei do hábito mental da sinceridade, referi o grande problema que todos evitavam (ou peixe podre) na sala. Alegro-me por dizer que, na minha empresa, reconhecemos diariamente os peixes podres. Avaliamo-nos uns aos outros e aceitamos o *feedback* e as críticas, pois não é uma questão de tecer juízos de valor. Na verdade, o nosso objectivo é ajudarmo-nos mutuamente a empenhar-nos nos nossos objectivos. Quando contratamos novas pessoas, estas encetam, por vezes, uma linha de aprendizagem quando começam a dominar a dinâmica do debate. Adaptam-se rapidamente. «A perspectiva individual pode ser muito parcial e, obviamente, não podemos sair do nosso próprio corpo», afirma o director da nossa comunidade executiva, J.P. Kelly. «É por isso que a natureza externa do *feedback* pode ser tão urgente e poderosa.»

Se *não* entra em debate com os seus conselheiros de confiança, deve questionar o empenho deles – ou o seu. Maxine confia em Jimmy, *pois* ele recusa-se a deixá-la «pendurada». Marc, o consultor, ao falar da importância do debate no seu grupo masculino, refere: «Temos de estar dispostos a comprometer a amizade no sentido de não trair o outro. O pior que pode acontecer é sentir que traímos o outro por não termos sido totalmente honestos.»

O objectivo do debate é alcançar *uma condição melhor*. O ideal seria um dos dois mudar as suas opiniões com esta interacção, pois terá aprendido ou sido exposto a algo em que não tinha pensado. Entra no debate não para ganhar, mas porque quer (ou espera) mudar de opinião – porque, na verdade, espera estar errado! De outro modo, como podia ser bem-sucedido?

Vale a pena repetir: o debate não tem a ver com vencer. Na verdade, tem a ver precisamente com o contrário – você espera poder mudar! Esperar estar errado é uma das oportunidades mais esclarecedoras que o debate oferece!

Quando der conselhos, certifique-se primeiro de que sabe exactamente quais são os interesses da outra pessoa – e certifique-se de que a respeita como indivíduo. Lembre-se disso antes de aconselhar alguém. Estará em solo seguro ou parece um pistoleiro? Lembre-se, o indivíduo com quem está a debater sentir-se-á seguro desde que saiba que você está a pressionar e a falar de modo assertivo em benefício *dele* – que você se importa com ele o suficiente para marcar a sua posição de modo que ele a ouça. É assim que surge a segurança do debate.

Dito isto, o debate *pode* ser perigoso. Tenho de ser honesto consigo. Leva as pessoas aos arames. As pessoas sentem-se magoadas, quando as outras nos dão golpes baixos e se armam em psicólogas. Por isso, é importante estabelecer algumas regras básicas.

Eis as minhas:

1. **Segurança acima de tudo**

O objectivo de cada um é atingir uma melhor condição e fazer progressos, não é vencer uma discussão. Ajit relembra uma vez em que ele e Kush andaram de comboio no Japão. «Tínhamos criado recentemente um negócio de serviços de consultadoria», disse Ajit, «e eu era da opinião de que este negócio de consultadoria devia ser autónomo, no que dizia respeito às receitas e aos lucros. Kush dizia que o negócio devia criar receitas de apoio para os outros produtos e serviços da empresa. Discutimos este aspecto durante algum tempo e eu era inflexível. Apesar de eu perceber a lógica dele, mantive a minha posição e pensei em argumentos para defendê-la. Por fim, Kush disse: 'Sabes, Ajit, o objectivo de uma discussão não é sair vencedor, é progredir. Pergunta-te se tiveste novas ideias durante esta discussão. Se a resposta for sim, então estamos a fazer progressos.'»

2. **Ser detentor do processo**

A pessoa que apresenta os seus objectivos tem o controlo. Jade Van Doren explica como é que isto funciona no Billionaires' Club: «Deixamos que a pessoa descreva o assunto e que apresente o problema. Depois, fazemos perguntas à vez para descortinar os assuntos ou problemas relacionados. Este processo de perguntas leva muitas vezes a que aquele membro repense a verdadeira natureza do assunto. Muitas vezes, percebem que aquilo que consideravam ser um problema, afinal não o era. Assim, logo que todos pensam que compreendesse o verdadeiro problema, mudamos de ferramentas e cada um dá o seu conselho que pode ser de natureza vária, desde a recomendação de um plano de acção a um contacto ou um livro potencialmente útil. No fim, o membro volta a referir o assunto e apresenta as soluções possíveis resultantes da discussão.» Depois, tudo depende dele. É ele que detém os dados, a execução e os resultados.

3. O Método Socrático

O que Jade descreve é uma versão do método socrático, segundo o qual, através de um interrogatório rigoroso, as pessoas envolvidas procuram eliminar as contradições existentes num argumento e aguçar a sua maneira de pensar. Este método, concebido pelo filósofo grego, é muito usado nas faculdades de direito e na psicoterapia. A autenticidade do método socrático reside no facto de se basear no processo, porque raramente existe uma única resposta correcta.

Vou dar um exemplo de como funciona. Na versão clássica, o interlocutor de Sócrates apresenta um argumento, por exemplo: «o nosso gestor administrativo não tem trabalho suficiente». Sócrates sabe que isto não é verdade e tenta refutar a ideia. Sócrates poderá perguntar «o gestor administrativo tem oito projectos em mãos neste momento, não é?». «Sim», responde o interlocutor. «O desgraçado está a tentar aumentar a nossa presença *online* neste momento», continua Sócrates. «Está a tratar dos orçamentos, tem de lidar com a mulher, que diz que ele nunca está em casa, ajuda uns e outros no escritório, só esta semana já teve três reuniões e ainda hoje é quarta-feira.» «Sim, é verdade», diz o interlocutor. «Além disso, tem de ir até Cleveland na terça-feira, voltar a Los Angeles na terça-feira à noite, reunir com os executivos seniores na quarta-feira de manhã e supervisionar o *workshop* deste fim-de-semana. Não é verdade?» «Sim, é verdade», diz o interlocutor, parecendo agora um pouco embaraçado e derrotado. No fim, Sócrates consegue contradizer a tese original – e conceber outra, totalmente nova.

Este processo pode dar origem a novas ideias que surgem rápida e abruptamente.

Vejamos o caso de Andrew Warner, membro do Billionaires' Club e fundador do mixergy.com. Andrew relembra o momento em que se fez o seguinte comentário ao grupo: «'Malta, ninguém está a utilizar o meu sistema de convite.' Falámos sobre o assunto e, depois de muitas perguntas, chegámos à conclusão de que eu andava a desperdiçar muito tempo com a promoção de uma ferramenta de organização de eventos e a descurar as funções mais básicas do *website*.»

Diz-se que Sócrates nasceu em 459 a. C., mas os seus métodos ainda resultam actualmente.

4. O receptor detém o processo e os dados

Assim que revelamos informação, o receptor passa a deter a informação. Ambos devemos compreender isto. O receptor agradece depois à outra pessoa, mas é esta que deve analisar a informação e tomar a decisão final.

5. Evitar aborrecer o outro

O debate pode aquecer e ser agressivo, pois, por vezes, é *necessário* convencer a pessoa a ouvir-nos! Greg Seal, que já referi anteriormente e que tinha a alcunha de *Martelo*, era muito bom neste aspecto. Greg grita e dá um murro na secretária, se achar que não estou a ouvi-lo, que estou a ignorar algum aspecto, que não analiso as coisas correctamente ou que não percebi bem a importância de um determinado assunto. A fúria dele não é do tipo «faz o que eu digo», é mais do género «ouve o que te digo». Greg eleva a voz porque se preocupa e quer assegurar-se de que eu paro de pensar e de que me concentro nas palavras dele. Se isto é uma forma de generosidade? Claro. Mas a outra pessoa tem de deixar bem claro que não se está a zangar porque você está a discordar, mas sim porque você está a ignorar um aspecto importante. Utilize apenas o debate, se a outra pessoa conseguir lidar com a cedência e souber reagir bem. Não debata com alguém que se fecha, não ouve ou se torna defensivo.

6. Reserve bastante tempo para ouvir com atenção

Enquanto a outra pessoa estiver a falar, não interrompa. Uma das aptidões que adquiri há alguns anos num seminário sobre liderança foi «ouvir atentamente». Ouvir atentamente implica não só ouvir, mas também repetir o que a outra pessoa à sua frente acabou de dizer, com o objectivo de esclarecer alguma confusão e também para confirmar que ouviu exactamente o que o parceiro acabou de dizer. Quanto a si não sei, mas qualquer pessoa que já teve um relacionamento sabe que 99% dos problemas que surgem entre nós e os nossos parceiros se devem a questões de comunicação. Ouvir atentamente visa minimizar as confusões e os tumultos que resultam da comunicação elementar.

Um dia, experimente o seguinte: escolha um problema que tem com a sua cara-metade ou com um sócio. Não tente resolvê-lo, deixe que a outra pessoa fale. De vez em quando, interrompa a pessoa e repita o que ela acabou de dizer. Deixe que a outra pessoa o corrija se estiver errado. Depois troquem de papéis e repitam. Repita o processo durante vários dias. Verificará que a questão se começa a resolver por si própria, graças à maior empatia e compreensão.

Loren Siebert tem uma maneira muito simples de dividir o tempo com o seu parceiro de apoio e conselheiro, Thede. Aos sábados, fazem uma caminhada de hora e meia em Mount Tamalpais, a norte de São Francisco. Durante a subida, os dois falam sobre Thede e a sua empresa. Quando descem o monte, é a vez de Loren falar sobre a empresa. «No fim do dia, estamos os dois exaustos e temos imensas ideias. Acho que, para alguém nos poder dar apoio, tem de saber quando nos deve incitar. Mas necessita também de saber quando deve apenas andar e ouvir.»

OS QUATRO *R* DA AUDIÇÃO

A maior parte do êxito alcançado no debate advém de saber ouvir. (Na generalidade, as pessoas são melhores a falar do que a ouvir.) O meu colega, o Dr. Mark Goulston, um dos melhores ouvintes que conheço, descreve quatro maneiras diferentes de ouvir, a que chama os *quatro R*: em retiro, reactivo, responsável e receptivo.

1. Aplica-se a expressão ouvir em *retiro* quando escutamos alguém mas, na verdade, estamos a fazer outra coisa qualquer, como, por exemplo, a mexer no nosso BlackBerry. Pode repetir o que dissemos, mas na verdade não está a prestar atenção. É o

equivalente a falar por cima de outra pessoa quando se conversa – mas, neste caso, «ouvimos por cima» do que eu estou a dizer.
2. Ouvir de forma *reactiva* exige mais atenção. Se eu lhe fizer uma pergunta, você responde de modo simples. Ouviu-me, mas não está a pensar no que eu acabei de dizer.
3. Ouvir de forma *responsável* ocorre quando você não só reage ao que eu acabei de dizer, mas responde de modo mais elaborado. Esta é a base de uma boa conversa. Equivale a falar *com* alguém, e não a falar *para* alguém.
4. Ouvir de forma *receptiva* é o modo mais profundo de ouvir. Desta modo, identifica-se totalmente com o que eu acabei de dizer e sente o que eu sinto. É este o nível que se pretende no debate.

Os bons ouvintes abraçam o adágio «o cliente tem sempre razão» – sendo o cliente, neste caso, a outra pessoa. Os bons parceiros de um debate consideram a possibilidade de estar errados e de os outros estarem certos. No debate, saber ouvir é importante para todos. Só sabendo ouvir se consegue alcançar a mudança transformacional.

Ajit relembra uma altura em que *não* soube ouvir – e o que aprendeu com isso: «Queria lançar um novo produto e decidi que o podíamos pôr no mercado num ano. Kush disse-me, 'Ajit, isso é pouco tempo; serão necessários entre dezoito a vinte e quatro meses'. Neste caso, a minha opinião prevaleceu, pois sou eu quem trata dos produtos e ele quem trata dos números. Bom, comprovou-se que Kush tinha razão. O produto foi lançado no mercado dois anos depois, e isso foi prejudicial; o atraso enfraqueceu-nos. Ficámos envergonhados perante os nossos clientes por não termos cumprido o que prometemos.»

Por vezes, simplesmente não estamos preparados para aceitar os conselhos que surgem no debate com os nossos conselheiros. Mas não há problema – lembre-se, o processo está nas suas mãos, bem como as decisões. Mas, se apresentar ao grupo o mesmo assunto mais do que uma vez, esteja preparado para receber mais uns puxões de orelhas dos seus conselheiros.

No fórum dos directores executivos, Kirk Aubry diz que têm aquilo a que chama «assuntos que dão direito a sova», aqueles que uma pessoa repisa vezes sem conta por não aceitar os conselhos. Ou seja, essas pessoas não percebem, a não ser que levem uma sova. «Na verdade, não querem mesmo ouvir o que o grupo tem a dizer e, por isso, dão-lhe a volta e tentam discutir novamente o assunto. É o momento em que temos de lhes dar a tal sova. A certa altura, o grupo diz 'ouça, já lhe dissemos o que achamos que deve fazer e está a fazer as coisas de modo diferente, a escolha é sua'.» Por outras palavras, a pessoa fica a saber que *já chega – que não deve voltar a falar no assunto até estar disposta a ouvir o que o grupo tem a dizer.*

CHEGAR AO DEBATE

Há imensas maneiras de tornar o processo de debate mais formal. Aqui ficam alguns métodos que costumo utilizar:

Esclarecer o assunto

A pessoa que necessita de conselhos descreve o objectivo ou o comportamento desejado, tal como o entende.

Peça uma avaliação da realidade

Será que todos percebem o assunto tal como foi apresentado? É bom que o grupo ou a outra pessoa repita o que ouviu para nos assegurarmos de que está tudo certo. Se os outros não perceberam o problema adequadamente, exponha-o outra vez, de modo mais específico. Já todos dispõem da informação de que necessitam para começar? Agora, observe e não faça juízos de valor. Lembre-se de que o seu *feedback* e as suas perguntas são em benefício da outra pessoa. Distancie-se emocionalmente da situação. Não se trata de *si*.

Avalie o problema

O seu parceiro necessita de aplicar a *análise* e o *conhecimento* de que dispõe (poderá ter ideias que o ajudem) e também a *perspectiva* que detém (poderá ser capaz de ver coisas, olhando de fora para dentro). Deve questioná-lo exaustivamente, recorrendo a perguntas simples que vão para além das respostas de sim ou não. As perguntas devem começar por ser assertivas e chegar aos motivos que o levaram a fazer algo. *Onde espera chegar com isto?* Depois, volte aos pormenores da situação actual. *Que espera que aconteça se for bem-sucedido? Este objectivo é suficientemente forte para ter um impacto significativo? É possível atingi-lo? Está suficientemente motivado para avançar? Ponderou outras possibilidades?*

Pode também ser mais específico. *E se pensar nesta ou naquela possibilidade? Porque não optou por uma delas?* Nesta altura, o «mentor» observa e apresenta ideias, sabendo a todo o instante que o alvo pode optar pela ideia que considerar adequada.

Assim que tenha sido incitado e tiver recebido o *feedback* que a outra pessoa tem para oferecer, questione-se se concorda ou não. Se discordar, volte a examinar o problema; o objectivo é chegar a um acordo de colaboração e não a um compromisso (o que sugere que alguém está a abdicar de alguma coisa). Mas, mais uma vez, lembre-se de que não tem de aceitar o conselho de outras pessoas. O processo, tal como o resultado, está nas suas mãos. Faça comentários ligeiros – um pouco de humor alivia o que pode parecer um comentário cruel. A discussão é apenas um instrumento; não se leve demasiado a sério.

Reveja, reafirme e remodele o objectivo

Depois do debate, talvez chegue a um acordo acerca de um novo objectivo ou acerca de maneiras específicas para lidar com o problema que tem em mãos. O objectivo é encontrar uma solução à qual não teria chegado de outra maneira, quer a aceite quer não. Depois de uma sessão de debate, lembre-se de agradecer o contributo, o apoio e o tempo de todos. Lembre-se de que pode vir a necessitar de voltar a debater o assunto noutra altura.

Aqui fica uma lista de perguntas que normalmente instigam um debate aceso:

- Então, onde quer chegar? Porquê? Isso fá-lo-á mais feliz?
- Qual é a sua motivação para alcançar esse objectivo? Como analisou esta decisão? Pensou cuidadosamente? Interrogou-se exaustivamente? E as questões foram as acertadas?

- Quais são as potenciais armadilhas e os pontos fracos? Tem um plano de contingência?
- Descreva o processo que utilizou para chegar a esta decisão.
- Está preparado para fazer o que for preciso? Se fracassar, está preparado para reexaminar a situação e começar tudo de novo?

De volta ao 30 Rock, Bill Braunstein fez-me várias perguntas e fez-me prometer que eu ia pensar durante algum tempo. Marcámos um encontro para almoçar dentro de alguns dias.

Ao passar pela recepção, reparei numa fotografia do antigo líder da GE, Jack Welch, e pensei: *Que faria Jack?*

SÉTIMO PASSO

Diagnostique as suas fraquezas

Não se preocupe – todos fazemos coisas que nos impedem de aproveitar o que há de melhor em nós e de alcançar o nosso pleno potencial. Na nossa essência, é isto que nos torna humanos.

Há pouco tempo conheci um jovem chamado Josh numa conferência de agentes imobiliários, em Miami Beach, na qual fui orador. Josh disse-me que tinha tendência para ser um pouco autoritário em reuniões, chegando ao ponto de desconcertar as pessoas, e que percebe que isso talvez esteja a prejudicá-lo.

Eu disse-lhe: «Parabéns, Josh, essa é uma óptima análise!» Josh ficou baralhado e eu prossegui: «A maior parte das pessoas não chega a reparar nos comportamentos que as impedem de avançar. Ter consciência deles é o primeiro passo para evitá-los ou superá-los. Então, que costuma fazer quando se apercebe de que está a exagerar numa reunião?»

«Bom, o problema é esse», disse ele. «Mantenho o meu comportamento e agravo a situação. Nem pareço eu, pareço uma personagem da televisão. Não consigo controlar-me. E quanto mais nervoso fico, pior.»

«Acredite que o entendo», disse-lhe. A história dele relembrou-me o jantar decepcionante com Larry King em que eu estava tão nervoso que acabei por me distanciar da pessoa que queria impressionar.

As nossas inseguranças desencadeiam certos comportamentos defensivos em nós – alguns ficam mais inchados, outros mais acanhados e há ainda outros que falam com mais entusiasmo ou têm dificuldade em expressar as ideias com mais coerência. É comum isto acontecer quando receamos não conseguir aquilo que queremos ou de que necessitamos – tal como a aceitação ou a aprovação. É nestas alturas que a nossa insegurança dispara e o nosso comportamento se torna mais exagerado. É um ciclo vicioso.

«Da próxima vez», disse a Josh, «respire fundo. Se puder, brinque com a situação e diga: 'tenho de parar. Estou a ficar demasiado entusiasmado. Para mim, é tão importante fazer um bom trabalho convosco que acabo por acelerar. Deixem-me ir mais devagar e explicar-vos a minha ideia mais pormenorizadamente...'»

Isto foi algo que aprendi a fazer sempre que me vejo em apuros. Se estiver a perder as estribeiras, corrijo-me um segundo ou dois depois. É uma estratégia que me permite alterar o comportamento e pensar nas pessoas que estão comigo naquele momento. Faço-o perante o público ou durante uma apresentação ou palestra formais. Sim, é pouco ortodoxo, mas acreditem, percebi que não só o público aprecia a minha sinceridade como é um momento em que todos aproveitam para respirar fundo e começar de novo.

Na verdade, todos nós temos comportamentos autodestrutivos que se atravessam no caminho do nosso êxito. Temos tendência a valer-nos deles nas piores alturas de grande *stress*, mesmo que tenhamos consciência de que esses comportamentos ou hábitos nos são prejudiciais. Esta contradição aparente tem vindo a fascinar a humanidade desde o início da nossa história, e os comportamentos autodestrutivos produzem os enredos dos maiores dramas do mundo, desde as peças de Eurípides às tragédias de Shakespeare ou a *Citizen Kane*.

No livro *Saber Trabalhar Melhor*, o Dr. Mark Goulston diz que os comportamentos autodestrutivos são desencadeados por reacções das nossas células nervosas que biologicamente se assemelham ao modo como os animais respondem ao perigo e ao medo. Os animais tornam-se agressivos (um cão ladra), tentam fugir ou esconder-se (a tartaruga enfia-se na carapaça). Perante a adversidade, estas reacções são mecanismos básicos de sobrevivência.

Os seres humanos, por outro lado, nasceram com a capacidade do raciocínio complexo. Consequentemente, dispomos de mais formas (e mais complexas também) de nos baralharmos! E quando as pessoas respondem aos desafios com agressividade – por exemplo, quando gritam com os outros ou os criticam, quando fogem, se escondem ou evitam pessoas ou assuntos difíceis e escolhem como escape as drogas ou o álcool –, por vezes, isso tem o efeito oposto.

A boa notícia é que, tal como os cães podem ser treinados para ser menos agressivos, também as pessoas podem aprender a reconhecer e a saber controlar comportamentos que lhes são prejudiciais. Mas, tal como o *Bóbi*, também nós precisamos de alguém que nos treine. Necessitamos de apoio. Além de nos ajudar a identificar e manter objectivos, uma das missões principais do apoio mútuo é ajudar-nos a saber lidar com o que nos impede de avançar.

Acho que nunca encontrei uma pessoa confiante e de sucesso que não tivesse consciência dos seus problemas comportamentais e não tivesse dado passos positivos para abordá-los. Por vezes, os comportamentos típicos que nos impedem de avançar advêm de uma necessidade inconsciente de nos mantermos onde estamos, o que cria telhados de vidro que não conseguimos evitar.

A Greenlight Research compilou uma lista de algumas categorias de pessoas que criaram os seus próprios telhados de vidro, com base na observação que fizemos dos desafios mais comuns que consideramos que impedem os nossos clientes de avançar – e, na verdade, os próprios clientes contribuíram com sugestões para essa lista. Identifica-se com algum destes tipos de personalidade?

- *O inseguro*. Sabe a que me refiro – a pessoa cujo ego é demasiado pequeno para o tipo de trabalho que desempenha. Para os seus colaboradores, esta pessoa talvez seja o chefe, mas no fundo ela interroga-se constantemente: '*E se algum dia descobrem que sou um impostor?*'
- *O filósofo intransigente*. Rigidez? Esta pessoa podia escrever um livro sobre o assunto. Se as coisas não correm como deseja, a pessoa paraliza e é incapaz de ceder ou de ser flexível. A sua racionalidade pura impede-a de trabalhar em equipa – e a sua insistência em fazer as coisas à maneira *dela* torna a colaboração impossível.
- *O pessimista*. Vê o copo sempre meio cheio e tende a resistir a qualquer tipo de mudança, uma vez que a alternativa pode ser

ainda pior! E, já que está sempre contra a mudança, nunca muda nada!
- *O perfeccionista*. O perfeccionista estabelece padrões impossíveis. A perfeição torna-se um obstáculo em vez de um meio para alcançar um objectivo. É uma pessoa muito crítica e incapaz de aceitar imperfeições e erros seus ou de outros.
- *A vítima*. O indivíduo desta categoria sente-se incapaz de enfrentar problemas ou de resolvê-los. Quando lida com desafios, procura culpar os outros ou dizer que as situações estão para além do seu controlo.
- *O ponderado*. É inseguro e tenta evitar situações ou decisões que possam resultar em derrota ou fracasso.
- *O lutador*. Sente-se isolado ou afastado dos outros e concentra toda a sua atenção nos seus esforços. Procura o tumulto ou situações impossíveis – pode ir até ao ponto de as criar.
- *O pacífico*. Sente-se responsável pela felicidade dos outros e serve de mediador em desentendimentos, muda de assunto quando se trata de coisas delicadas ou evita de todo os assuntos.
- *O esforçado*. O esforçado receia o fracasso e a humilhação. Tem pouca auto-estima e refugia-se no trabalho, tornando-se um viciado.
- *O mandrião*. Em vez de tentar e fracassar, o mandrião não acredita em si mesmo e prefere não fazer qualquer esforço. Decepciona-se com frequência e desilude também os outros.
- *O infame*. Lida com os sentimentos de insegurança culpando os outros. Tem tendência a envergonhar ou humilhar os outros para esconder o seu próprio medo ou fracasso.
- *O reparador*. O reparador acha que é o melhor de todos, odeia as fraquezas dos outros e acha que está sempre a reparar o que foi mal feito por eles.
- *O rufia*. É um valentão. Lida com os seus sentimentos de raiva ou insegurança estando constantemente zangado com o mundo. Esconde estes sentimentos explodindo e aborrecendo os outros.
- *O tagarela*. É o tipo de pessoa que fala sobre tudo. Nas relações com os outros, tende a ser muito superficial. Costuma dizer aos outros o que eles querem ouvir, pois não se preocupa com eles nem com as relações.

- *O picuinhas*. Não confia nos outros e acha que a melhor maneira de controlar o mundo é controlar todos os que estão à sua volta. Não espera que os outros vão ao encontro das suas expectativas e limita a autoridade deles para tomar decisões.
- *O bobo*. Receia a verdade acerca de si próprio e o seu modo de lidar com as situações é divertir toda a gente. Disfarça os seus assuntos sérios e os dos outros com humor.
- *O cientista*. O cientista sente-se mais confortável com factos, informação e estatísticas. Confia no intelecto e não na emoção. Esforça-se por pôr os sentimentos de lado, quando interage com os outros.
- *O solícito*. Tem uma necessidade constante de ser aceite pelos outros e, por isso, faz tudo a toda a gente.
- *O dramático*. Porque se sente subvalorizado e insignificante, tende a fazer das coisas insignificantes grandes questões. Passa um mau bocado quando tenta pôr tudo em perspectiva.
- *O acelerado*. Anda a mil à hora e não se apercebe do efeito que as suas acções têm sobre os outros. Raramente tem em atenção o que os outros sentem ou aquilo de que necessitam e acredita na vitória – não é particularmente bom a trabalhar em equipa.

Esta é apenas a ponta do icebergue de alguns dos aspectos que nos impedem de progredir!

«Quando as pessoas me perguntam qual é a fórmula do meu êxito», afirma Lena West, «pergunto: 'O que sei mais este ano acerca de mim do que sabia no ano passado, no trimestre passado, no mês passado?' Sei que quanto melhor me perceber a mim própria, mais êxito terei.» (Já agora, este é o exemplo perfeito da utilização de um objectivo de aprendizagem!)

Para aperfeiçoar a nossa forma de lidar com as pessoas, temos de começar por nós. No meu caso, percebi como o meu receio em relação aos conflitos levou a muitos dos problemas de gestão em que me vi envolvido durante os primeiros tempos da FG. «Os problemas empresariais não existem», diria Bob Kerrigan. «Os problemas são das pessoas que trazem as suas disfunções pessoais para o local de trabalho.»

Há muito que sou fã dos movimentos de convicção, defendidos por consultores como Tom Rath e Marcus Buckingham. Acredito que os conselhos da Gallup Organization para nos concentrarmos nas nossas convicções têm ajudado milhões de pessoas. Na verdade, este mesmo hábito impulsionou-me a fundar a minha empresa.

Mas, muitas vezes, vejo que as pessoas interpretam mal esta abordagem, utilizando-a como uma desculpa para não terem de lidar com comportamentos que não só as impedem de avançar mas também debilitam as suas carreiras. O facto de se concentrar nos seus talentos naturais não significa que aceite os comportamentos que impedem o seu êxito.

São duas faces da mesma moeda. Todos nós temos algumas convicções básicas que devemos accionar e alguns elementos da nossa personalidade que seria melhor desligar. Até reconhecer os dois lados, não conseguiremos alcançar o êxito merecido. Porque não tomar nota dos seus?

Para tornar ainda mais complexa esta situação, os mesmos pormenores que, no início da carreira, nos levam ao êxito podem mais tarde impedir-nos de progredir. Controlar os seus colaboradores pode ser muito eficaz, se tiver apenas um pequeno grupo de pessoas à sua responsabilidade e se o objectivo for alcançar a produtividade a curto prazo. Mas, se um departamento inteiro depender de si, torna-se impossível controlar todo o trabalho.

Além disso, gerir os colaboradores de modo que eles não possam desempenhar os seus papéis sem que você esteja constantemente a controlar é prejudicial para todos – e revela uma fraqueza evidente da sua abordagem.

Tal como já disse, a minha falta de concentração sempre foi um problema para mim. Ao mesmo tempo, tem-me permitido assumir (e levar a cabo) múltiplos projectos de uma maneira que tem impressionado os meus superiores e ajudado a expandir os meus interesses e a minha rede. Não fui apenas o presidente da minha fraternidade de Yale – fui presidente de um sindicato político, trabalhei no gabinete do reitor, dei início a uma organização sem fins lucrativos e ainda tive oportunidade de me candidatar à freguesia de New Haven, ao mesmo tempo que conseguia tirar boas notas.

Divertido e recompensador? Sim, quando se é jovem e se tem muita energia. Mas, mais tarde, durante a minha carreira, quando liderava uma empresa em crescimento com recursos limitados, ter várias tarefas era certamente uma responsabilidade. Na Starwood precisávamos de novas ideias. Manter uma série de coisas em curso era bom (e tínhamos muito para fazer), e o nosso director executivo prezava a mudança simultânea em todas as áreas. Mas, quando iniciei a gestão da minha empresa, comecei a sentir que a minha falta de concentração interferia na qualidade dos projectos que eram tão importantes para construir alicerces sólidos.

Mas como podia eu saber que algo que me ajudara muito durante tanto tempo já de nada me servia? Foram outras pessoas a dizer-mo e bem alto; caso contrário, eu nunca teria percebido.

Foi nessa altura que surgiu o meu círculo íntimo.

Vou dar um exemplo de como este aspecto funciona no nosso escritório agora. O meu sócio J. P. Kelly e eu tínhamos o hábito de cortar o discurso um do outro nas reuniões. Começávamos a ficar impacientes, enquanto nos ouvíamos, e interrompíamo-nos. Foi o nosso chefe de operações que nos alertou! Ao sabermos disto, sorrimos com embaraço, mas agora que expomos o nosso comportamento diante de todos, somos chamados à atenção sempre que começamos a ser enfadonhos.

O primeiro passo a dar para reparar ou alterar comportamentos indesejáveis consiste em ter consciência deles. Um vício pode ser definido como um comportamento que nos é prejudicial, mas no qual persistimos. Neste momento, já sabe que o primeiro passo para a recuperação é admitir que temos um problema; depois disso, não podemos voltar a ter o mesmo comportamento prejudicial. Com o tempo, teremos a coragem e a capacidade de enfrentar o problema e de lidar com ele. Mas, se recusarmos reconhecer um problema, agravamos a situação – e permitimos que o vício continue a controlar-nos.

Seja sincero! Sem que os outros me apontem os meus comportamentos contraproducentes não posso evoluir.

«Um dos princípios mais importantes no exército é não pedir a outra pessoa para fazer algo que nós não faríamos», afirma Jim Whaley. «Se quer pedir aos rapazes que saltem de um avião, é melhor ser você o primeiro a fazê-lo.»

Os líderes devem encontrar formas de diagnosticar os fracassos e as fraquezas da sua liderança e, depois, dá-los a conhecer à equipa de executivos para que possam ser solucionados ou remediados. Quando os líderes inspeccionam os subordinados mas fingem eles próprios não ter fraquezas, surgem dois problemas. Primeiro, os subordinados sabem que esses problemas existem e percebem que o director-executivo está a transmitir um procedimento desonesto. Em segundo lugar, todas as outras pessoas começarão a encobrir os seus defeitos, pois percebem que, para chegar ao topo, têm de parecer perfeitos. Em vez disto, é necessária uma cultura que promova a honestidade e o crescimento pessoal.

Este mesmo princípio pode ser aplicado em casa. Quando um amigo meu achou que a namorada andava a beber demasiado, convenceu-a a parar – deixando também ele de beber. E, quando nós decidimos ir ao fundo dos nossos problemas na FG, começámos por cima, por mim.

Quando algo corria mal na minha empresa, em vez de eu encarar calmamente os problemas muitas vezes complexos com os que me rodeavam, as minhas células nervosas animalescas disparavam. Tentava conter as minhas frustrações, o que criava ressentimentos da minha parte. Isto só confirmava o que já tinha lido na obra de vários sociólogos acerca do poder dos comportamentos autodestrutivos nas nossas vidas.

O que mais me interessava em toda esta investigação eram os estudos que reforçavam a minha convicção de que nós necessitamos dos outros para nos ajudarem a ultrapassar estes maus comportamentos.

Todos nós ficamos confusos mas, com ajuda, também temos capacidade para melhorar.

ESCOLHA UMA AO ACASO

E se tiver vários problemas comportamentais para resolver? Claro que tem! Todos temos! Então, por onde devemos começar?

Escolha um ao acaso. Não importa qual. O essencial é perceber que, ao tentar resolver um e ao ver os benefícios que isso lhe traz, tem mais uma ferramenta à sua disposição. Depois, tente resolver outro e outro, indefinidamente. Não é para isso que cá estamos? Para tentar melhorar no pouco tempo que temos?

Não será má ideia começar por escolher algo que seja fácil de identificar *e* algo que tenha muita vontade de ultrapassar. Comecei há algum tempo pela minha tendência para me gabar, que vem já desde a infância. Tinha medo de que as outras crianças gozassem comigo por ser pobre – e algumas faziam-no – e evitava a verdade. Por vezes, chegava a mentir. Se alguém me perguntasse o que fazia o meu pai, eu dizia «trabalha na indústria». (Nunca me ocorreu uma forma de florear o emprego da minha mãe, que fazia limpezas, por isso nunca falava no trabalho dela. Ela não se importava, pois também não gostava de ter de lidar com algumas das pretensiosas senhoras para quem trabalhava. Que Deus a abençoe!)

Já adulto, jurei nunca mais fugir à verdade. Mas, nesta altura, já as mentiras da minha infância se tinham transformado em algo bem pior: passei a gabar-me dos meus feitos para enfrentar o meu receio de que os outros me considerassem inferior. Apesar de isto parecer agora uma tolice, fi-lo durante muito tempo. A meu ver, tudo o que eu conseguisse alcançar assemelhava-se a uma árvore que caía no chão sem fazer barulho – a não ser que toda a gente ficasse a saber e pudesse imaginar os troncos e ramos caídos no chão. Se eu não dissesse às pessoas que era espectacular, como podiam elas ficar a saber?

Eu sabia que a minha gabarolice era um mau hábito e uma característica que todos reconheciam facilmente. Eu impedia o meu progresso. Já viram isto? *Eu* estava a impedir o meu progresso. Assim, tinha dificuldade em relacionar-me com as outras pessoas. A única pessoa que se atravessava no meu caminho e que me afastava do respeito que eu verdadeiramente procurava – e da hipótese de ser visto como eu era realmente – era eu próprio. Assim, muito antes de pensar sequer no apoio dos outros, optei por escolher o facto de me gabar como um comportamento que tinha de mudar, com a ajuda dos outros.

Em primeiro lugar, escolhi a pessoa que me era mais próxima na altura, Roel Hinojosa, um professor do liceu, para me chamar à atenção sempre que me ouvisse a gabar dos meus feitos. Escolhi Roel simplesmente porque me sentia seguro com ele, pois sabia que ele se preocupava comigo e me respeitava, tal como respeitava as minhas proezas – sem os floreados. Além do mais, costumávamos ver-nos envolvidos no tipo de situações sociais que levavam à minha gabarolice.

Quando falávamos sobre a minha infância, eu não a invocava para explicar as razões do meu comportamento. É algo que convém fazer com o psicólogo, mas Roel não tinha esse tipo de qualificações. Não interessava que Roel não fosse um psicólogo qualificado, pois eu queria apenas uma ajuda para acabar com um mau hábito. Encaremos esta situação como a aprendizagem de uma língua: se passarmos todo o tempo de que dispomos a tentar perceber se a palavra *menu* vem do latim ou do inglês, ficaremos embrenhados na linguística, quando queremos apenas encomendar um hambúrguer com queijo em pão de centeio e sem batatas fritas.

Escolher um problema da sua vida que quer resolver resume-se a tomar a iniciativa e esforçar-se para fazê-lo. «É melhor tomar uma má decisão do que não a tomar e ficar num impasse», afirma Amir Tehrani. Eu concordo. Tal como disse anteriormente, escolha um qualquer! O objectivo é fazer uma mudança positiva hoje, desfrutar dos resultados e ganhar o gosto por resolver outros problemas. Por fim, chegará aos assuntos mais prementes da sua vida e que deve resolver. Mas o mais importante de tudo é o seu empenho num processo completamente novo.

Já referi várias vezes a primeira regra para o aperfeiçoamento: reconhecer que ninguém é perfeito. Não é necessário ser perfeito – é necessário ser sincero no seu desejo de melhorar. Compreendo que revelar os seus defeitos talvez o deixe apreensivo. Houve alturas em que também me senti assim. Mas, assim que o processo se tornar estimulante, os seus fardos começarão a desaparecer um a um. Encare esta situação como se estivesse a fazer exercício – sem dor não há proveito! Fazer exercício custa um pouco, mas, no dia seguinte, sentirá que o corpo dorido é o sinal de todo o seu trabalho árduo e do que conseguiu alcançar.

Kirk Aubry escolheu um problema e, ao tentar solucioná-lo, descobriu uma nova visão pessoal: «Uma das coisas que percebemos na Textron foi que os indivíduos envolvidos na transformação da empresa precisavam, eles próprios, de mudar; aliás, todos nós precisávamos. E o meu problema, em particular, consistia em alcançar uma compreensão mais profunda do modo como eu via os meus companheiros. Sempre me tinha visto como o rapaz pobre de Windsor, Ontário, e como um miúdo desenquadrado. Ou seja, muitos sofrem da síndrome do impostor – quando é que todos irão perceber que eu não sou o mais inteligente? Quando fui para o Centro de Liderança Criativa, descobri que todos achavam que eu era um dos mais inteligentes da turma e não hostilizei as pessoas. Na minha ideia, eu estava apenas a tentar justificar a minha própria existência e participação – e não tinha necessidade de fazer isso.»

Boa, Kirk. Grande primeiro passo.

Por falar em passos, não se esqueça de que uma auto-análise rigorosa – pensar seriamente nas suas fraquezas e nos seus pontos fortes e no modo como você impede o seu progresso – é um exercício muito proveitoso. Posso garantir-lhe que se sentirá melhor depois. Anteriormente, elenquei vários aspectos que impedem geralmente as pessoas de avançar. Mas não receie fazer a sua própria lista. Talvez perceba que alguns dos seus actos se inserem em mais do que uma categoria; quase todos nós temos vários comportamentos que nos limitam. Lembre-se de que não está a admitir que é um fracasso – todos temos fraquezas e pontos fortes.

Parecem-lhe familiares as descrições feitas nas páginas 203 a 205? Enquadra-se nalgumas situações e não noutras? Repito: não tenha receio de criar as suas categorias. Depois, anote os papéis que desempenha ou os comportamentos que apresenta. A sua lista destina-se a relembrá-lo do que faz e não faz na sua carreira ou na sua vida pessoal. Talvez sirva de inspiração para uma discussão com amigos e colegas e para levar a uma reflexão mais profunda.

Eis três formas eficazes de detectar os aspectos mais problemáticos e escolher o seu primeiro problema:

1. *Olhe-se ao espelho.* Pense numa interacção que, na última semana, tenha tido com outras pessoas e que o tenha irritado sobremaneira. Depois (e esta é a parte mais interessante), pense de que forma terá contribuído para essa irritação. Que podia ter feito de modo diferente para prevenir a situação?

    Eu costumava ficar irritado com os meus colaboradores do escritório quando perdia uma chamada de um cliente importante. *Como pudemos perder esta oportunidade?*, era o que eu costumava pensar. Mas, se olhasse para trás e me interrogasse sobre o que tinha feito para piorar a situação, apercebia-me de que assumia demasiadas tarefas ao mesmo tempo e que tinha falta de pessoal para assegurar o volume de chamadas, *e-mails*, reuniões e projectos que tinha em curso. E percebi, também, que nem sempre era consistente ao comunicar tudo o que tinha para fazer aos meus colaboradores. Era quase impossível que eles me pudessem acompanhar e ainda me ajudassem a ser mais organizado. Eu andava sempre a cem à hora e raramente tinha tempo para explicar cuidadosamente aquilo que queria ver feito ou providenciar aquilo de que os meus colaboradores necessitavam para saberem dar prioridade ao trabalho que desempenhavam e à minha agenda. Necessitava também de ser mais explícito em relação às prioridades do negócio com os colaboradores.

2. *Tente aprender com os seus modelos.* Quem mais admira? Pense cuidadosamente nos aspectos que admira nessa pessoa. Agora pergunte a si mesmo: *que ando a fazer que me impede de me assemelhar mais a esta pessoa?* Por exemplo, quando penso em Bob Kirk da Deloitte, lembro-me de um chefe espantoso que nunca se aborrecia nas alturas em que eu estava em apuros. Em vez de me dizer o que fazer, Bob fazia-me perguntas. Por vezes irritava-me, pois eu queria apenas uma resposta rápida e simples, mas Bob insistiu tanto para que eu aprendesse a pensar de forma independente que sofreu com os meus erros, até que eu, finalmente, aprendi a perceber as coisas sozinho. Chamo-lhe «futuros fracassos». É exactamente o contrário do meu comportamento instintivo de dar respostas como quem dá *Snickers* no Halloween. Sim, por vezes isto parece mais eficaz a curto prazo, mas, se o fizermos a longo prazo, não ensinamos nada aos outros. Por isso, tento dominar o meu impulso para resolver os problemas de todos os que me rodeiam e ajustar o meu comportamento mais ao de Bob.

3. *Pergunte a outras pessoas.* Este é o meu passo preferido e uma das maneiras mais eficazes de escolher o comportamento a modificar primeiro: há alguns anos, numa palestra que dei a uma plateia de agentes imobiliários na Califórnia, perguntei se havia entre o público alguém que não conseguisse identificar aspectos que o impedissem de avançar. Uma mulher corajosa levantou a mão e eu pedi-lhe que viesse até ao palco. «Não consegue identificar nada que interfira com os seus esforços para chegar às pessoas ou fazer as coisas?» «Não, nada», respondeu ela. «Está aqui alguém que a conheça bem?» «Sim, está cá o meu marido.» «Bem, vamos chamá-lo.» O marido dela veio até ao palco e, para satisfação do público, enumerou vários comportamentos que impediam a mulher de progredir, incluindo a necessidade que ela tinha de ser perfeita vinte e quatro horas

por dia, nos sete dias da semana. Foi um momento engraçado e instrutivo (com isto fiquei convencido de que tinha futuro como apresentador de concursos televisivos). Desde essa altura, tenho feito o mesmo exercício muitas vezes durante as minhas palestras. Já cheguei mesmo a ligar à cara-metade das pessoas, directamente do palco. Mas isto é sério. Lembre-se de que os outros vêem muitas vezes os nossos defeitos com mais facilidade do que nós – por isso, aproveite esse *feedback*.

A minha decisão de contornar o problema da concentração foi tomada depois de muitas sessões intensas e sinceras com todas as partes, incluindo os meus colaboradores. Jim Hannon relembra que, certa vez, a discussão se centrou nas sms abreviadas que envio do meu BlackBerry. «Dissemos a Keith que, por vezes, até os *e-mails* que nos envia são vagos e incompreensíveis – 'sou eu que tenho de fazer isto, ou será outra pessoa?' – e, por isso, falámos sobre o seu estilo de comunicação. Keith aceitou as críticas como um meio de aprendizagem e, na reunião seguinte, voltámos a falar sobre o assunto para verificar o seu progresso. Começou a ser mais específico e alterou o estilo dos *e-mails*. Keith não tinha problemas em dizer: 'não geri a empresa tão bem como devia'. Isso permitiu-nos continuar a salientar os aspectos que necessitávamos que ele alterasse para ser um líder melhor. Deu-nos também coragem para falar abertamente sobre as coisas que cada um de nós devia de fazer para melhorar o desempenho da empresa. Keith deu início a uma cultura de crescimento na FG.»

Lembre-se de que, se deseja que os outros o ajudem a identificar os seus comportamentos prejudiciais, por vezes tem de pedir, exigir, implorar e suplicar a verdade. Por exemplo, poderá dizer àqueles com quem trabalha «preciso mesmo de me sair bem, e sei que a maior parte das pessoas normalmente não partilha a opinião que tem sobre os outros. Por isso, peço-lhe que me diga o que acha que me impede de avançar em termos profissionais». Se não estiver a conseguir o que pretende, poderá alimentar suavemente a conversa: «Já me disseram que sou demasiado desorganizado. Acha o mesmo? Será isso que me torna menos eficiente? Ou haverá outra coisa que interfere no meu desempenho? Por favor, seja sincero.»

Ao mesmo tempo, deixe bem claro que está apenas a recolher informação neste momento. Compete-lhe decidir o que precisa de resolver e como o fará. Assim que tomar essa decisão, poderá *depois* pedir que o ajudem a abordar o problema. Pode dizer o seguinte: «Se não se importa, gostaria que me chamasse à atenção quando me vir a comportar-me dessa maneira. Quero mesmo melhorar o meu comportamento.» Poderá criar uma palavra de código para que lhe comuniquem de modo rápido, simples e eficaz que *está a fazer o que não devia*. Por exemplo, um director que habitualmente atribua tarefas aos colaboradores sem primeiro lhes fornecer a informação necessária, poderá pedir-lhes para utilizarem a palavra «razia».

Esta é também uma altura adequada para perguntar às pessoas o que costuma fazer bem, para que possa continuar a fazê-lo. Será fácil para os seus conselheiros, mas eu sugiro que peça *feedback* a outras pessoas. Acredite: as pessoas ficarão impressionadas com a sua coragem e empenho em crescer.

Assim que tiver escolhido um hábito, comportamento ou objectivo, utilize uma escala de zero a cinco para verificar o seu progresso juntamente com os seus conselheiros. A cotação zero indicará um problema persistente que se agravou, e o cinco representa um problema totalmente resolvido. Quando fizer uma verificação, diga ao seu companheiro: «Já classifiquei a minha mudança de comportamento esta semana com dois.» Ou «Já tenho quase quatro pontos». O que interessa é o facto de, ao atribuir uma classificação ao seu comportamento ou objectivo, poder ter uma conversa enriquecedora com os outros acerca dos seus progressos e aperfeiçoamentos. Assim que atingir quatro ou cinco pontos em relação a determinado objectivo, escolha o seguinte.

Com o tempo, à medida que escolhe os comportamentos que deseja resolver com a sua equipa de conselheiros e que trabalha para superá-los, verificará que alguns dos receios mais obscuros e inseguranças se começam a desvanecer ou mesmo a desaparecer. É o que acontece comigo, e considero este processo uma das minhas maiores bênçãos. Parafraseando Bob Kerrigan, todos nós acabamos por responder à pergunta difícil, mas básica, acerca das razões para sermos como somos. Passei a compreender-me melhor ao ultrapassar algumas das minhas fraquezas. Cada vez estou mais perto da raiz do meu ser e do que pretendo da vida.

E haverá melhor maneira de implementar os Quatro Hábitos Mentais do que analisar as acções que nos impedem de avançar e ultrapassar problemas com a ajuda do grupo de apoio (desde o diagnóstico à mudança efectiva)? Ao pedir *feedback*, somos sinceros; ao pedir às pessoas que nos ajudem a realizar as mudanças que pretendemos, pedimos responsabilização; ao partilhar com os outros os nossos desafios, abrimo-nos e tornamo-nos vulneráveis; e, no fim, verificamos que os outros encaram o nosso pedido de ajuda e de apoio como um acto de generosidade, acto esse no qual têm a honra de nos ajudar. Os Quatro Hábitos mentais só lhe trarão vitórias.

EQUIPA DE SONHO: OS DOZE APÓSTOLOS

Serão o círculo íntimo mais venerado de todos os tempos? Um grupo de judeus da Galileia que viveu e viajou com Jesus e que, depois da morte deste, ficou incumbido de espalhar a sua mensagem na Antiguidade.

Pouco se sabe acerca das vidas dos doze apóstolos, no entanto, sabemos o valor que Jesus atribuiu ao facto de se fazer rodear por vários seguidores. Os primeiros quatro apóstolos — dois pares de irmãos, Pedro e André, Tiago e João — eram pescadores da Galileia. Mateus, outro apóstolo, era cobrador de impostos (uma profissão pouco popular). Quando perguntaram a Cristo porque se associara a uma pessoa de má fama, Ele respondeu: «Não são os homens sãos que necessitam de um médico, mas sim os que estão doentes. Não vim para chamar aqueles que são rectos, mas sim os pecadores.»

Entre muitos outros atributos, Jesus parecia valorizar a sinceridade dos seus seguidores. «Poderá algo bom vir algo de Nazaré?», perguntou Bartolomeu, um apóstolo que, a princípio, estava relutante em seguir Jesus. «Eis um homem que não engana», respondeu Jesus. Apesar de os apóstolos terem herdado a missão de espalhar a palavra de Jesus, há provas que demonstram que, para Cristo, esta relação era mútua, tal como prova a conversão dos primeiros apóstolos depois do jejum de quarenta dias no qual foi tentado pelo diabo.

> O círculo íntimo não foi constante. Depois de Judas ter traído Cristo, os apóstolos escolheram Matias, o «novo» décimo segundo apóstolo. Por fim, o soldado romano Paulo tornou-se o décimo terceiro, ou apóstolo não judeu. Quando os apóstolos se prepararam para espalhar a palavra de Cristo depois da sua morte, pareciam confiar o suficiente no apoio mútuo para fazerem questão de viajar pelo mundo aos pares; alguns tiveram mortes trágicas e são, ainda hoje, relembrados como mártires.

IR ALÉM DAS NOSSAS LIMITAÇÕES

Nós somos influenciados por quase *tudo*. Os sociólogos concluíram que todos nós temos tendência para pensar que somos melhores do que na verdade somos ao realizar variadas actividades. A alternativa é admitirmos que nem sempre estamos à altura (e não é o que se pretende). É por isso que a maioria das pessoas afirma estar «acima da média», ainda que tal seja estatisticamente impossível. É capaz de imaginar uma escola em que a média é 3? Os pais ficariam revoltados.

Às vezes, por piada, peço ao público para responder a três perguntas e para se classificar numa escala de um a dez.

Eis as perguntas:

1. Qual é o seu grau de inteligência?
2. Qual é o seu grau de beleza?
3. Qual é o seu grau de desempenho sexual?

Ora, entre milhares de pessoas, podia pensar-se que ocorreria uma distribuição estatística normal – que haveria tantos acima como abaixo da média de cinco. Mas, na verdade, 90% do público classifica-se, consistentemente, acima dos seis. Claro que isso é estatisticamente impossível! Mas é um exemplo que prova a nossa tendência natural para nos sobrevalorizarmos.

Ao mesmo tempo, nós, os seres humanos, tendemos a *subestimar* o nosso conhecimento relativamente a determinadas áreas. Verificámos que as pessoas tendem a sobrevalorizar ou a subestimar a sua capacidade para levar a cabo várias tarefas – acontecem as duas coisas. O ponto fulcral é sermos terríveis a julgar o que sabemos, o que não sabemos, o que somos ou não capazes de fazer. É neste aspecto que é muito importante ter uma equipa de conselheiros objectivos e de confiança. A equipa pode ajudar-nos a ver os nossos pontos fortes, as nossas fraquezas e os progressos que fazemos.

Quando assumimos que sabemos mais (ou menos) do que na realidade sabemos, normalmente fracassamos em determinar a reacção dos outros em relação a nós. Há um fenómeno que demonstra que nós acreditamos que os outros concordam connosco – um fenómeno que leva (como poderá imaginar) a muitas surpresas no mundo dos negócios! Imagine que, juntamente com a sua equipa, apresenta ao seu director um plano no qual anda a trabalhar há meses, para depois ele lhe dizer que não era aquilo que pretendia. Ou que ficamos perplexos ao perceber que a ordem de trabalhos de determinada reunião não é a mesma das outras pessoas, tal como tínhamos pensado. É algo que sucede com frequência com os vendedores que, por norma, deixam de fazer visitas aos clientes, pois pensam que o *negócio está quase fechado – que estará fechado dentro de um mês* – e que vêem as suas expectativas defraudadas algumas semanas depois. (Eu sou um deles.)

Pense no êxito que teríamos, se tivéssemos uma equipa de conselheiros que supervisionasse todos os assuntos e que nos acompanhasse ao longo do processo – pessoas em quem confiássemos, que nos encorajassem a enfrentar conflitos, que nos incitassem a confirmar a hora da próxima reunião e a recolher opiniões sobre os nossos projectos. Deste modo, teríamos provavelmente argumentos mais consistentes que apoiariam o nosso ponto de vista, em vez de assumirmos que toda a gente concorda connosco e depois verificarmos que não é esse o caso. Teríamos mais noção dos argumentos dos outros, o que nos ajudaria a considerar as nossas propostas segundo a perspectiva *deles*, melhorando ou fortalecendo o nosso plano ou, pelo menos, ajudando-nos a preparar uma resposta adequada.

SABER TUDO

Mais uma tendência humana natural que pode distorcer ou influenciar o nosso discernimento. Na verdade, nós temos tendência a procurar e a aceitar informações que confirmam o que nós já sabemos, ao mesmo tempo que inadvertidamente evitamos ou desconsideramos informações que contradizem aquilo em que acreditamos. Por outras palavras, só ouvimos o que queremos. Quando achamos que tudo o que dizemos ou fazemos está certo, nunca hesitamos nem repensamos a nossa posição. É por isto que os líderes ineficazes se fazem rodear por pessoas obedientes – não estão propriamente interessados em ouvir as opiniões delas, pois podem contradizer os seus preconceitos ou planos. Tenho uma cliente que, quando me ouviu falar sobre este assunto, disse: «Oh, meu Deus, eu passo a vida a fazer isso. Pergunto aos colaboradores: 'O que acham desta apresentação? Eu acho que está fantástica!'». Esta cliente está, claramente, a pedir a informação que quer ouvir. É por isto que, se quisermos ser líderes, directores ou colaboradores mais eficientes, devemos esforçar-nos por assegurar que recebemos o *feedback* sincero e objectivo daqueles cujas opiniões valorizamos.

LEMBRE-SE DE QUE O COPO TAMBÉM PODE ESTAR MEIO CHEIO

Por vezes, precisamos de que os membros da nossa equipa nos encorajem e nos desafiem. Já alguma vez pôs a mão no bolso de um casaco que não vestia desde o Inverno passado e encontrou uma nota de 20 dólares? Sabe muito bem, não é verdade? Mas essa satisfação depressa desaparece e o dia continua. Agora pense numa ocasião em que perdeu uma nota de 20 dólares. É difícil deixar de pensar nesta perda. Culpa-se durante muito mais tempo do que aquele que despende a celebrar quando encontra dinheiro. Para a maior parte das pessoas, perder dinheiro é muito *pior* do que encontrar uma nota. Há estudos que demonstram que a dor da perda supera de longe a satisfação de um ganho ou lucro.

Quando se atravessam tempos difíceis, costumo pedir às pessoas que pensem e falem sobre coisas pelas quais se sentem agradecidas. Somos todos muito abençoados – o facto de estar a ler este livro já me faz pensar que está bem melhor do que muitas outras pessoas no mundo. Então, dê valor a este facto, sinta-se agradecido. Reserve alguns momentos do seu dia de hoje para relembrar os outros da sorte que têm.

Hanif Rehman, o nosso consultor de Internet, natural de Yorkshire, falou-nos do seu comportamento durante a crise dos créditos que começou em 2008. «Quando falava com a minha equipa sobre o meu compromisso com os clientes, os meus colaboradores notaram que eu suspirava muito. Um deles perguntou-me: 'Hanif, estás cansado ou apenas ansioso?' Eu disse que não era fácil para mim lidar com o clima empresarial da altura. Foi a minha equipa que me fez perceber que havia muitas pessoas no mundo a lidar com o mesmo tipo de problemas, naquele momento; ao menos, estava a seguir o meu sonho. Convenceram-me de que não devia emocionar-me tanto com a situação imediata. Por isso, passei a depositar mais confiança nos clientes e isso foi decisivo.» Os receios de Hanif, que faziam dos seus projectos profissionais algo difuso, estavam, na verdade, a encobrir uma crise de confiança que o impedia de avançar mais do que a própria economia. Sem os seus conselheiros, Hanif nunca se teria apercebido de que a sua atitude o impedia de progredir.

Outra coisa que nos faz pensar negativamente é algo a que Dan Gilbert, o investigador de Harvard, chama «previsão afectiva». Em suma, ele sugere que as pessoas têm dificuldade em prever as suas reacções a acontecimentos futuros. Por exemplo, temos tendência para achar que, se comprarmos uma nova engenhoca electrónica, nos sentiremos melhor, quando, na verdade, o entusiasmo passará depressa. Por outro lado, receamos ser incapazes de tolerar dificuldades que, na realidade, as pessoas superam vezes sem conta.

Perante esta influência, temos tendência para assumir o pior quando pensamos se nos havemos de empenhar num objectivo ou não. Tornamo-nos pessimistas. E, como sempre, uma perspectiva externa pode ser benéfica para nós.

Mike, um contabilista que conheci recentemente numa conferência, tinha vivido uma situação semelhante. «Li um artigo sobre programas de bem-estar na empresa no *Wall Street Journal* e, porque sou um apaixonado por este tema, enviei o *link* do artigo a um grupo de pessoas que desempenham cargos de chefia na minha firma. Sei que tenho um lado céptico que tende a enquadrar os problemas de forma negativa; é um comportamento que quero modificar. Mas, naquele dia, não sabia como podíamos implementar tal programa. Por isso, em vez de me concentrar nas coisas boas que podíamos fazer para promover o bem-estar na nossa empresa, fui muito crítico acerca do que fazíamos na altura em que escrevi o *e-mail*. Uma colaboradora dos recursos humanos, que conheço e que tenho tentado convencer a fazer parte da minha equipa de apoio, veio ter comigo e disse-me que, apesar de saber onde eu queria chegar, as minhas críticas tinham descurado todos os aspectos positivos que eu mencionara no *e-mail*. Ao falar no que não estava a funcionar, estava a apontar o dedo a pessoas que tinham criado o sistema de que dispúnhamos agora.»

A reacção ao *e-mail* de Mike foi bastante negativa. Os seus colegas começaram a achar que ele queria chamar a atenção ou que era um colaborador problemático. O *feedback* do pessoal dos recursos humanos ajudou-o a compreender a situação, e Mike pôde corrigir os seus erros antes que piorasse a opinião que os outros tinham dele. «Fico contente por ela se ter sentido à vontade para dizer o que disse, pois isso ajudou-me a ver este comportamento específico que me estava a impedir de avançar.»

Vou ser honesto: há momentos na viagem do sucesso e do auto-aperfeiçoamento que são inevitavelmente desconfortáveis. Não é fácil admitir os nossos erros diante dos outros. Mas *é* incrivelmente libertador! Tal como afirma Lena Wes: «Terá de parecer tolinho para progredir na vida. Isso, por vezes, funciona e traz sucesso, outras vezes envergonha-nos. Tal como diz Oprah Winfrey, 'quando se vive uma vida em grande e preenchida, é muito estúpido da nossa parte achar que os erros vão ser pequenos'. Para mim, este é um risco que vale a pena correr.»

Se eu viver até aos noventa anos e tiver oportunidade de dizer a uma pessoa mais nova o que é realmente importante na vida, gostaria de dizer «reflicta sobre a vida – encontre a felicidade e o significado *já*». Não deixe para o próximo mês ou para o próximo ano. Temos tendência a não valorizar o que temos, quando o temos. Em segundo lugar, acho que daria ênfase à importância dos amigos e da família. Claro, posso pensar que o meu emprego é tudo na vida, mas quem me irá visitar ao hospital quando eu for velho e estiver doente? Por mais que goste deles, decerto não serão os meus colegas do trabalho. Por isso, congratulo-me e amo os meus amigos (muitos dos quais conheci por razões profissionais).

Por fim, espero fazer a seguinte pergunta do ponto de vista de uma pessoa de noventa anos: «Seguiu os seus sonhos?» Eu acredito que as pessoas que seguem os seus sonhos são muito mais felizes na vida do que aqueles que não os seguem. Descubra a sua verdadeira vocação e procure segui-la, quer o seu sonho seja pequeno, quer colossal. No fim, não importa se nunca vier a realizar os seus sonhos. A questão mais importante é: *Lutei por eles?*

Vida. Felicidade. Amigos. Significado. Sonhos. Já reparou que nenhuma destas questões tem a ver com dinheiro?

Utilize a sabedoria de uma pessoa de noventa anos *já*. É hoje que cá está – não deixe que os *podia, e devia* o apanhem desprevenido.

EQUIPA DE SONHO: BILL WILSON E OS ALCOÓLICOS ANÓNIMOS

Quando a revista *TIME* publicou a lista das Cem Pessoas Mais Importantes do Século XX, muitos leitores se interrogaram *sobre quem seria Bill Wilson*. Esta é a resposta que Wilson, que morreu em 1971 com setenta e cinco anos, teria desejado. Conhecido apenas por «Bill W.», Wilson foi o fundador dos Alcoólicos Anónimos e um dos homens mais influentes da sua época. Bill era um executivo da cidade de Nova Iorque sem estudos em psicologia, medicina ou teologia que concebeu um programa de doze passos que ajudou a controlar o vício de milhões de alcoólicos, toxicodependentes, viciados em jogo e mesmo em compras.

O que Wilson não possuía em credenciais conseguiu colmatar pela experiência. Em 1934, Wilson era um alcoólico irremediável que vivia em asilos e que os médicos davam como incurável. Enquanto estava internado num hospital e pedia a ajuda de Deus, Wilson teve uma revelação espiritual – «um raio de luz», tal como o descreveu mais tarde – que o levou a deixar de beber.

Wilson percebeu que a única esperança de recuperação era o apoio e a companhia dos outros alcoólicos, que percebiam bem esta doença e que reconheciam os problemas causados por ela. Ao reconhecer a sua condição e ao render-se a uma força superior – a de

Deus ou do próprio grupo –, os alcoólicos mantinham-se sóbrios dia após dia, tal como Wilson que se curou.

Wilson compilou os doze passos dos AA baseando-se muito nas práticas do Oxford Group, uma organização evangélico-cristã do início do século XX que encorajava os membros a confessarem os seus pecados e que, depois, usava a força do grupo para ajudar os outros que necessitavam dela. «Estes ensinamentos não traziam nada de novo», disse Wilson. «Podia tê-los recolhido na nossa paróquia. Na verdade, eram um exame de consciência, de confissão, de retribuição e de auxílio aos outros, bem como um acto de oração.»

Wilson era natural de Vermont e aplicou os princípios da democracia de New England aos AA, estabelecendo uma estrutura sem hierarquia ou liderança. A notícia do êxito do grupo espalhou-se depressa e, em 1944, os AA tinham grupos em trinta países. Tal como o próprio Wilson indicou: «estávamos profundamente convencidos de que a sobrevivência do todo era mais importante do que a sobrevivência de um indivíduo ou de um grupo de indivíduos. Era uma coisa muito maior do que qualquer um de nós.»

OITAVO PASSO

Comprometa-se a aperfeiçoar-se

Uma semana depois da conversa telefónica com Bill Braunstein à porta do 30 Rock, regressei a Los Angeles. Liguei a Bill e marquei um jantar em San Fernando Valley. Quando cheguei, Bill já lá estava e bebia café gelado.

«Bill» disse-lhe, quando me sentei, «graças a si, decidi não reduzir a linha de crédito. O que vou fazer é aumentar. Vou ser um director executivo progressista e prático e vou subir a parada. Eis uma lista das alterações que vou fazer.» Entre os itens estava a minha determinação em contratar mais um executivo sénior, para me auxiliar na gestão cada vez mais exigente.

Tinha de fazer um trabalho melhor no que dizia respeito a colaborar e a tirar partido dos esforços dos meus colaboradores, tenho de confiar mais neles, dar-lhes mais responsabilidade e responsabilização. Tenho de prepará-los melhor nos papéis que desempenham na empresa para os ajudar a atingir o seu maior potencial. E percebi que devia deixá-los cometer alguns erros para poderem a melhorar. É assim que os verdadeiros líderes que conheço incutem lealdade e inspiram o crescimento pessoal, e eu gostava e era bom nessa liderança, quando tinha tempo. Agora, tinha-me comprometido a *arranjar* o tempo necessário. É assim que as empresas crescem e ultrapassam os talentos do seu fundador para abarcarem as capacidades, os sonhos e os conhecimentos de todos os empregados. Precisava que a empresa deixasse de ser *minha* para ser *nossa*.

«Compromisso» é uma palavra assustadora para nós e por bons motivos. Embora venha da palavra latina *committere*, «juntar», ao longo do tempo a palavra adquiriu muitas conotações negativas. Na Roma antiga, significava uma acção imposta – por exemplo, o caso de um juiz que condenava (comprometia) alguém à prisão.

O significado voluntário de compromisso – isto é, comprometermo-nos de livre vontade a fazer algo ou a acreditarmos nalguma coisa – é recente. Mas o senso implícito de compromisso de que algo nos impele involuntariamente ajuda a explicar porque é que esta palavra suscita uma emoção negativa. «Os homens têm medo de compromissos», queixam-se muitas vezes as mulheres. Ao comprometerem-se, os homens estão a fechar-se numa relação ou posição e a eliminar outras opções. Não admira que tantas pessoas hesitem comprometer-se.

Vale a pena frisar que os compromissos são muito diferentes das obrigações. Primeiro, não nos são impostos – são promessas que fazemos por nós, para nós. Também não são rígidos nem inflexíveis. No fundo, tinha-me apenas comprometido a mudar e a melhorar – a crescer. Estes compromissos não pretendem que abandonemos o controlo, mas que o recuperemos.

No contexto da nossa carreira, se forem feitos alto e bom som aos nossos conselheiros mais próximos ou ao círculo dos amigos de confiança, os compromissos servem para nos comprometermos mais inteiramente com os outros. Visto desta forma, um compromisso é uma forma de se estender a uma comunidade mais abrangente. É uma promessa que faz aos outros – uma promessa duradoura, com uma evolução no tempo, para ultrapassar certos desafios e para cumprir, mesmo quando nos deparamos com obstáculos esperados e inesperados.

Mas, antes de fazer um compromisso com alguém, temos primeiro de nos comprometer connosco. Como é essa mudança e que sentimentos desencadeia? Quanto melhor sentirmos, provarmos, imaginarmos o que essa mudança nos pode trazer, mais provavelmente ela se concretizará.

Quais são as vantagens de fazer um compromisso?

1. *Em primeiro lugar, é extremamente libertador.* Basta perguntar a alguém que tenha admitido que é alcoólico ou toxicodependente. É necessária uma coragem e convicção sobrenaturais para se comprometer a mudar. Mas admitir as suas falhas traz um alívio incrível, porque o liberta do fardo de guardar tudo para si.
2. Assim que fizer um compromisso público, *não pode voltar atrás*. Essencialmente, não quer desiludir-se nem aos outros. Ao fazer um compromisso público, é muito mais provável que cumpra as suas promessas.
3. Fazer compromissos públicos é uma das formas mais rápidas que conheço de *estabelecer intimidade com os outros*. Ao partilhar os seus objectivos com os outros, está a dizer-lhes aquilo em que acredita e que valoriza as opiniões deles. Ao admitir as suas falhas e ao prometer mudá-las, está a tornar-se vulnerável e a convidar os outros a conhecerem-no.

Waldo Waldman, o piloto de caças que mencionei anteriormente, acertou em cheio: «Os membros do Exército levantam a mão direita e comprometem-se a servir. No mundo dos negócios, não fazemos um compromisso formal; dizemos apenas que aceitamos o trabalho e que vamos estar à altura da responsabilidade. Mas estaremos mesmo comprometidos? Para chegar a esse ponto, temos de criar um ambiente em que a responsabilização esteja subentendida. Começa por se responsabilizar pelos resultados e perceber que as suas acções podem ter um impacto na equipa inteira. Não se pode voar sozinho no mundo dos negócios.»

Quando se compromete com os seus conselheiros, lembre-se, não está a fazer um discurso numa campanha política. Trata-se de uma conversa! Ouça o que os outros têm a dizer. Pense nisso como outra ronda de debate. Quando me encontrei com Bill para jantar, não me limitei a anunciar o meu compromisso renovado para depois prosseguir a minha vida. Bill tinha algumas preocupações e perguntas específicas a apresentar-me. Queria ter a certeza de que eu tinha ponderado cuidadosamente o meu compromisso para criar um negócio.

Lembre-se de que formalizar um compromisso é uma via de dois sentidos. Primeiro, exprima o que quer fazer. Depois, conceda à sua equipa o espaço e o tempo para lhe dar o *feedback* que o assegura de que se está a comprometer com os assuntos certos, na altura certa. Tem de estar de acordo com os seus conselheiros acerca do seu compromissso para que os seus colegas o possam ajudar, se o virem a falhar. Registe por escrito todos os compromissos que fizer. Porquê? Porque os torna mais reais. Bo Manning, meu amigo e outro mentor da Deloitte – e agora o novo presidente da FG –, costumava dizer-me que pensar e falar sobre algo criam um nível de lucidez, mas escrever formaliza o processo para que possa mesmo concretizar-se.

Sejamos honestos: mesmo com as melhores intenções e com um plano extenso por escrito, manter-se comprometido com um plano de acção pode ser difícil, mesmo para os mais disciplinados. É por isso que precisa do apoio do seu círculo restrito para lhe dar umas sovas de vez em quando. «Nada substitui as pessoas que constantemente nos obrigam a manter-nos no rumo», diz o empreendedor Greg Hartle. «Já me aconteceu estar a chorar ao telefone com o meu grupo de apoio.»

«Quando fundei a minha empresa», diz Lena West da Convengine, «tínhamos uma cliente que era consultora de liderança, e tornámo-nos boas amigas. Disse-lhe que, por algum motivo, conseguia sempre concretizar o que tinha para fazer quando tinha alguém que me responsabilizasse, mas deixava de lado os meus objectivos quando estava sozinha.»

Para além do apoio, precisamos que a nossa equipa nos responsabilize. Tal como todos falhamos nos compromissos que fazemos, os nossos conselheiros também irão ocasionalmente falhar nos *seus* para nos manterem no rumo. Isto pode ser frustrante. Ainda tenho funcionários que não se sentem suficientemente seguros nem confiantes na relação que têm comigo e que não me dizem nada quando estou a fazer algo que não devia fazer. Por isso, estou sempre a lembrá-los. Mas, em vez de acharem esta «manutenção» da relação um problema, penso que é uma manutenção periódica, como mudar o óleo do carro, fazer a barba ou cortar a relva; não importa que faça um trabalho muito bem feito, tem de fazê-lo repetidamente para manter as coisas na ordem.

Uma forma de manter e fortalecer o seu compromisso é fazer uma verificação especial, uma vez por mês, com os seus conselheiros de confiança. Pode integrar-se numa reunião já marcada, ou pode ser uma conversa simples de dez minutos. Numa situação problemática, pode até ser feito por *e-mail*. Reitere o seu compromisso. Dê a todos um relatório dos progressos. Sublinhe que está a contar com eles para que o responsabilizem. Há pessoas que podem dar conselhos ou *feedback* imediato, por isso, disponha de mais algum tempo do que aquele que julga de que precisa. Lembre-se de que quer que a sua equipa se sinta segura para ser sincera consigo. E parte dessa segurança é conceder-lhes o tempo de que precisam para lhe darem o *feedback* que acham importante.

> **EQUIPA DE SONHO:**
> **O BANCO GRAMEEN DE MUHAMMAD YUNUS**
>
> Quando viajou pelo Bangladesh durante a fome de 1974, o banqueiro e economista Muhammad Yunus viu como a pobreza se disseminava ainda mais devido à acção de agiotas sem escrúpulos. Conheceu mulheres que tinham feito empréstimos para comprar bambu para a mobília que fabricam e que depois foram obrigadas a dar todos os lucros ao agiota – um círculo vicioso de dívida permanente. Chocado, Yunus tirou do bolso o equivalente a 27 dólares e emprestou--os a um grupo de quarenta e duas mulheres. Depois de venderem os móveis e de lhe pagarem, as mulheres obtiveram um lucro de oitenta e quatro cêntimos, uma grande soma para elas.
>
> Foi então que se fez luz. Yunus percebeu que, se emprestasse dinheiro a grupos de aldeões pobres – e não a indivíduos –, podia aproveitar o apoio do grupo para garantir que voltaria a receber. Até àquela altura todas as tentativas de microcrédito eram restringidas pelo alto risco de incumprimento; administrar e respeitar milhões de contratos legais, cada um de somas irrisórias para os padrões ocidentais, não era simplesmente viável. A inspiração de Yunus era eliminar os contratos e deixar que quem recebesse os empréstimos se policiasse.
>
> Para receber um empréstimo do Grameen Bank de Yunus (que significa «banco da aldeia»), os indivíduos tinham primeiro de criar um grupo de cinco ou mais pessoas que quisessem pedir um empréstimo. Os empréstimos propriamente ditos não eram asse-gurados pelo grupo no seu todo – mas, se um membro não cumprisse,

mais ninguém do grupo podia ter acesso a empréstimos. Essa pressão social e o medo de perder a credibilidade do grupo reduziram dramaticamente o número de incumprimentos. «Estávamos convencidos de que o banco devia assentar na confiança nas pessoas», indica Yunus no seu livro *Banker to the Poor: Microlending and the Battle Against World Poverty*. «O Grameen Bank iria ser bem-sucedido ou falhar de acordo com a força das relações pessoais. Podem acusar-nos de ser ingénuos, mas a nossa percentagem de crédito malparado é de menos de 1%.»

Embora quem recorra aos empréstimos não assine qualquer contrato, tem de estudar e concordar com um conjunto de práticas éticas e de comunidade, conhecidas como as Dezasseis Decisões. Entre os compromissos lê-se «Estaremos sempre prontos para nos ajudar uns aos outros» e «Vamos participar em todas as actividades sociais em conjunto».

Actualmente, o Banco Grameen já emprestou mais de 6 mil milhões de dólares a milhões de clientes; muitos deles puderam assim livrar-se da pobreza extrema e pôr os filhos na escola, tiveram acesso a refeições regulares e a água potável. Pelos seus esforços simples, mas profundos, Yunus foi galardoado com o Prémio Nobel da Paz em 2006.

NONO PASSO

«Fingir até conseguir» – depois, faça perdurar

Quantas vezes já tomou uma resolução ou decidiu virar a página, apenas para perceber que fica preso no primeiro obstáculo? Os ginásios informam que os frequentadores costumam vir regularmente durante os três primeiros meses após a inscrição, e que depois perdem o entusiasmo. Passados seis meses, aparecem uma vez por semana, se tanto, e aproximam-se das máquinas de exercícios como se se tratassem de objectos de tortura. Só os mais dedicados se mantêm o tempo suficiente para ver resultados.

Este comportamento também é comum no mundo do trabalho. Depois do discurso motivador da reunião anual de vendas, todos estão motivados, aplaudem e seguem para a festa. Deixam para trás, debaixo das inúmeras cadeiras, *dossiers* cheios de apresentações de PowerPoint. E é isto que acontece quando se pretende uma mudança sustentada numa organização. É por isso que não me limito a fazer uma palestra e a distribuir *dossiers*. Tento criar experiências com os nossos clientes que mantêm diariamente a nossa prática viva no local de trabalho; caso contrário, não fizemos o nosso trabalho. Não me interprete mal, é essencial dar esses primeiros passos – abraçar os Quatro Hábitos Mentais, para estabelecer relações mais profundas com um grupo restrito de confiança, encontrar os nossos parceiros de apoio mútuo ou círculo de conselheiros – e comprometer-se a estabelecer objectivos e a mudar comportamentos. Tem de começar por algum lado e este livro pretende exactamente isso.

Mas, assim que tiver a sua equipa pronta – quer tenha dois parceiros próximos de apoio ou um campo de batalha – e tiver planeado o seu trabalho, começa a parte difícil. Como consegue manter o processo de apoio mútuo? Como consegue prosseguir a mudança dentro de si? Como traduzir as boas intenções em acções diárias?

A chave da sustentabilidade encontra-se exactamente na palavra «diária». Um dos grandes motivos para o êxito dos programas de doze passos é o facto de deixarem bem claro que tudo deve ser vivido um dia de cada vez. Centrar-se em dar pequenos passos todos os dias é um princípio que rege muitas organizações de auto-ajuda e religiões. *Agora* é a chave para a prática da meditação. Na verdade, focar-se naquilo que pode fazer *agora* é uma das formas mais eficazes para que nós e os nossos conselheiros de confiança consigamos suportar as mudanças.

Certa vez ouvi Ray Charles dizer numa entrevista de rádio que não conhecia nenhum músico bom que não praticasse *todos os dias*. A prática faz simplesmente parte da vida de qualquer bom músico, é como respirar.

Ninguém nasceu a saber tocar piano ou clarinete. As primeiras tentativas das pessoas parecem sempre estranhas e desajeitas. Mas os músicos bem-sucedidos continuam a insistir, anos a fio, até dominarem o instrumento. Não se preocupam em desafinar nem em ter de repetir a mesma peça dezenas ou centenas de vezes. Até os perfeccionistas erram, mesmo durante um concerto em Carnegie Hall. Acha que iam largar o violino ou fechar o tampo do piano e abandonar o palco? Claro que não! Continuam a tocar. Afinal, a perfeição não existe – existe apenas o nosso esforço para tentar atingi-la.

O que tem isto a ver com uma mudança estável? De acordo com a minha experiência, o medo do fracasso é uma das razões principais para que deixemos de tentar mudar. As pessoas temem não estar à altura das expectativas estabelecidas pelo grupo de apoio. Ou então, ficam demasiado preocupadas com a possibilidade do fracasso perante os pares ou de desiludir os conselheiros que convidaram para a empresa. Portanto, sentem-se mais seguras se não tomarem uma atitude. Então, pousam os violinos.

Infelizmente, deixarmo-nos paralisar pelo medo garante-nos que não vamos concretizar os nossos objectivos na vida nem no trabalho. Na verdade, são um constituinte natural do nosso aperfeiçoamento. Há poucos erros fatais para uma carreira, para além do comportamento muito negligente.

Veja o exemplo de Martha Stewart, a mulher de negócios sábia e bem-sucedida que foi acusada de ter cometido erros suficientemente graves para ir parar à cadeia e cumprir quase um ano de prisão domiciliária. Todo o seu modelo de negócio assentava na marca do seu nome pessoal. A sua convicção podia ter sido um golpe fatal para o negócio. Mas desapareceu? Não. Perdeu o negócio ou as inúmeras casas bonitas? Não. Na verdade, a sua linha de mobiliário *expandiu-se* depois da sua libertação. Encarou o tempo que esteve presa com coragem e sangue-frio e as pessoas ficaram a respeitá-la. Hoje, os seus produtos estão disponíveis no Wal-Mart, no Kmart e no Sears. A sua revista líder, *Living*, mantém-se forte, assim como o seu império de revistas.

É provável que nunca tenha de reconstruir a sua carreira depois de uma pena de prisão, mas, se Martha Stewart não só sobreviveu à experiência mas ainda regressou mais forte do que nunca, você também consegue – mesmo que, de vez em quando, se estatele no chão.

A não ser que desista. A forma de evitar que isso aconteça é comprometer-se diariamente com os colegas – ir acumulando êxitos com o grupo de apoio até que aos poucos os medos se dissipem.

Talvez tenha de fingir no início – agir de forma mais confiante, apenas para combater os medos.

Fingir não tem nada a ver com ser falso. Não estou a dizer-lhe para ser uma daquelas pessoas que nunca mostram as suas vulnerabilidades. Na verdade, o conceito do fingimento é uma estratégia com uma história bastante respeitável. Os programas dos doze passos conta com esta máxima: «Fingir até conseguir.» Por outras palavras, tente mudar o seu comportamento, com a ajuda dos outros, mesmo que não esteja pronto para *mudar aquilo em que acredita*.

Por exemplo, há alcoólicos que conseguem deixar de beber por vergonha ou medo. Acabam por perceber que se sentem muito melhor, mais felizes e produtivos; a sua mudança de comportamento leva-os a mudar aquilo em que acreditam – neste caso, passam a acreditar na sobriedade. Com apoio constante, conseguem ultrapassar a sua doença e o seu vício.

«Fingir até conseguir» é uma versão do que, por vezes, se chama «profecia auto-realizável» – a nossa tendência para cumprir expectativas, sejam boas ou más. Não é muito surpreendente que os criminosos reincidentes sejam pessoas que cresceram em famílias disfuncionais e a quem sempre foi dito que eram maus miúdos. Sabe que mais? Acabam por viver de acordo com essa expectativa. Quanto mais se metem em sarilhos, mais «ser mau» se torna a realidade deles, o que desencadeia comportamentos cada vez piores. É um exemplo de uma expectativa negativa. Da mesma forma, alguém que nunca fale porque lhe disseram (e está convencido) que é tímido torna-se mesmo tímido.

Também podemos criar profecias auto-realizáveis *positivas*. Uma pessoa tímida pode fingir ser sociável, experimentar a sensação e, assim, ao longo do tempo, tornar-se mais amistosa e mais sociável. *Fingir até conseguir!* Jessie, uma amiga minha, está a deixar de fumar. A sua melhor táctica? Finge que não tem qualquer desejo de fumar. Quando quer um cigarro, diz para consigo: «Fumar é nojento. Os cigarros cheiram mal. Sou uma pessoa saudável e limpa, não uma fumadora!» Nada lhe foi mais útil para resistir à vontade.

Pode aplicar a estratégia «fingir até conseguir» a qualquer aspecto da sua vida. Custa-lhe ir ao ginásio? Experimente o seguinte: vista o fato de treino. É um começo! A seguir, porque não faz uns alongamentos em casa? Ou porque não vai dar uma volta com os *headphones* ligados? Tente correr devagarinho, cruze uns quarteirões. Afinal, a que distância fica o ginásio? Uso constantemente esta espécie de abordagem passo-a-passo na minha empresa e na consultoria que faço aos executivos da Fortune 500 – fingir até conseguir, um pequeno passo de cada vez.

«FINGIR ATÉ CONSEGUIR» NO APOIO MÚTUO

Como é que «fingir até conseguir» se aplica ao apoio mútuo? Primeiro, pode escolher os conselheiros para que o ajudem a fingir os seus novos comportamentos – dê os passos necessários, mesmo que ainda não esteja convencido de que serão eficazes. Uma vez, os elementos do Billionaires' Club foram às compras, em Beverly Hills, à procura de apetrechos que apenas proprietários de casas milionárias podem pagar. Foram a casas abertas ao público e visitaram as entradas em mármore, as varandas ajardinadas, os armários do tamanho de apartamentos, as escadarias imponentes e as piscinas a perder de vista. Claro que era só um exercício. O objectivo era experimentarem as recompensas que a riqueza genuína podia oferecer. Estavam a fingir. Mas que ideia genial! O objectivo era habituarem-se à sensação de ser milionário. Não foi apenas uma tarde divertida; ao fazerem-no juntos, adquiriram uma noção de solidariedade e de objectivo na missão que partilhavam. Depois disso, o grupo passou algum tempo a analisar a excursão e como tinha aumentado os seus compromissos para com os seus negócios e carreiras.

Eis um formato simples para praticar em grupo a máxima «fingir até conseguir»:

1. Comprometa-se a dar passos pequenos. Escolha um comportamento que pode deixar de ter imediatamente.
2. Aja. Veja o que sente com a mudança de comportamento ou com os êxitos iniciais da concretização dos seus objectivos. Saboreie os progressos! Não pode esperar que haja uma mudança radical da noite para o dia. Ninguém espera eliminar assim o comportamento que o está a impedir de avançar ou atingir os seus objectivos nesse mesmo dia. A minha irmã mais velha só conseguiu emagrecer quando começou a sentir-se bem com ela através da Weight Watchers e de Jan, a sua companheira de dieta; foram os pequenos passos lentos que a levaram a ser quem é hoje.
3. Discuta como é que o seu grupo de apoio reagiu ao «sabor» do êxito. Lembre-se de que é possível manter uma mudança comportamental bastante tempo sem alterar as suas crenças.
4. Repita.
5. Assim que esse comportamento se tornar um hábito, comprometa-se a dar outro passo.

Assim que experimentar algum sucesso, graças ao apoio mútuo, passará a *acreditar* no seu poder e eficácia. Porém, na verdade, os verdadeiros crentes podem sofrer percalços. É por isso que é tão importante incluir a sustentabilidade na prática de apoio.

Eis algumas directrizes a que recorro para que as mudanças sejam sustentáveis nas minhas reuniões e conversas com os membros da minha equipa:

1. Marque reuniões regulares com a sua equipa de apoio ou com membros individuais da sua equipa. Devem tornar-se um hábito – um bom hábito. Como dizem nos AA: «Não deixe de vir. Funciona, se se esforçar.»
2. Em todas as reuniões não se esqueça de verificar as mudanças que todos levaram a cabo. O que correu bem e o que correu mal? Descreva o seu progresso ou falta dele.
3. Encorajem-se em relação a tudo o que correu bem.
4. Se se aplicar, questionem-se sobre os motivos de algo não ter corrido de acordo com os planos. Como podia correr melhor? O que deve ser mudado ou melhorado? Pense nisto como uma miniversão de um debate.
5. Volte a comprometer-se com os seus conselheiros – e volte a comprometer-se a agir.
6. Esteja atento a assuntos de longo prazo que podem enfraquecer o entusiasmo. Não espere muitos meses para discutir com a sua equipa os assuntos num plano geral. São precisos novos conselheiros? Precisa de reavaliar os seus objectivos ou acrescentar objectivos novos? Como se está a sair nas mudanças comportamentais que quer levar a cabo?
7. Habitue-se a obter apoio mútuo diário dos conselheiros fundamentais da sua equipa em períodos de *stress*. Verificações diárias como esta não têm de ser complicadas. No livro *Nunca Almoce Sozinho* falei sobre o conceito de estar constantemente em contacto com as pessoas através de *e-mails* ou notas ocasionais. Este contacto frequente também se aplica aos conselheiros de confiança: «Jane, lembras-te de te ter falado do medo que tenho de falar com novos investidores? Lê este artigo sobre este tipo que angariou fundos para o seu negócio de bicicletas eléctricas. Há muito dinheiro nas pilhas recarregáveis e Silicon Valley adorou a ideia. Tenho uma ideia ecológica parecida para um arranque. Há por aí muito dinheiro! Só preciso de ajuda para identificar as empresas capitalistas certas para abordar.»

Através de um compromisso diário, o apoio mútuo torna-se algo tão simples como acender a luz; em certo sentido, é um processo que se sustenta. Não existe uma meta, nem uma passadeira para ir buscar as malas no final; o processo activo de aprendizagem e de crescimento é em si o objectivo.

No ano em que acabei a faculdade, gastei as minhas poupanças numa mochila e num bilhete de avião para Inglaterra. Trabalhei como porteiro em discotecas de Londres para ganhar o suficiente para comprar um bilhete de Eurail e poder visitar o continente. O meu plano era dormir nos comboios para poupar o dinheiro dos hotéis e passar os dias a visitar as grandes capitais. Claro que isso implicava que só podia passar um dia em cada cidade, porque tinha de regressar ao comboio para passar a noite. Nesse Verão, vi as cidades e os edifícios mais famosos do mundo e percorri quilómetros nalguns dos museus mais reputados e em pitorescas ruas empedradas.

Quando penso naquela viagem, todos os locais e sons incríveis são apenas um eco, comparados com as pessoas que conheci naqueles beliches de segunda classe. Aprendi mais sobre a Europa com os meus companheiros de viagens do que com os milhares de quadros e de igrejas.

Para mim, o apoio mútuo é como aquela viagem de Verão inesquecível. Claro que todos nós temos objectivos e marcos durante o percurso mas, pela minha experiência, são relativamente poucos e muito dispersos; passamos quase todo o tempo a tentar chegar lá. Então, porque não tentarmos fazer o melhor que conseguirmos? Se nos concentrarmos nas tarefas diárias e nas interacções de rotina com os colegas, conselheiros e amigos, não nos desviaremos dos nossos grandes objectivos.

QUANDO AS COISAS CORREM MAL

Mais cedo ou mais tarde irá deparar-se com dificuldades ao lidar com os conselhos e com as opiniões de um ou mais conselheiros. Sempre que duas ou mais pessoas se juntam, é provável que haja conflitos ou desentendimentos. Não entre em pânico; quase sempre há solução. Seguem-se algumas dicas para resolver a situação.

Quem *são* essas pessoas?

Ao longo do tempo, as prioridades das pessoas alteram-se. Os conselheiros com quem ultrapassou tempos difíceis podem não ser já as pessoas adequadas para o acompanharem na próxima etapa da sua carreira. Isso não significa que não se mantenham amigos e parceiros próximos. Mas pode precisar de um ou dois novos conselheiros para o ajudarem a atravessar a próxima etapa da sua carreira.

Se passar de um cargo de gestão para um cargo executivo mais importante, irá precisar de conselhos de pessoas que já estiveram ou que se encontram nessa posição. Se tentar criar o seu próprio negócio de forma empreendedora, talvez precise de pessoas com características empreendedoras.

Ao mesmo tempo, é importante ter consciência de que nem todos os conselheiros servem para as mesmas funções. À medida que progride na obtenção dos seus objectivos e compromissos, pode concluir, tal como aconteceu comigo, que alguns dos seus conselheiros têm mais aptidão para o manter no rumo certo do que outros.

Loren Siebert, o empreendedor de *software* de São Francisco, tem dois conselheiros, Greg e Thede, que o ajudam de formas muito diferentes: «Confio a Greg os ajustes a longo prazo, quando pretendo alcançar objectivos que demoram muito tempo. Por exemplo, estou a candidatar-me a contratos e a apoios do Estado; isso é algo em que eu não tenho tanta experiência, por isso, posso falar com ele acerca das estratégias gerais nessa área. E, depois, com Thede, posso pensar em captar a atenção de alguma empresa capitalista – ver o que ele sabe sobre a empresa e as formas de despertar o seu interesse. Sendo assim, com ele discuto mais os ajustes do dia-a-dia, ao pormenor.»

Adaptar a equipa de apoio às suas necessidades faz parte da redefinição e do alinhamento dos objectivos. Da mesma forma que quer que os seus objectivos se encaixem, idealmente procura ter conselheiros que lhe dêem opiniões baseadas nas suas experiências. Porém, todos os seus conselheiros têm de compreender profundamente este aspecto. «Não saber o que uma pessoa quer realmente e desconhecer a sua verdadeira missão dificultam a tarefa de a orientar», indica Loren. «Os conselhos seriam inevitavelmente demasiado vulgares ou gerais.»

Não se preocupe se, ao longo do tempo, alguns dos seus conselheiros já não lhe parecerem adequados para as necessidades que tem naquele momento. Pode aos poucos aliviá-los do papel que têm vindo a desempenhar, recorrendo a eles com menor frequência e virando-se para aqueles que lhe podem dar um *feedback* adequado às suas necessidades actuais. Num grupo mais formal, talvez tenha de ser mais explícito acerca das suas necessidades momentâneas. É evidente que tem de dizer aos seus conselheiros como ficou grato pelo papel que desempenharam. E prometa permanecer em contacto. Relembre-lhes o que ganhou com a amizade que partilham e como anseia que essa amizade continue.

Quando um parceiro desiste

O apoio mútuo requer energia, coragem e confiança. Se alguém conclui que já não tem a energia nem o tempo que tal parceria implica, não leve isso a peito. As necessidades do outro podem ter-se alterado. Ou talvez não tenha decidido optar por uma vivência de acordo com os Quatro Hábitos Mentais. Deborah Puette St. Amant, uma actriz de Los Angeles, já participou em vários grupos de apoio profissionais. Segundo ela, «Para algumas pessoas, estes grupos parecem boa ideia, mas, quando chegam àquilo que importa, percebem que não têm estofo. Não se querem comprometer. Acho que é o medo que as afasta. Os membros dos grupos pedem-nos para tentarmos fazer coisas difíceis e estimulantes – desde enfrentar pessoas que nos podem intimidar até encontrar novos mentores. Exige que ultrapassemos barreiras. Há pessoas que acham isso muito ameaçador e nem todos estão dispostos a tentar.»

Quando se deparar com a necessidade de encontrar novos membros, lembre-se da generosidade: as pessoas querem mesmo ajudar.

Está demasiado envolvido para ser eficaz

Já presenciei este aspecto mais vezes do que gostaria de admitir. Todos os elementos do grupo se tornam muito amigos e divertem-se muito juntos, mas deixam de se desafiar uns aos outros. Ninguém está disposto a arriscar-se e a dizer a verdade sobre os objectivos que não estão a alcançar ou sobre os comportamentos que os impedem de progredir. Há uma maneira fácil de ver quando isto acontece. Vê que todos anuem e concordam sempre que surge um assunto difícil? Se assim for, o grupo perdeu provavelmente noção do seu objectivo.

O apoio mútuo não resulta se as pessoas deixarem de contribuir com críticas construtivas. Lembre-se de que lhe compete criar um espaço seguro, onde os outros possam censurar com franqueza, tendo em conta o que é melhor para si. Está a ser demasiadamente defensivo? Pode estar a enviar sinais subtis e a dizer aos seus parceiros para se retraírem na sua honestidade e sinceridade. Preste atenção e veja se os comentários dos elementos do grupo de apoio o fazem sentir zangado, triste e traído. É natural ter dificuldade em aceitar as críticas, mas, com o tempo, torna-se mais fácil. Pratique a capacidade de ouvir os outros. O objectivo é alcançar os dois níveis mais elevados de audição a audição responsável e a receptiva. Escute sempre os outros cuidadosamente, agradeça sempre aos parceiros e deixe bem claro em todas as reuniões que está à espera da completa verdade e que pretende retribuir também com a verdade. De acordo com a minha experiência, ninguém se torna subserviente voluntariamente; isso acontece porque alguém avisou essa pessoa de que o alvo da subserviência quer que lhe digam sempre que sim. Tenha a certeza de que não há pessoas subservientes na sua equipa e não as terá. Não há dúvida de que o apoio mútuo deve ser recompensador, mas não é uma *happy hour*.

Espera demasiado, muito cedo

Se espera que o apoio mútuo seja um processo perfeito ou um que o torne perfeito irá ficar desiluido e desistir. Não tenha mais olhos que barriga. Acredite em mim, sei como isso pode ser cansativo. Não se esqueça de que ninguém é perfeito, todos precisamos de ajuda e todos temos o direito de cometer erros. Se você ou outro membro da sua equipa de apoio começar a fraquejar por motivos pouco claros, isso deve-se talvez ao medo da imperfeição. Esteja à espera que algo corra mal de vez em quando.

Ken Sacher, líder de um programa de apoio mútuo profissional de San Diego, chamado Marketplace Forum, salienta que o apoio mútuo é um trabalho em permanente progressão: «Um ponto frustrante para muitos daqueles que têm objectivos arrojados é o facto de este processo não ter uma finalidade. Para eles, é uma surpresa. Mas eu trabalho no sector imobiliário. Sei que passamos vinte anos a tratar da conservação de um telhado e que, passado esse tempo, tem de ser substituído. Não há medidas definitivas. O mesmo se passa com as pessoas.» Uma forma de trazer energias renovadas para o seu grupo de apoio é adicionar novos elementos. Acredite em mim, basta um elemento novo e empenhado para impulsionar a equipa inteira.

Outra forma de sair da rotina é mudar o local, a forma e a frequência com que se encontram. Se costumam reunir-se uma vez por mês num café para tomar o pequeno-almoço, marque um jantar ou uma viagem num fim-de-semana. Combine um evento social e convide os cônjuges e as famílias. Se estiver disposto a isso, envolva-os numa discussão sobre o grupo e os seus objectivos. É uma forma fácil de alargar a sua perspectiva entre pessoas em quem já confia.

RESOLVER OS PROBLEMAS DOS QUATRO HÁBITOS MENTAIS

Problema: Perda de responsabilidade – quando as pessoas não cumprem os seus compromissos.

Solução: Reavalie os seus objectivos ou comportamentos e remodele--os para que se tornem realizáveis. Por vezes, terá de aperfeiçoar o processo de responsabilização – por exemplo, pense em reunir-se com mais frequência ou acrescentar contactos telefónicos ou via *e-mail*.

Problema: Perda de sinceridade entre os conselheiros de confiança. Tem medo de dizer alguma coisa sobre o seu parceiro ou os outros sentem-se melindrados à sua volta.

Solução: Deve reforçar a necessidade de aperfeiçoamento constante, e nunca se esqueça de que este processo é uma viagem. Por vezes, talvez precise de um estranho ou de um profissional para agitar um pouco a situação.

Problema: Perda de vulnerabilidade. Segundo a minha experiência, isto acontece quando as pessoas se cansam de parecer imperfeitas.

Solução: Reforce a intimidade e a abertura para partilhar histórias sobre adversidades. Organize eventos sociais para o grupo que suscitem intimidade.

Problema: Perda de generosidade. Sucede quando as pessoas estão demasiado ocupadas para ajudar ou para sentir que precisam de avançar.

Solução: Não se esqueça: não há problema se as pessoas saírem. A generosidade é o pilar absoluto do seu êxito; se alguém precisa de avançar, deixe. E agradeça-lhe pelo contributo e *feedback* que lhe deu nos últimos meses ou anos.

COLABORE, NÃO CEDA

Sempre que interage com outra pessoa, é natural que haja falhas de comunicação, mal-entendidos ou conflitos. Todos temos necessidades e incentivos diferentes. Assumir que as abordagens e as preferências de cada um se iriam alinhar perfeitamente à partida seria uma ingenuidade.

Talvez seja útil um mote que aprendi há anos, nos dias em que tinha reuniões com a direcção: «colabore, não ceda». «Ceder» implica que um ou os dois elementos da contenda têm de desistir de alguma coisa para chegar a um entendimento ou acordo. Por outro lado, a colaboração sugere que, ao trabalharem em conjunto, os parceiros conseguirão desenvolver uma solução que não exija ao outro sacrificar ou desistir dos seus propósitos. Ambos os parceiros ajudaram e, por isso, a solução pertence a ambos.

Certa vez, numa das minhas palestras, dividi a plateia em dois grupos: os «colaboradores» e os «condescendentes». Em cada grupo, os membros trabalharam dois a dois com o objectivo de fazer uma negociação. Cada pessoa recebeu um papel com informações sobre o cenário fictício que pormenorizava a negociação e os recursos disponíveis. Os cenários eram idênticos para os dois grupos.

Dei trinta minutos aos dois grupos para negociarem em salas separadas e depois voltei a chamá-los para o auditório da palestra. Os resultados foram fascinantes. Para começar, o grupo instruído para colaborar terminou em metade do tempo do grupo que devia fazer cedências. Para além disso, quando perguntei que grupo estava mais satisfeito com os resultados obtidos, o grupo dos colaboradores venceu com uma grande margem.

É provável que haja alturas no processo de responsabilização de um para um em que os parceiros têm de negociar ou concordar com o significado do que ambas as partes querem concretizar. Em vez de abordar a discussão pela perspectiva da cedência, acho melhor abordar qualquer assunto com uma atitude de colaboração.

EQUIPA DE SONHO: FORD, EDISON E FIRESTONE

Um dos grupos de apoio mais incríveis da história empresarial é a amizade entre Henry Ford, Thomas Edison e Harvey Firestone. Estes três capitães da indústria não tinham concorrência, mas, em vez de se rodearem de bajuladores e de pessoas que lhes diziam sempre que sim, procuraram outras empresas para se aconselharem, para obterem encorajamento e *feedback* sincero.

Os três partlhavam muitos interesses. Eram todos autodidactas, vinham de pequenas cidades do Midwest e tinham percursos humildes. Todos tinham em comum a paixão pela tecnologia aliada a um conhecimento inato do negócio. E, sobretudo, os seus interesses comerciais sobrepunham se frequentemente. Ford concebeu a linha de montagem que transformou a produção. As suas fábricas necessitavam de grandes quantidades de energia fornecida por Edison, que é o grande responsável pela criação das instalações de pesquisa industrial moderna que tornou possíveis tantos avanços no ramo automóvel. Firestone aperfeiçoou o pneu de borracha necessário para que os modelos T se fizessem à estrada.

Mas a relação ultrapassava estas alianças estratégicas. Os três homens e as suas famílias passavam Invernos juntos na Florida (Ford e Edison eram vizinhos). Passavam ali horas a fio a avaliar os êxitos e os fracassos uns dos outros. Chegaram a criar um laboratório de pesquisa conjunto em Fort Myers (um projecto que visava a criação de um substituto para a borracha).

As suas aventuras mais conhecidas eram as viagens que faziam todos os Verões entre 1914 e 1924. Apelidavam-se «os vagabundos», partiam pelos EUA numa caravana de carros, a transbordar de tendas e de outros apetrechos, muitas vezes na companhia de naturalistas, como John Burroughs ou Luther Burbank e até com o presidente da altura. Juntavam-se à viagem grupos de jornalistas e de fotógrafos que tinham sido convidados. Os arquivos mostram homens a virar panquecas, a rachar lenha e, claro, a brincar com automóveis.

No cerne da relação, estava o encorajamento tripartido. Mais tarde, Ford relembra que, em 1896, quando concebia o seu carro a gasolina, Edison foi o primeiro a reconhecer o seu valor. «É isso mesmo!», disse Edison, batendo com o punho na mesa. «Conseguiste! O carro é independente e transporta a sua própria fonte de energia.»

Ford escreveu, mais tarde: «Aquele murro na mesa valeu por mil palavras. Até àquela altura, nenhum homem me tinha encorajado. Naquele momento, o maior génio inventor do mundo dera-me subitamente a sua aprovação inquestionável.»

É fascinante considerar que estes três homens, cujas invenções acompanharam o mundo moderno da mobilidade e da ligação tecnológica, eram igualmente inventivos nas suas relações humanas.

QUARTA SECÇÃO

Transforme a sua vida

As tácticas, estratégias e estruturas – das organizações formais aos grupos faça-você-mesmo – que o ajudam a manter-se no rumo

A ESTRUTURA FAZ TODA A DIFERENÇA

Como miúdo inexperiente dos bairros pobres de Latrobe, achava que ser escolhido para uma das sociedades secretas de Yale era uma fantasia. Como não sou um tipo paciente e que espera para ver o que acontece, organizei nos primeiros anos um grupo de amigos e fundei uma sociedade chamada Old Campus Society. Um dos objectivos estabelecidos pelo grupo era a «fraternidade» – que em grande parte se traduzia em camaradagem e diversão. Chegámos a converter o grupo num filial da Fraternidade Sigma Chi.

As regras eram inventadas e quebradas por nós, e o grupo fazia-me sentir seguro. A experiência permitiu-me adquirir alguma confiança a fazer um novo grupo de amigos. Mas, como não tínhamos uma estrutura instituída, rituais vigentes ou um protocolo de tradições e de regras para nos guiarem, desenvolvemos laços pouco profundos. Tive de esperar para que isso acontecesse.

No meu último ano em Yale, acabei por ser escolhido para uma das sociedades mais importantes da faculdade, também conhecidas por «sociedades secretas», entre as quais a Skull and Bones é a mais famosa. Os mistérios que envolvem estes grupos foram alvo de muita atenção durante a campanha presidencial de 2004, quando tanto George Bush como John Kerry recusaram explicar a sua associação à Skull and Bones – o que é absolutamente disparatado porque, quanto mais secretismo se cria em relação a uma sociedade secreta, mais perguntas as pessoas querem fazer.

O objectivo destes grupos não era encorajar um mau comportamento clandestino nem levar a cabo rituais estranhos; na verdade, não é mais do que uma versão um pouco mais formalizada de apoio mútuo, como a Old Campus Society. O nosso grupo encontrava-se formalmente duas vezes por semana para se apoiar durante a transição agitada, entusiasmante e assustadora da faculdade para o mundo do trabalho.

O ponto alto ocorria quando todos partilhavam a história das suas vidas, de onde vinham, que desafios tinham ultrapassado, para onde iam e porquê. As nossas regras exigiam uma estrita confidencialidade – nada do que era dito saía daquela sala! –, o que encorajava a verdadeira sinceridade. A intimidade do nosso grupo convertia aquele espaço num dos únicos do *campus* onde podíamos ser nós mesmos, onde não temíamos ser julgados nem que algo que disséssemos fosse divulgado no *campus*, no dia seguinte. No ambiente profundamente tenso e competitivo de Yale, aquelas reuniões secretas eram o único local seguro.

Para mim, estes encontros transformaram verdadeiramente a minha vida. Foi a primeira vez que falei abertamente sobre os medos e as inseguranças que advinham da minha educação no seio da classe baixa – especialmente num grupo em que os membros viam os seus apelidos figurar nas paredes dos edifícios de Yale. Mas os riscos que corri foram recompensados de muitas maneiras. Descobri rapidamente que, apesar das raízes familiares ou das aparências exteriores, todos lutávamos com situações semelhantes, tentando aproveitar ao máximo a oportunidade de formação académica que nos tinha sido oferecida. Assim que o partilhei, o meu passado deixou de me envergonhar. Parecia-me agora um distintivo de coragem.

Sem a estrutura formal, sem as regras e os mecanismos restritivos da sociedade sénior de Yale, tenho a certeza de que teria levado anos a obter estas bênçãos. Só pensando em retrospectiva, depois dos processos recentes e do trabalho e pesquisa subsequentes da FG sobre os grupos de apoio, é que me apercebi exactamente porque é que aquele período da minha vida tinha sido tão influente no meu crescimento e autodescoberta. Tinha obtido relações vitais! E havia rituais e códigos que controlavam o comportamento e que garantiam que essas relações eram fortes e benéficas.

Claro que não tínhamos dados, nem pesquisa, nem as classificações e regras claras que temos hoje na FG, mas até os fundadores destes grupos, que remontam há centenas de anos, entendiam o incrível poder do apoio mútuo. Criaram e melhoraram, ao longo de décadas, toda uma infra-estrutura para cultivar e passar esse poder às gerações seguintes.

Actualmente, a formalização desse poder em grupos não é limitada às elites das faculdades – ou a alcoólicos ou a homens e mulheres que tentam desesperadamente perder peso, para referir mais dois grupos que dependem de apoio formal. É para todos aqueles que pretendem ultrapassar os seus desafios e alcançar a grandiosidade.

EQUIPA DE SONHO: A UNIVERSIDADE DE PHOENIX

A Universidade de Phoenix, uma universidade privada com muito sucesso, fundada por John Sperling em 1976, com a missão de disponibilizar a adultos trabalhadores o acesso à educação, incluiu equipas como parte fulcral do seu modelo de aprendizagem, desde que a faculdade foi fundada. Os projectos de equipa constituem um terço de cada nota da turma. Segundo Terri Bishop, a vice-presidente executiva dos Assuntos Externos, «a maioria dos nossos alunos chega a casa cansada depois de um dia de trabalho e ainda tem de fazer os trabalhos das disciplinas. O que motiva esses alunos a ir às aulas ou a ligar-se *online*? Muitas vezes é o seguinte: saber que os membros das suas equipas confiam neles e esperam o apoio mútuo e a colaboração de todos.»

Embora, actualmente, Terri seja a responsável pelos assuntos externos da faculdade, a sua primeira função na faculdade foi fundar o programa de aprendizagem *online*, já nos anos 80. O trabalho em equipa é também fundamental para a administração, e muitos empregados da Universidade de Phoenix contam com extensas carreiras na instituição, onde já desempenharam vários cargos. Aqui não existem compartimentos!

Ainda que tenha ficado agradavelmente surpreendido com a vasta abrangência do apoio mútuo que a universidade estabelece, tanto nos currículos como nos colaboradores, é perfeitamente compreensível

> que uma universidade centrada na obtenção de resultados esteja na vanguarda, no que diz respeito ao recurso ao apoio mútuo no contexto educacional. Na verdade, uma universidade privada com fins lucrativos tem dois objectivos – o primeiro é a responsabilidade académica; o segundo, a responsabilidade financeira. Então, como qualquer outro negócio, a Universidade de Phoenix tem de satisfazer os seus clientes, alunos que de cinco em cinco semanas investem os seus dólares e pretendem que a sua formação académica fomente os seus avanços na carreira. As empresas querem contratar empregados com as capacidades de construção de equipa que a Universidade de Phoenix incute nos alunos, em todos os cursos – a capacidade de seguir, de liderar e de trabalhar em conjunto para alcançar resultados.

É claro que pode adoptar informalmente os princípios deste livro, tal como eu fiz em determinados momentos da minha vida, aplicando os hábitos de compromisso sem regras rígidas, como quem fica a ver o que vai acontecer. Mas é muito provável que, dentro de algumas semanas ou meses, se comece a perder o ímpeto e se tenham menos proveitos. Para que o apoio mútuo – e as mudanças que implica – resulte realmente, temos de aproveitar os hábitos mentais e os vários passos e dar-lhes alguma estrutura, para garantir que nos mantemos no rumo certo.

Sei por experiência própria os perigos de fazer tudo isto sem uma responsabilização formalizada. Pensemos na minha experiência antiga com a missa de domingo. Eu ocupava o meu lugar numa congregação nova e sentia-me muito comovido, ligado aos estranhos que me rodeavam e, quando a missa terminava, prometia a mim próprio nunca faltar uma semana que fosse. Mas, sem um grupo disposto a responsabilizar-me por essa promessa, eu nem sempre a cumpria. Acontecia-me o mesmo depois de retiros de meditação. Quando terminavam, sentia-me com os pés na terra, abençoado, em paz e convencido de que iria meditar todos os dias até ao fim da vida. Passados uns dias, a única coisa em que meditava era acerca do *e-mail* a que tinha de responder no meu BlackBerry.

Há uma explicação simples para a explosão drástica de redes formais de apoio nas últimas duas década: elas funcionam! De acordo com um estudo de 2004, levado a cabo pela Dun & Bradstreet para dar apoio executivo ao grupo Vistage, as empresas cuja gestão se juntou à Vistage quase triplicaram a taxa de crescimento de receitas num período de dois anos. «Na Vistage, ajudamos os membros a perceberem o que devem fazer e depois responsabilizamo-los para que o façam», diz Rafael Pastor, presidente e director executivo da Vistage.

Na Ferrazzi Greenlight, também assistimos a resultados incríveis entre os nossos clientes. Numa das empresas de electrónica e engenharia mais importantes a nível global, diminuímos em 30% a rotatividade entre os mil líderes de alto desempenho no nosso programa de formação. Essa formação centrou-se na criação de grupos de apoio entre pessoas de vários grupos – a que agora chamamos Grupos Greenlight.

Testemunhámos os benefícios quase imediatos destes grupos de apoio de carácter formal. Em seguida, apresento uma lista dos cinco mais importantes:

1. *Impulso*. Assim que se inicia um grupo formal, este tende a manter-se em movimento, o que promove a sustentabilidade. Uma estrutura de reunião formal promove longevidade e estabilidade a nível empresarial. Este compromisso e motivação de um grupo inteiro podem impedir que o grupo se desgaste demasiado cedo.
2. *Estrutura*. Ao criar uma estrutura em torno do grupo, os compromissos tornam-se mais concretos, o que aumenta as suas probabilidades de verdadeiro crescimento e êxito. Em vez de pensar no apoio mútuo como um evento singular, é mais provável que invista o tempo para que a longo prazo compense o esforço.
3. *Pressão dos pares*. Refiro-me à boa pressão. Mais pessoas que se encontram regularmente e que têm mais regras dão azo a uma maior responsabilidade. Já disse anteriormente que comprometermo-nos com mais pessoas aumenta a probabilidade de êxito porque não queremos desiludir todas essas pessoas. O apoio formal pode ajudá-lo a desenvolver verdadeiramente essa equipa de responsabilização.
4. *Selecção individual*. Todos temos a capacidade inata de ser bem--sucedidos num grupo de apoio – a diferença é que algumas

pessoas já estão comprometidas com a auto-reflexão e com o aperfeiçoamento (caso contrário, porque teriam aderido ao grupo?). A virtude dos grupos de apoio formais é que estas pessoas não estão apenas dispostas a ouvir as outras, mas são também suficientemente generosas para desencadear o processo de apoio mútuo para os recém-chegados. Por outro lado, todos conhecemos pessoas que nunca optariam por se juntar a estes grupos – bem, pelo menos, por enquanto!
5. *Diversidade*. Todos os grupos incluem naturalmente pessoas com experiências diferentes e formas diversas de analisar as questões. A diversidade permite uma maior abrangência de capacidades, competências e perspectivas, que resultam em mais aprendizagem e crescimento.

Nas páginas seguintes desta secção, exporei vários tipos de apoio formal – uma amostra dos tipos de grupos estabelecidos que estão disponíveis –, grupos comunitários, que pode fundar com a ajuda deste livro, grupos de apoio contínuo *online* no *site* KeithFerrazzi.com, e um guia para adoptar o modelo de apoio mútuo no seu local de trabalho, quer através da criação de novos grupos, quer da aplicação do modelo Greenlight para estimular as equipas existentes.

HÁ UMA ESCOLA PARA TODOS OS GOSTOS

Há inúmeras organizações de apoio de grupo, cada uma delas com os seus requisitos de filiação e quotas, que podem aliviá-lo do fardo de fundar o seu próprio grupo. A vantagem é que começar é fácil: será apresentado a pessoas incríveis que já foram avaliadas pela sua experiência e a moderadores experientes que facilitarão a experiência e garantirão que tudo decorre sem percalços. Em contrapartida, o seu grupo pode não ser tão íntimo ou pessoal e, na maioria dos casos, terá de pagar.

Mas, quer pretenda avivar o seu grupo popular ou juntar-se a um grupo que já existe, saber como alguns deles funcionam dá-lhe uma grande inspiração para a viagem de apoio mútuo que o espera.

Young President's Organization

Um dos grupos de apoio formal mais respeitados é a Young President's Organization (ypo.org), uma organização sem fins lucrativos com cerca de vinte mil membros divididos em sucursais, pelo mundo inteiro. Geralmente, a filiação na YPO é limitada a líderes de empresas de dimensões consideráveis com menos de quarenta e cinco anos. (A organização irmã da YPO, World Presidents' Organization, tem programas para YPO licenciados.) O requisito mais importante é estar muito empenhado em ajudar – e aprender – com os outros líderes. Entre os *alumni* da YPO encontra-se o fundador da Intuit, Scott Cook, que afirma que tanto ele como a família fizeram amigos para a vida em todo o mundo através da YPO; também o inovador investidor Charles Schwab atribui aos tecnólogos do seu grupo YPO, em Silicon Valley, o crédito de lhe terem dado a inspiração para as transacções de acções baseadas no computador.

Os fóruns da YPO, com oito a doze membros, encontram-se mensalmente para oferecer apoio em tudo, desde negócios a educação política. Os encontros sociais nos grupos maiores (trinta e cinco a cem membros) permitem às esposas e aos familiares conhecerem-se, o que fortalece as ligações e a confiança. Os fóruns da organização não eram tão pessoais ou íntimos quando foram criados, nos anos 70, como Pat McNees indica no livro *YPO: The First 50 Years*. Mas, ao longo do tempo, «os membros começaram a perceber que precisavam de algum conhecimento pessoal alheio para entender como é que tomavam as decisões.»

Os fóruns de hoje são extremamente pessoais. «Quando algo nos acontece, a primeira pessoa a quem telefonamos é a um membro do nosso grupo», diz Tish Nettleship, também da YPO. «Também ligamos ao moderador do nosso fórum e ele liga ao restante grupo. Já atravessámos várias crises e este processo resultou muito bem. Conseguimos um grande apoio emocional para todos. Existe uma verdadeira ligação.»

Mas o grupo não se resume a apoio emocional. Em pelo menos um fórum, a mulher de um membro falecido pediu ao fórum do marido para gerir a empresa dele durante um ano. Porquê? «Porque a conheciam melhor do que ninguém», explica McNees.

«O que importa nos fóruns da YPO é a confiança», diz Jim Ellis, antigo membro da YPO e agora membro da WPO, que passou as primeiras décadas da sua carreira a aumentar o seu êxito empresarial e que agora é gestor de iniciativas de empreendimento. «É acreditar que os membros do fórum nos vão conduzir na direcção certa.»

A confiança de Jim foi posta à prova seis meses antes de ele fazer cinquenta anos, quando os membros do seu fórum lhe pediram que pensasse nos próximos vinte e cinco anos da sua carreira, como se tivesse uma folha em branco onde pudesse escrever tudo aquilo que quisesse. Depois de uma certa relutância inicial – «sabia que não tinha uma folha em branco, mas as propinas e a hipoteca e uma família» –, ele passou um mês a reflectir nesta pergunta e encontrou uma resposta: «queria partilhar o que tinha aprendido em 27 anos de carreira empresarial, quer fosse a ensinar, a conversar, a escrever ou através de consultoria».

Claro que Jim ainda não acreditava que era possível fazer alguma dessas actividades – até que algumas semanas mais tarde, recebeu uma chamada de alguém a informá-lo de que a Universidade da Califórnia do Sul estava à procura de um professor de *marketing* a tempo inteiro. «Se não tivesse recebido a motivação do fórum e dos meus pares, teria dito que não estava interessado e não teria pensado mais no caso», recorda Jim. Em vez disso, aceitou e tornou-se um dos treze candidatos ao lugar – o único que não tinha um doutoramento. Depois de várias entrevistas, Jim ficou com o lugar.

«De repente, tudo mudou. No dia 6 de Janeiro de 1997, dei a minha primeira aula. No dia 9 de Janeiro, festejei o meu quinquagésimo aniversário. Nos seis meses que se seguiram, tinha vendido as minhas três empresas e tinha aceitado alguns trabalhos de consultoria e de orador. Tinha uma carreira completamente nova e é nela que tenho investido nos últimos onze anos, graças ao incentivo dos meus camaradas.»

Actualmente, Jim é reitor da Marshall School of Business, na Universidade da Califórnia do Sul. Perguntei-lhe se a rotina no meio académico era melhor do que no mundo empresarial. «Nem pensar! É muito pior!», respondeu. «Mas não há problema, porque é muito fácil apaixonar-me pelo meu trabalho actual e concretizar algo para os mais jovens. Fazer a diferença.»

Construir capacidades executivas na Vistage

Uma organização semelhante à YPO mas com uma base de filiação mais diversa é a Vistage (vistage.com), uma palavra que deriva das palavras «vista» e «advantage» (vantagem). Esta organização com fins lucrativos, fundada em 1957, e antes conhecida como TEC (Comité Executivo), tem cerca de quinze mil membros em quinze países, inscritos em vários programas para directores executivos, executivos seniores, proprietários de pequenas empresas e trabalhadores independentes como advogados e contabilistas. Em 2008, mais de dezoito mil novos directores executivos aderiram à Vistage nos Estados Unidos, um número recorde para a empresa.

As reuniões mensais da Vistage centram-se num chefe, que é um formador pago e cuidadosamente seleccionado – muitas vezes um ex-director executivo ou um executivo de topo – que gere os grupos. «O chefe é treinado para fazer perguntas perspicazes e para encorajar os membros do grupo a fazer o mesmo», diz Rafael Pastor, o director executivo da empresa. «Se inquirirmos bastante, conseguimos muitas vezes perceber qual é, de facto, o problema do membro. É como ir ao médico e dizer: «Tenho um problema no ouvido» e, de repente, já estão a introduzir-nos algo pelo nariz acima. «Mas dói-me o ouvido.» Não nos apercebemos, mas os dois estão ligados e é provável que o problema esteja no nariz. Passa-se o mesmo aqui. Um membro pode dizer: «Parece que a minha equipa de vendas não está a dar conta do recado.» Então, perguntamos: «Bem, o que tem o seu departamento de *marketing* a dizer sobre o produto?» No início, o membro diz: «Não, estou a falar de vendas.» Mas desafiam-no: «A sério, o que anda a fazer o seu departamento de *marketing*?» E o membro descobre que o departamento de *marketing* só transmite clichés que não ajudam o departamento de vendas.

Tal como todos os grupos de apoio mútuo, as reuniões do Vistage são sinceras e duras. «Estamos juntos com confiança, preocupação e crescimento; o outro valor central é o desafio», diz Rafael. «Dizemos aos novos membros que, se pretendiam participar apenas para verem pessoas a anuir, escusavam de ter gasto tempo e dinheiro. Portanto, há uma auto-selecção. As pessoas que se juntam a estes grupos não são tímidas e sabem porque estão prontas a expor e a colocar os assuntos mais importantes em cima da mesa e a ser criticadas quanto à abordagem escolhida para vários assuntos.»

DIMINUIR A SOLIDÃO DA VIAGEM EMPREENDEDORA

Há uns anos, fiz uma apresentação em Nova Iorque para um grupo de apoio diferente, a Entrepreneur's Organization (EOnetwork.org), que foi fundada por antigos membros da YPO, que sentiram que os negócios se deparavam com desafios únicos que mereciam a dedicação de fóruns. Os membros participavam num reunião mensal na qual oito a dez empreendedores apresentavam assuntos que eram verificados e testados pelo grupo. Cada grupo tinha um moderador que era treinado, mas não remunerado, e o formato era semelhante ao dos fóruns da YPO. A OE tem cerca de sete mil membros em mais de cem filiais pelo mundo inteiro.

Matthew J. Weiss tem uma firma de advogados, a 888 Red Light, que dirime questões de multas de trânsito no Estado de Nova Iorque. É também o presidente da sucursal nova-iorquina da OE. «O paradigma do fórum da OE é muitas vezes descrito como um espaço que fornece aos membros o seu próprio quadro de direcção», diz ele. «Mas também já o ouvi ser descrito como terapia para empresários.» Eu considero que a melhor forma de o descrever é como uma ferramenta que fornece um enquadramento organizado que aborda assuntos com os quais talvez esteja a lidar e que responde a questões pertinentes sobre eles e pelo qual pode ficar a conhecer experiências semelhantes. Ao longo deste processo, passo a ter mais meios de saber como devo lidar com a minha situação.»

Matthew envolveu-se na OE através de um amigo: «Fui a uma sessão de recrutamento e percebi como podia ajudar-me. Estou a gerir o meu negócio sozinho; não tenho ninguém no topo da pirâmide para me ajudar. Mas agora tenho uma rede de pessoas nas mesmas condições que eu com quem posso partilhar ideias e que me ajudam a evitar os erros. Preencheu-me um enorme vazio.»

E, como é frequente, o apoio mútuo beneficia ambas as partes. «Ajudar outro ser humano dá-nos certamente satisfação», diz Matthew. «Queremos facilitar a aprendizagem e o crescimento mútuos. Para isso, escolhemos pessoas que não parecem estar ali apenas para recolher cartões-de-visita.»

Os fóruns da OE, tal como outras comunidades de apoio mútuo, acabam inevitavelmente por aconselhar os membros em relação a assuntos pessoais e também em assuntos mútuos, funcionando como uma «terapia para empresários». «Concluímos que os assuntos pessoais afectam os negócios mais do que os assuntos empresariais afectam a vida pessoal», afirma Matt Stewart, presidente eleito da OE e proprietário de três empresas, incluindo uma que dá formação em empreendedorismo a alunos universitários, organizando cursos de Verão em que os alunos são responsáveis por gerir uma empresa de tintas. «No meu caso, estou convencido de que já estaria divorciado, não fosse uma apresentação do fórum no Verão de 2001, e de novo no ano passado, quando todos me alertaram para uma situação.»

Em 2001, Matt e a esposa lidavam com uma depressão pós-parto, embora o diagnóstico do problema tenha tardado. «Entretanto, senti-me frustrado. A depressão dela revelava-se no comportamento irascível e mal-humorado que tinha para comigo, e eu não estava a lidar bem com a situação. Então, apresentei o assunto no meu fórum e, como sempre, comecei por apresentar o caso como se tivesse tudo sob controlo, sempre à defesa.»

Matt expôs a situação de forma clara – em termos concretos, a sua esposa tinha um problema e tinha de fazer x, y e z para lidar com ele. As primeiras pessoas que o aconselharam limitaram-se a concordar com ele. «Acontece frequentemente, mas, a dada altura, alguém desencadeia invariavelmente uma discussão e toda a conversa muda. A terceira pessoa que comentou era uma mulher e, graças a Deus, disse: 'Só está preocupado consigo. Mas este problema não é sobre si, é sobre a sua mulher – e *ela*?' Chegou a haver insultos, mas, depois, pensei: *Nunca tinha pensado nisso dessa forma!*»

E a segunda vez que a EO salvou o casamento do Matt?

«Tenho várias empresas prósperas, mas também tenho uma empresa de hipotecas onde investi muito dinheiro, em vez de acabar com os prejuízos quando as coisas correram mal. Por isso, tivemos muitos problemas a nível financeiro e não me apercebi de que a minha mulher, que faz as nossas contas em casa, estava a arcar com tudo. Eu passeava pelo mundo em primeira classe e comia *filet mignon*, trabalho, enquanto ela estava em casa com os miúdos a comer massa com queijo e cachorros quentes e a tentar descobrir como é que ia pagar as contas do mês seguinte. Claro que foram os meus colegas de fórum que me alertaram para o facto de lhe andar a dizer que parasse de olhar para as contas e que não me aborrecesse com a situação.

«Não consigo descrever a importância de ter um grupo onde posso abrir-me e ser completamente sincero. Já imaginaram ter dez pessoas que nos conhecem tão bem como a nossa família e que nos querem ajudar tanto quanto ela? Ninguém questiona que vão ajudar-se mutuamente, aconteça o que acontecer, porque é sempre o que acontece.»

ESFORÇAR-SE PARA QUE AS COISAS SEJAM FEITAS

As reuniões mensais e os fóruns não são as únicas formas de funcionamento dos grupos de apoio. Consideremos um programa chamado Getting Stuff Done, que é uma óptima forma de ter uma certa vantagem. Foi desenvolvido por Michael Simmons, da Extreme Entrepreneurship (ExtremeE.org), para promover a responsabilização pessoal e dar prioridade a objectivos. Os membros ligam todas as manhãs para uma «conferência de poder», oito minutos antes da hora certa, e comprometem-se a concretizar algo durante essa hora.

Patricia Hudak, de Jersey City, participa diariamente no fórum Getting Stuff Done. É uma jovem empreendedora que fundou o RealWorld101.org, um *website* dedicado a ajudar recém-licenciados a prepararem-se para o mundo real – desde tratar dos impostos a preparar o jantar. Os objectivos diários de Patricia podem incluir visitar vinte colegas. «Quando trabalhamos sozinhos, é difícil permanecermos motivados», diz ela. «É como trabalhar com colaboradores – é uma espécie de escritório virtual.»

Para além da «hora do poder», Patricia trabalha com um parceiro de responsabilização, também empreendedor, chamado Arel Moodie, através do mesmo programa. Todas as manhãs discutem e definem três objectivos que cada um deve concretizar naquele dia. Mais tarde, discutem o que correu bem e revêem o que correu mal. Patricia diz: «Arel vai dizer: 'Certo, o que te impede de concretizar isso? O que podias ter feito melhor?» No final do dia, é possível verificar se demos mesmo o nosso melhor ou se nos limitámos a perder tempo a consultar a Internet.»

EQUIPA DE SONHO: CHARELES SCHWAB E O NEGÓCIO DAS RELAÇÕES

Quando Charles Schwab fundou a sua empresa de corretagem de desconto, em 1975, tinha uma palavra-chave: «barato». Schwab viveu em São Francisco – longe da elite, das suítes forradas a painéis de madeira das grandes casas de corretagem de Nova Iorque. O seu objectivo era tornar a compra de acções acessível ao comum mortal – e este génio ia facilitar o processo através da aplicação da mais inovadora tecnologia-de-ponta de negociação de acções.

Ao longo do tempo, Schwab percebeu que podia oferecer aos clientes um serviço eficaz e também incrível: converteu a empresa num «clube» com uma filiação aberta.

O resultado foi uma lealdade à marca sem precedentes. Actualmente, Schwab tem mais de sete milhões de contas de clientes que negoceiam acções e gere mais de mil milhões de dólares em bens. «Gradualmente, a empresa deixou de dedicar-se exclusivamente às transacções e passou a ser uma empresa de relações», declarou Schwab ao *San Francisco Chronicle*, em 2007. «É a grande tendência da empresa e todos os dias nos aperfeiçoamos. Portanto, embora possa ter dito há quinze anos 'quero ter a melhor corretagem de desconto', actualmente, quero ter a melhor empresa de relações na área dos serviços financeiros.»

Esse lema abrange as relações dos mais de 13 500 empregados da empresa. A negociação de acções é conhecida pelas redes de apoio internas chamadas «Grupos de Recursos dos Empregados». Entre eles, contam-se grupos de minorias, homossexuais, mulheres e militares veteranos, e cada grupo divide-se em vinte e quatro sucursais por todo o país. O objectivo é promover a diversidade, o *coaching*, a consultoria e a interacção com as comunidades locais. Por exemplo, em 2008, o Grupo Interactivo das Mulheres fez uma parceria com uma empresa de desenvolvimento de carreiras de São Francisco para patrocinar vários painéis mensais, com almoços, abertos às mulheres profissionais de Bay Area – é apenas um exemplo de como Schwab levou às comunidades a sua crença em relações.

Faça você mesmo

Fundar um grupo não é fácil e, no início, a ideia pode deixá-lo perturbado. «As pessoas têm muito medo de se expor e de fundar um destes grupos», diz Jon Bischke, um dos fundadores do Billionaires' Club. «*É* um projecto assustador. Receamos que as pessoas não queiram participar, que não apareçam, que não se abram o suficiente para ficarem vulneráveis. Receamos que as pessoas não digam a verdade ou, então, que digam *realmente* a verdade. Mas, para mim, assim que passei pelo processo de formar um grupo, tornou-se uma das experiências mais positivas da minha vida.»

Sei exactamente como Jon se sente. Começar o nosso próprio grupo de apoio formal é muito semelhante a começar uma empresa: precisamos de «clientes», de um produto viável e de uma forma de os ligarmos. Terá preocupações sobre a lealdade, a sustentabilidade e a gestão. Uma diferença principal (para aprofundar a analogia) é que o seu grupo de apoio formal vai ser público, logo desde o início – ou seja, irá pertencer a todos os membros, independentemente de quem o fundou. Só é o líder até ao momento em que acrescenta um segundo membro.

Os seus objectivos gerais colectivos irão provavelmente determinar a natureza do grupo. Se, tal como eu, pretende obter ajuda para os seus objectivos profissionais, é provável que pretenda pessoas com capacidades específicas e experiências para partilhar – aquelas que entendem e que se preocupam, como referi anteriormente. Na verdade, não há limite para o tema dos objectivos de cada grupo. Pode ser organizado de acordo com uma missão comum (por exemplo, assistentes administrativos que pretendem evoluir nas empresas em que trabalham) ou simplesmente um grupo constituído por profissionais que pensam da mesma forma e que pretendem evoluir nas suas carreiras (mulheres advogadas que partilham o objectivo de ser sócias dos escritórios onde trabalham). Pode existir numa empresa ou entre pessoas que trabalham em áreas completamente diferentes. Todos os membros do grupo podem ter a mesma ocupação ou podem ter posições diferentes, mas necessidades de carreira semelhantes, tais como eficácia de liderança melhorada, progressos mais rápidos ou outros objectivos estratégicos. Os grupos também podem estar organizados de acordo com os objectivos pessoais: encontrar um parceiro para a vida, integrar a parte espiritual na vida no dia-a-dia ou criar filhos responsáveis e emocionalmente saudáveis.

Já conheci pessoas bem-sucedidas nesses grupos, enquanto outras de que já falámos neste livro existem unicamente no contexto virtual, como o grupo internacional «um ano, um objectivo» (One Year One Goal) ou o grupo de apoio organizado em Inglaterra por Hanif Rehman, que usa o Skype para levar a cabo reuniões ao telefone de longa distância. Claro que actualmente até os grupos «em directo» mais tradicionais contam com *e-mails*, sms e com as redes sociais, como o Facebook e a GreenlightCommunity.com, para se manterem em contacto diariamente. A tecnologia facilitou bastante a organização e a manutenção do apoio mútuo – mas lembre-se de que todos esses mecanismos são apenas ferramentas; independentemente dos botões e de quem carrega neles, o apoio mútuo resume-se *sempre* às pessoas envolvidas.

Ao longo dos vários anos que passei a trabalhar neste livro, a minha equipa do Greenlight Research Group recebeu as melhores comunidades de apoio mútuo que existem e levou a cabo centenas de entrevistas com grupos formais e informais. O resultado é a extensa lista de recomendações e considerações aqui apresentadas para o ajudarem a lançar o seu próprio Grupo Greenlight – ou como quiser chamá-lo.

Embora tenha tentado dar-lhe pormenores suficientes para começar, pode aceder ao *site* KeithFerrazzi.com para ver o *kit* de iniciação que disponibiliza um processo mais pormenorizado, assim como directrizes para a primeira entrevista, sessões de resolução de problemas, exercícios vários, exercícios para criar intimidade e muito mais.

COMO DIRIGIR UMA REUNIÃO

Antes de chegarmos aos pontos específicos do modo como se reúnem e avaliam os membros e da forma de alinhar o grupo e de o preparar para a luta, apresento uma súmula breve para começar a visualizar o desenrolar das reuniões. O formato irá provavelmente evoluir de acordo com os desejos dos membros, mas esta agenda para reuniões em curso está comprovada. Este formato assume que se trata de uma reunião de duas horas com seis participantes.

1. **Reafirmar os votos do grupo (5 minutos)**

Tal como um *mantra* colectivo antes da aula de ioga ou uma frase-chave inspirada que dá o mote a uma conferência, trata-se da confirmação rápida dos objectivos e valores mais elevados que o seu grupo decidiu valorizar – e de relembrar que as reuniões são sempre confidenciais e que se está num lugar seguro para partilhar.

2. *Check-in* **profissional/pessoal**
   (3 minutos por pessoa; 20 minutos no total)

Cada membro partilha êxitos e desafios pessoais e profissionais que aconteceram desde a última reunião. Num encontro recente do Billionaires' Club, Elizabeth Amini mencionou que tinha contratado um neuropsiquiatra como consultor para os jogos anti-envelhecimento que estava a conceber e que, nas semanas seguintes, planeava contratar um funcionário da área financeira. Em seguida, informou o grupo de uma viagem que tinha acabado de fazer como voluntária para a Habitat for Humanity. Ficou a saber que as pessoas em muitos países com dificuldades têm muito mais necessidade de água potável do que de casas novas, portanto, planeia incluir iniciativas referentes a água potável entre as causas para as quais faz donativos de 20% dos lucros brutos da empresa. Aqui está uma novidade inspiradora!

Os membros partilham também lutas – por exemplo, uma mudança para um novo bairro que está a causar conflitos na família ou dificuldades em cumprir um compromisso relacionando com alguma alteração comportamental, por exemplo, controlar o mau-humor. Use uma escala de 0-5 para que os membros auto-avaliem o seu êxito na manutenção das mudanças comportamentais.

3. Ribalta (20 minutos)

Um membro escolhido na reunião anterior vem preparado, por escrito, para discutir um assunto importante. Pode ser um novo objectivo, um assunto comportamental, um problema de trabalho que englobe uma variedade de cursos de acção ou algo profundamente pessoal. Os restantes membros ouvem cuidadosamente e com empatia (Leia mais sobre a ribalta a seguir, nesta secção.)

4. Discussão (30 minutos)

Todos os membros têm oportunidade de dialogar com o membro que está na ribalta. Os interrogatórios devem ser socráticos e concebidos para suscitar percepções mais aprofundadas (Ver Sexto Passo: Aprenda a Lutar!, na página 186.) Não se preocupe se não tiver toda a informação de que precisa para fazer um comentário; isso não é possível durante uma reunião de duas horas, nem é necessário. O objectivo não é «resolver» um problema ou uma questão mas pensar nisso de um forma nova e diferente.

5. «Posso sugerir» (15 minutos)

Depois de alguém ter falado do seu assunto e de ter passado pela fase da discussão, cada membro apresenta a sua opinião acerca da situação. Comece por dizer: «Posso sugerir...» É importante que, neste momento, a linguagem se centre na sugestão: relembra a todos que o poder e a responsabilidade de analisar dados e de tomar decisões está *sempre* nas mãos do indivíduo. Ninguém está a dizer a ninguém o que fazer e, na verdade, partilhar experiências ou histórias é sempre melhor do que dar conselhos. (Ao longo do tempo, um parceiro pode assumir um papel mais forte de conselheiro.)

Estes comentários podem incluir a oferta de uma referência a um potencial mentor ou a alguém capaz de fornecer conselhos técnicos ou serviços, acesso a recursos, informações que os membros pensam que o indivíduo deve considerar, uma história ilustrativa ou qualquer outra ideia que os membros pensem que possa ser útil para o outro. Se um dos membros não tiver quaisquer ideias luminosas nem experiências para partilhar, só tem de dizer qualquer coisa como: «Não tenho a certeza de que tenha algo útil a acrescentar, mas estou aqui para apoiá-lo; sei que vai conseguir ser bem-sucedido.»

6. Assuntos do grupo (10 minutos)

É uma discussão permanente sobre a dinâmica, os desafios, a filiação e a logística do grupo. Também se destina a confirmar a altura e o local da próxima reunião e escolher o moderador e quem vai estar na ribalta. Se o grupo atribuir tarefas, como ler um livro, agora é a altura.

7. Revisão e estabelecimento de compromissos (3 minutos cada; 20 minutos no total)

Todos os membros relembram o grupo dos seus compromissos da semana ou do mês anterior – seja qual for a frequência com que se encontram. Este processo pode incluir uma revisão do trabalho recente feito com cada parceiro de responsabilização de cada membro. Os compromissos são anotados e distribuídos pelo grupo.

FORMAR UM GRUPO GREENLIGHT

Agora que já sabe como é uma reunião do Grupo reenlight, pense em formar a sua equipa. Os membros do seu Grupo Greenlight devem possuir as mesmas qualidades que quaisquer parceiros de apoio mútuo. Devem entender os Quatro Hábitos Mentais – sinceridade, vulnerabilidade, responsabilidade e generosidade – e estar dispostos e pô-los em prática no grupo. Mas, uma vez que agora está a construir uma equipa e não uma relação de apoio de um para um, há que procurar e cultivar qualidades adicionais.

A primeira é a *diplomacia* – as capacidades interpessoais que se resumem à capacidade de cooperar e de manter a discussão focada e produtiva, para que as reuniões não redundem em conversa fiada. A diplomacia consiste em saber a diferença entre *colaboração* e *cedência*! Como referi anteriormente, a cedência não é um padrão ideal para uma equipa de trabalho, porque as pessoas se acomodam e aceitam reduzir as expectativas para que possam simplesmente «prosseguir com o que têm em mãos». Por outro lado, colaborar significa que todos trabalham em conjunto para um objectivo comum – que, no caso de um Grupo Greenlight bem-sucedido, pode simplesmente ser: *Aqui ninguém falha*. Os colaboradores também sabem perguntar «O que quer?» – uma pergunta tão básica, que, muitas vezes, as pessoas se esquecem de formulá-la. Se fizer esta pergunta com sinceridade – e quiser ouvir uma resposta sincera –, irá certamente encontrar objectivos em comum.

A segunda qualidade que favorece uma dinâmica de grupo eficaz é uma atitude positiva e proactiva. Partindo do princípio de que o seu grupo se irá deparar com conflitos e dificuldades pelo caminho (e vai), uma atitude positiva é, sem dúvida, mais importante do que outras capacidades. No que diz respeito ao apoio mútuo, *toda a gente* tem alguma coisa para oferecer. Garanto-lhe que o indivíduo responsável pela lavandaria do seu bairro tem alguma coisa a dizer sobre o seu negócio e sobre a sua carreira, algo em que você não pensou – especialmente, se tiver uma atitude positiva. O que importa é que não vá a correr contratar o dono da lavandaria; mas não faça julgamentos predeterminados quanto ao local onde vai encontrar bom apoio.

Lembre-se de que um dos meus conselheiros mais próximos é o meu médico, Rob Dirksen; não conhece certamente o meu negócio, mas conhece-me e é indispensável na qualidade de um dos vários conselheiros que me responsabilizam pelos meus objectivos. Consoante os objectivos do seu grupo, talvez seja necessário que todos os membros do grupo trabalhem na mesma área, ou pelo menos que entendam os assuntos do negócio que todos enfrentam. Mas não se preocupe, se ainda não conseguiu encontrar o conselheiro perfeito. Não é má ideia rodear-se de pessoas com diplomacia e atitude positiva que estão ao nível da sua ambição e compromisso. E tem de se começar por algum lado!

As pessoas optimistas são muito fáceis de reconhecer. A sua generosidade salta imediatamente à vista. Adoram ajudar os outros porque não acreditam que as coisas são finitas. Podem ser altruístas porque vêem abundância financeira em toda a parte. Não receiam desperdícios de tempo nem que alguém lhes roube ideias. Não têm medo de ser vulneráveis, de oferecer a sua sinceridade ou de o responsabilizar, porque encaram todas estas coisas como generosas e boas. No fundo, as pessoas positivas estão ligadas naturalmente aos Quatro Hábitos Mentais do apoio mútuo.

Num grupo formal, tem de escolher pessoas que admira e que respeita, mas que sejam também mais ou menos seus pares. Embora possa ter conselheiros individuais ou mentores que lhe são superiores, essa dinâmica não resulta tão bem num grupo que requer muito compromisso, não apenas seu mas também dos restantes. Todos os membros do grupo têm de sentir que esse compromisso não é apenas valioso mas também essencial para o seu êxito.

Quando escolher os membros do seu grupo, concentre-se em encontrar:

- Pares que respeita e admira e que não o querem desiludir.
- Pessoas que irão verdadeiramente responsabilizá-lo e que respeitam os outros valores centrais.
- Pessoas muito motivadas que partilhem o seu nível de ambição e que possam exigir ainda mais de si!
- Pessoas orientadas para os objectivos – mesmo que ainda não tenham descrito claramente todos os seus objectivos.
- Pessoas com uma atitude positiva e dinâmica.
- Pessoas que ouçam de forma empática, que tendam a repetir o que acabou de dizer de uma forma que demonstre que entenderam.

- Pessoas com percursos diversos, para obter vários pontos de vista. Num grupo de uma empresa, procure membros em vários departamentos – *marketing* e vendas, área financeira e informática.

Quantos membros deve ter no seu grupo? Bem, menos de três não é realmente um grupo – não passa de apoio mútuo de um para um. E mais de sete ou oito tende a ser incómodo, especialmente se quiser seguir o modelo do Grupo Greenlight. Não se esqueça de que oito pessoas a falar durante quinze minutos cada uma equivale a uma reunião de duas horas – e sem conversas cruzadas nem notas introdutórias. A maioria dos grupos que conheço têm um limite de cinco ou seis pessoas, mas grupos pequenos de três pessoas podem resultar também, especialmente se todas forem chegadas.

Não se surpreenda se demorar tempo a formar um grupo. Recomendo que encontre uma ou duas pessoas e que comece por elas. Seja exigente, não se apresse a convidar pessoas para o seu grupo.

RECRUTAMENTO

O recrutamento é um desporto de equipa. Assim que acrescenta um membro, o grupo passa também a pertencer-lhe. Quando juntar mais pessoas, a pertença continua a subdividir-se equitativamente. Não tem o direito a qualquer excepção ou lugar privilegiado por ser o fundador. Sei o que é esse mal – já passei por isso – portanto, resista a qualquer sentimento de grandiosidade de pertença ou de propriedade e de direito.

O grupo pretende crescer e contribuir para o crescimento dos outros, *e toda a gente* tem oportunidades iguais de liderar de uma forma poderosa. Também tem de reconhecer que a rotatividade no seu grupo é inevitável – celebre as graduações, não as tema. Porém, vai precisar de um sistema para atrair novos recrutas à medida que progride. Assim que tiver o seu grupo central, pode começar a oferecer filiações a novatos numa base de experimentação. Passados três meses, os membros existentes podem votar a aceitação do novo membro com carácter permanente. (A votação deve ser unânime e transparente, uma vez que a filiação não deve ser atribuída a ninguém que deixe alguém desconfortável.)

Todos os membros devem estar de acordo na aceitação de novos elementos no grupo, mas há uma advertência: todos têm de ter a mente aberta, quando estiverem a considerar quem é «adequado» para o grupo. Deve exercer o seu direito de vetar alguém, nas seguintes situações:

- Quando os valores e os objectivos da outra pessoa não estiverem de acordo com os propósitos do grupo
- Se a outra pessoa não se mostrar comprometida ou não tiver tempo para se envolver
- Se a outra pessoa tiver uma visão completamente diferente do êxito

Não descarte uma pessoa porque:

- É irritante
- Tem péssimo gosto
- É diferente
- É alguém de quem simplesmente não gosta

Críticas vagas ou antipatias instintivas devem-se geralmente a antecedentes pessoais ou pressuposições. Aprender a lidar com pessoas de quem talvez não goste imediatamente – assumindo que os seus valores ou compromissos estão de acordo com os do grupo – pode ser um óptimo exercício. Na verdade, pode conduzir a um ponto de vista revolucionário que, de outra forma, estaria a ignorar completamente. «Suspenda o seu preconceito» deve ser a premissa prioritária na sua mente, antes de escolher os seus recrutas. E vá com calma: antes de votar em alguém, convide essa pessoa para dois jantares demorados. Se concluir que ela está mesmo empenhada em melhorar, a sua percepção das falhas dessa pessoa pode mudar drasticamente.

Por outro lado, pessoas que se queixam e pessimistas que não mostram sinais de melhorar ao longo do tempo podem ser vetados. Um período de experimentação é uma boa ideia, desde que o explique ao membro antecipadamente. A maioria das pessoas sentir-se-á honrada por pertencer a um grupo que encara a filiação de forma tão séria. Até um pequeno indício de compromisso ajuda a aumentar o nível de motivação da pessoa.

O QUE DEVE E NÃO DEVE FAZER NO RECRUTAMENTO

O que deve fazer:

- Mantenha um grupo com três a seis membros.
- Explique bem (não deixe nada por esclarecer) o compromisso que é necessário para aderir. As pessoas que evitam os conflitos têm tendência a não querer assustar os outros e podem diluir as necessidades do grupo para que as pessoas aceitem participar. Seja sincero, especialmente durante o processo de recrutamento.

O que não deve fazer:

- Apressar as coisas — fica melhor com menos um ou dois elementos até encontrar os elementos certos.
- Não incluir novos membros, a não ser que o grupo vote unanimemente.
- Permitir que alguém no grupo vete a participação de outra pessoa demasiado depressa, sem ter primeiro um ou dois jantares demorados para ver se tudo resulta.
- Temer a rotatividade. Os grupos são dinâmicos; a rotatividade é uma parte do processo.

DEPOIS DA PRIMEIRA VEZ, É FÁCIL

Vai precisar de um local de encontro, a menos que o grupo se reúna num formato virtual ou fale por telefone. Onde é que todos se sentirão mais descontraídos e motivados? As salas de estar são provavelmente o local mais apropriado (o meu grupo reúne-se numa); melhor ainda, pode alternar entre as casas das pessoas. O grupo de Bill George encontrou-se numa igreja do bairro durante anos, e não penso que algum dos membros fazia parte da congregação da igreja.

Para aqueles que ponderam a criação de Grupos Greenlight baseados no trabalho, tente organizar pelo menos a reunião inicial fora do escritório. Escolha um local privado que as pessoas sintam que é um retiro – mesmo que seja dentro do edifício. Se quiser formar um grupo dentro de uma organização, terá de comunicar a natureza e o propósito do grupo à organização global, para que os colegas não se sintam ameaçados por algo que lhes parece uma cabala ou um grupo à parte. Nestes casos, deve considerar levar a cabo uma reunião aberta de dois em dois meses, na qual pode discutir abertamente os benefícios que o grupo lhe trouxe.

Quando devem reunir? Há grupos que preferem reunir-se ao pequeno-almoço, o que confere à reunião uma sensação de eficácia e de esfera negocial. As reuniões à hora do almoço também não apresentam problemas, desde que os elementos tenham um horário flexível que lhes permita despender duas horas a meio do dia. Jantares longos podem demorar mais tempo e abranger mais assuntos, mas também lhe roubam tempo passado em família. O importante é que ninguém se sinta pressionado.

O que interessa é que pode decidir quando e onde se encontram, desde que os critérios necessários para a existência de um lugar seguro estejam reunidos e que ninguém se sinta pressionado.

A frequência das reuniões é outra consideração importante. Alguns grupos reúnem-se semanalmente; é o ideal, mas nem sempre é o mais prático. Experimente ter reuniões rápidas uma vez por semana – não têm de se reunir pessoalmente – e conjugar com uma reunião de apoio mais demorada na quarta semana. Ou pode optar por reunir-se de quinze em quinze dias.

Assim que tiver estabelecido a regularidade das reuniões, irá encontrar muitas outras formas de interagir de forma criativa com o grupo – não há limites para o formato do trabalho que vão desenvolver em conjunto. Pode organizar encontros destinados ao recrutamento de novos membros, pode convidar oradores para uma formação contínua, organizar eventos sociais para conhecer as esposas dos outros elementos e para se divertir. Em certas ocasiões, talvez deva ter uma reunião subordinada a um assunto – uma sessão inteira centrada num bem maior para o grupo. Se for especialmente ambicioso, pode organizar fins-de-semana ou meios-dias trimestrais ou semestrais para verificar os objectivos e os planos de vida mais abrangentes, em que as esposas podem participar.

RITUAIS INICIÁTICOS

A primeira reunião vai parecer-lhe muito diferente das restantes. O seu objectivo é alterar os hábitos mentais de *eu* para *nós*, através de um processo de entendimento que respeite as normas e as expectativas do grupo. Também é uma óptima altura para se conhecerem todos, quer como indivíduos quer como elementos do grupo. Para aceder a directrizes pormenorizadas sobre a primeira reunião, veja o *kit online* de iniciação em KeithFerrazzi.com. Por agora, vou referir as características principais que vão tornar o seu Grupo Greenlight especial e bem-sucedido, na primeira reunião e nas seguintes.

Fazer os votos é talvez a actividade mais importante na primeira reunião. Os votos contribuem para que todos se comprometam a unir as suas crenças e expectativas em redor da nova rede de responsabilização e apoio. São também um ritual de celebração. Sugiro que estabeleça as promessas, os princípios de conduta e as regras de motivação.

AS PROMESSAS

As promessas são a lista dos objectivos finais do seu Grupo Greenlight. Não abordam os objectivos tácticos que pretende alcançar individualmente ou em conjunto, mas as mudanças positivas que se compromete a fazer neste trabalho de grupo.

Sugiro que leia e reafirme as promessas em voz alta no início de cada reunião. Antes de rejeitar a ideia, porque a acha de mau gosto ou artificial, pense nela como uma forma de focar e de centrar o grupo. É um momento para fazer uma pausa e respeitar a transição das crises permanentes do dia-a-dia e das conversas intermináveis por BlackBerry e por telemóvel. Respire fundo e prepare-se para se concentrar no momento presente, em algo entusiasmante e imediato. As promessas celebram o seu compromisso partilhado em ser excepcional!

PROMESSAS DO GRUPO GREENLIGHT

Reescreva-as por palavras suas que façam o grupo sentir-se confortável.

Juntos vamos passar a:

- Ser alegres, ao descobrir e realizar o nosso verdadeiro potencial com a ajuda dos outros.
- Ser autênticos, focados e seguros em relação à nossa pessoa.
- Libertar-nos de comportamentos, atitudes e crenças que possam impedir o nosso crescimento.
- Estar mais receptivos ao desejo de níveis de realização cada vez mais exigentes, para além daqueles que outrora achámos possíveis.
- Ser optimistas na nossa abordagem e atitude, com um encorajamento verdadeiro e entusiasmo por tudo, numa partilha generosa.
- Perdoar e ter muita paciência para lidar com as limitações – as dos outros e as nossas.
- Ter mais disponibilidade para confiar nos nossos instintos, seguir com coragem a nossa voz interior, correr riscos e aprender com os erros.
- Estar mais ligados, não apenas a este grupo poderoso de pessoas que se preocupam, mas em todas as relações que têm importância na sua vida.
- Ser unidos e nunca deixar que os outros falhem!

OS PRINCÍPIOS

Da lista que se segue, escolha os princípios que considera mais apropriados e importantes para o êxito do seu grupo. Pode também inventar os seus próprios princípios ou reescrever estes da forma que melhor reflicta a personalidade do seu grupo. Reveja-os, acrescente e discuta-os frequentemente para conseguir um desenvolvimento de grupo permanente.

- Mimar é contraproducente e egoísta, não revela generosidade.
- Apoiar implica dar a mão a alguém que não está bem e explicar-lhe como pode sair daquela situação.
- Servir os outros recompensa tanto quem serve como quem é alvo da ajuda.

- As relações são dinâmicas; à medida que os membros concluem a sua participação, celebre o tempo em que aprendeu com eles.
- Os instintos são um aspecto importante do seu processo de tomada de decisões.
- A responsabilidade começa no indivíduo.
- A honestidade escrupulosa é obrigatória.
- «Todos somos mentirosos», o que significa que todos temos momentos em que somos tudo menos sinceros; o segredo é procurar uma rápida transformação.
- Responsabilizar os outros é um acto de generosidade.
- Os fracassos são celebrados como oportunidades para aprender e para crescer.
- A humildade é uma virtude.
- Todos somos viciados em alguma coisa; os vencedores admitem-no e pedem ajuda aos outros.
- Todos temos um potencial de aprendizagem ilimitado, independentemente do ponto de partida.
- Não há remédios imediatos – estamos neste projecto para uma vida de crescimento contínuo.
- Os nossos ouvidos estão sempre à escuta.
- O encorajamento e o apoio são componentes inseparáveis na responsabilização dos outros.
- Crie um local seguro para correr riscos.
- Exponha os motivos de queixa mal os tenha. Não permita que o ressentimento seja fomentado.
- O conflito – ou discussão – é uma parte do processo.

AS REGRAS DA MOTIVAÇÃO

Deve ter um conjunto de regras de motivação que delineie a conduta esperada durante as reuniões. Estas regras devem ser simples.

Eis algumas regras que ponho à sua consideração:

- Trate a informação como confidencial. Garantirá que os membros se sintam livres para partilhar.

- Seja pontual. Começar e terminar à hora certa demonstra que respeita os horários dos outros.
- Mostre empenho. Os elementos que faltam consecutivamente ou aqueles que não concordam com os valores centrais do grupo têm de o deixar.
- Esteja atento. Não deixe o telemóvel nem o BlackBerry ligado durante a reunião; todos devem ouvir e estar concentrados.
- Esqueça a conversa de circunstância. Não há problema se ocorrer depois da reunião, mas nunca no seu decurso. Desta forma, garante que as reuniões são produtivas.
- Não deve haver negócios entre os membros. Os membros do grupo não devem ter negócios entre eles, embora seja benéfico que troquem contactos e fontes.
- Ninguém deve beber álcool durante as reuniões habituais.

RESPONSABILIZAR TODOS OS MEMBROS DO GRUPO

Criar uma política de responsabilização implica algo mais do que apenas disciplina – também requer que se assegure um tratamento justo e respeitador, que se aplique a mesma medida a todos. Tal como Thomas Paine escreveu em *Common Sense,* «Assim como nos governos absolutos o Rei é a lei, também nos países livres a lei deve ser Rainha; e não deve haver mais nenhuma.»

Como é que os membros se vão responsabilizar pelos seus objectivos?

Durante a primeira reunião, discuta e escreva algumas regras. Para além da responsabilização pelos objectivos e acções individuais, refiro--me a outros assuntos, por exemplo, faltar a reuniões, não alcançar os objectivos de forma activa, ter um comportamento desrespeitador e não respeitar a total confidencialidade.

Estabeleça um protocolo de antemão para que todos conheçam as leis e as penalizações. As personalidades dos membros do seu grupo vão determinar a forma como lida com os compromissos falhados – e isso *vai* acontecer. Há que encontrar um equilíbrio entre ajudar as pessoas a ultrapassar as suas limitações, por um lado, e, por outro, ter um sistema suficientemente forte de forma a obrigar as pessoas a esforçarem--se para se manterem disciplinadas.

O seu grupo deve ter um monitor rotativo, alguém que se certifica de que o grupo respeita os horários e que resolve quaisquer necessidades administrativas. Esta pessoa deve também anotar e distribuir os objectivos e as acções que cada um se compromete a levar a cabo entre as reuniões. Para além de enviar a lista por *e-mail*, essa pessoa também deve trazer uma cópia impressa para a próxima reunião, para rever durante o *check--in* profissional/pessoal. O monitor pode também ter a função de Yoda do grupo em determinado dia – apontar cuidadosamente quando alguém está a divergir dos Quatro Hábitos Mentais e das outras directrizes estabelecidas. A permissão oficial para serem sinceros pode ajudar os membros hesitantes a ganhar a prática de falar.

O SISTEMA DE PARCEIROS

Lembra-se de como Jan foi essencial para a minha irmã Karen, quando ela finalmente foi bem-sucedida na Weight Watchers? É esse o exemplo a seguir com os parceiros no Grupo Greenlight.

Crie equipas de duas pessoas para abordar a responsabilização e para manter a motivação pessoal elevada, especialmente em grupos maiores ou naqueles que se reúnem apenas uma vez por mês. Os parceiros mantêm-se em contacto com mais frequência – por vezes diariamente ou pelo menos semanalmente – para alcançar um apoio mais próximo e uma maior disciplina em relação aos objectivos e aos comportamentos. Os parceiros têm maior disponibilidade para pensar em novas ideias em conjunto, reformular os objectivos e os planos para os alcançar e para dar simplesmente motivação. A relação com o seu parceiro de responsabilização deve ser a mais importante e produtiva da sua equipa de apoio. Quando organiza as equipas de parceiros, considere tanto os objectivos como a coesão da equipa; quer que o seu parceiro tenha a melhor percepção possível dos seus objectivos e comportamentos, mas pode também ser útil juntar elementos que não se conhecem tão bem para promover uma ligação mais próxima entre eles. (Se o número de elementos for ímpar, considere a hipótese de criar uma equipa de três elementos.) Recomendo vivamente que os membros mudem de seis em seis meses. Pode estabelecer o tempo, mas a variedade é o segredo para impedir que a letargia se instale. Em seguida, apresento tarefas específicas para o seu parceiro:

- *Vigilante de responsabilidade.* Faça perguntas insistentes para que o outro se mantenha no rumo certo. «Deste o teu melhor? O teu objectivo era demasiado ambicioso ou não era suficientemente ambicioso? Porque não o fizeste? O que te está a atrasar? Vamos ver quando podemos falar sobre esse assunto.»
- *Líder de Claque.* Se o seu parceiro estiver a perder o ânimo, lembre-lhe que estão ambos neste projecto a longo prazo. As soluções rápidas não passam disso mesmo – de um remendo.
- *Parceiro de discussão constante.* O seu parceiro dá-lhe uma oportunidade constante para ter sessões individuais na ribalta para discutirem ideias e para resolverem problemas.
- *Detector de tretas.* Ajude o seu parceiro a encarar problemas crónicos de comportamento. Está muito bem situado para observar questões, desafiar o *status quo* e responsabilizar a outra pessoa. Insista nas perguntas, não largue o seu parceiro da mão facilmente.
- *Apoio diário ou semanal.* Periodicamente – todas as manhãs, ou dia sim, dia não – os parceiros devem conversar sobre o que têm de fazer bem nesse dia ou semana para ser bem-sucedidos. Elaborem um plano juntos e cumpram-no. O apoio diário pode ser intenso mas é algo excelente quando um parceiro tem dificuldade em alcançar os seus objectivos.

SESSÕES DE RIBALTA

Durante as sessões de ribalta, o grupo centra a sua atenção num membro. É o maior desafio de todos e penso que é suficientemente importante para ocupar quase metade de cada reunião, assim como a discussão que se segue.

Porquê? Ajudar os outros é uma oportunidade extraordinária de crescer e aprender. Mesmo quando a reunião não é centrada em nós, é, na verdade, centrada em nós! Ao ajudar os outros membros, vai aprender muito sobre si próprio. Quando dou apoio a clientes, descubro muitas vezes que ouço as palavras que preciso de ouvir sobre mim. Talvez venha a concluir que a lição que partilha com os outros membros é exactamente aquela que *precisa* de ouvir.

As sessões de ribalta são também bons momentos para discutir os assuntos problemáticos – padrões crónicos de mau comportamento que podem ser incómodos de discutir. Talvez seja difícil fazer perguntas exaustivas, tais como saber se é falta de respeito pelas normas ou uma ideia de negócio intrinsecamente fracassada que está a impedir que a outra pessoa progrida. É mais fácil resolver os assuntos difíceis em grupo.

Quando é a pessoa que está na ribalta, prepare uma apresentação de antemão sobre qualquer desafio ou assunto que o preocupe no momento em que estiver a escrever. Sempre que for possível, distribua-a antecipadamente. Assim, vai garantir que o assunto é claro para si e ajuda a preparar as condições para que a discussão seja organizada e produtiva. Se distribuir a sua apresentação antecipadamente, não terá de gastar tempo precioso da reunião a contextualizar os assuntos.

Em cada encontro, defina quem estará na ribalta na próxima reunião, de acordo com as necessidades dos membros: quem viveu um acontecimento importante ou tem um problema que necessite de atenção? Quem precisa desesperadamente de uma revisão do seu plano de vida ou objectivos anuais? Esteja preparado para ouvir e para ajudar.

Por fim, seja flexível. Uma senhora que conheço falou-me do dia em que a mãe de um membro de um grupo de apoio faleceu, após uma doença prolongada. Nesse dia, a sessão desviou-se das preocupações profissionais para a necessidade que o membro tinha de falar naquele momento. A senhora falou e chorou, e o grupo levou comida para casa dela para o velório. Talvez perceba que há alturas em que o objectivo do grupo passa do nível profissional para o pessoal ou de um membro para outro, de acordo com a emergência. Deixe o grupo decidir onde tem de chegar.

CELEBRE OS CONFLITOS

Não tema os conflitos. Fazem parte do processo. Em quase todos os grupos, o conflito faz parte da coesão. Obriga os grupos a parar e a reflectir acerca da situação em que se encontram, a actualizar todos os elementos e a tentar melhorar o *status quo*. O investigador Dean Tjosvold defende no *Journal of Organizational Behavior* que o conflito bem gerido nos ajuda a «sondar os problemas, a criar soluções inovadoras, a aprender com as experiências e a estimular as relações».

Quando lidar com o conflito em grupo, relembre a todos os elementos que os Grupos Greenlight *celebram o conflito*. Não interprete o conflito como uma batalha mas como uma ferramenta para o crescimento. Aborde os problemas rapidamente e esforce-se para alcançar um consenso. Lembre-se de que nos Grupos Greenlight o objectivo é sempre a colaboração e não o compromisso. Tente retirar uma lição de todos os conflitos, reforçar a ideia de que eles na verdade são benéficos, e não um mal. O que importa é a forma como lida com eles.

Quando está a gerir um conflito entre duas pessoas, aborde o outro com paciência, humildade e respeito. (Isto também se aplica a conflitos no grupo.) Lembre-se de que deve a todos os membros do grupo o benefício da dúvida. Não se esqueça de que nenhum de nós está inocente. Perdoe ao seu parceiro mesmo antes de começar a rever os pormenores do conflito. Dê-lhe o espaço necessário para recuperar e para se desculpar. Tirar o ego da equação permite aos parceiros mostrarem o seu melhor em vez do seu pior.

No seu livro *Forum: The Secret Advantage of Successful Leaders*, Mo Fathelbab oferece algumas directrizes importantes para a resolução de conflitos entre pessoas, que passo a resumir:

1. *Sinceridade e transparência.* Dirija-se à pessoa com quem tem um conflito de forma directa e não através de terceiros.
2. *Confie nos seus instintos.* Discuta os problemas imediatamente para que não sejam alimentados e agravem.
3. *Escolha a relação que tem com os outros.* Se tiver um problema com um membro do grupo, o problema é seu – pelo menos, até informar a outra pessoa disso.
4. *Deite água na fervura (ou seja, desdramatize).* Evite ataques pessoais. Concentre-se nos comportamentos que o preocupam. Diga, por exemplo: «Incomoda-me sempre que me interrompe», não diga: «Não gosto de si». Isso mantém a conversa fundada em preocupação e não em hostilidade.
5. *«Posso sugerir...»* Evite ultimatos que criam um vencedor e um perdedor.

6. *Os factos são poderosos.* Não se limite a falar das suas opiniões. Certifique-se de que explica claramente os factos e a mudança que pretende.
7. *Faça uma avaliação da realidade.* Se existir um desacordo sobre o que aconteceu, peça a outro membro para fazer o papel de mediador.
8. *Não desista de analisar os factos em profundidade.* Se o problema for mais do que apenas uma questão de comunicação, tente ir mais além dos sintomas e chegar à raiz do problema. Será que os pequenos incómodos e irritações são sinais de que há algo mais profundo? Por exemplo, se alguém estiver a ser demasiado negativo e a ofender os outros, a questão central talvez seja o medo de que o grupo ainda não o tenha aceitado verdadeiramente.

UMA RECOMENDAÇÃO FINAL

Divirta-se! A chave mais importante para a sustentabilidade do seu grupo será, acima de tudo, o valor profissional que o grupo fornecer. Mas próximo desse valor está a diversão conjunta. É boa ideia incutir um pouco de humor nas reuniões. Não se preocupe se uma reunião ocasional se tornar mais uma sessão de palpites do que de trabalho. Deixe as pessoas aproximarem-se em relação a assuntos que ultrapassam questões sérias de crescimento de negócio e de mudança.

Agora, vamos a isso. Comece!

Transformar o local de trabalho

Quando falo de apoio de grupo, as pessoas perguntam-me sempre: «Como consigo trabalhar numa empresa em que haja essa prática?»

Qual é a minha resposta? «Porque não concretiza essa ideia na empresa onde está a trabalhar?»

«Não», respondem-me frequentemente. «Na minha empresa, isso *nunca* resultaria.»

Não acredito. Na verdade, o que essas pessoas dizem é que não estão prontas a aplicar estes princípios nas suas vidas. Pode optar por obter apoio mútuo dos seus colegas, quer seja num Grupo Greenlight comunitário, numa equipa funcional com a qual trabalhe diariamente ou num grupo especial reunido para um projecto grande. Pode começar um grupo com um membro novo ou antigo; é claro que os mais antigos têm preconceitos que devem desaparecer. Mas o que quero dizer é que a escolha é sempre nossa, se a relação progride. Até pode fazê-lo – e, na verdade, *devia* – quando houver uma história de hostilidade entre potenciais membros.

A questão é que nem sempre estive convencido de que era possível construir equipas coesas motivadas por relações vitais. Mas vi o que a pressão dos pares e o apoio fizeram à minha equipa e às inúmeras outras empresas onde pesquisámos ou com quem trabalhámos: somos mais bem-sucedidos e alegres. A Greenlight Research pesquisou todos os dados que diziam respeito a relações entre as equipas e os seus desempenhos e concluiu que os dados estatísticos corroboravam a nossa experiência.

Porém, perguntava-me se tudo iria parecer um sonho cor-de-rosa para os operadores mais exigentes – os executivos orientados para os resultados incansáveis na motivação para atingirem os números que deviam. Pessoas como o director executivo Jamie Dimon, da JPMorgan Chase, cuja capacidade de se concentrar no que é importante é lendária.

Tive oportunidade de descobrir exactamente como pensam pessoas assim, quando conheci Dimon na reunião da turma de 1982 da Harvard Business School. A turma decidiu fazer algo de especial porque, numa perspectiva conservadora, os antigos alunos estavam a chegar à meia-idade, a próxima viagem das suas vidas. Contrataram-me para os ajudar a considerar e a definir «os próximos vinte e cinco anos das suas vidas». E, durante grande parte da minha intervenção, devia entrevistar um grupo dos alunos mais notáveis, incluindo Jamie Dimon. E sim, senti-me intimidado – o Sr. das Relações entrevista o Sr. Aquilo que Importa. Seria uma conversa ou um empate?

Entrei no recinto onde todos estavam reunidos para a sessão, e vi Jamie sentado com um colega e com a sua esposa Judy. Tinha alguns minutos antes de ir para o palco; então, decidi deixar-me de rodeios e ver o que me esperava. Depois de procurar as palavras certas, descobri a abordagem certa – a autenticidade.

«Jamie, confesso que tenho estado um pouco desconfortável a antecipar se nos íamos entender, hoje. Não quer dizer que tenha de acontecer, mas tornaria o meu dia muito mais agradável. Portanto, eis a minha pergunta: Até que ponto é que acredita que o êxito da sua equipa se articula com as relações pessoais entre os seus membros? Acredita que as relações de negócios são relações pessoais e que, quanto mais fortes forem, mais bem-sucedidos todos serão?»

Jamie fez uma curta pausa (devia estar a questionar-se onde é que eu queria chegar).

Mas foi muito afável e respondeu rapidamente: «É evidente que tem de ser assim.» Não é preciso dizer que, depois disso, tudo correu lindamente e o dia foi maravilhoso para todos.

Mais tarde, li na *Fortune* que as reuniões mensais do comité operacional da JPMorgan Chase eram como «jantares de uma família italiana» – todos dizem aquilo que pensam! Jamie talvez pergunte: «Quem teve essa ideia idiota?» E alguém da sua equipa vai gritar: «Tu é que tiveste essa ideia idiota, Jamie!» Bill Daley, chefe de responsabilidade empresarial e Secretário do Comércio de Bill Clinton, disse que não se assemelhava a nada que já tivesse visto, tanto no mundo dos negócios, como no governo. «As pessoas desafiavam Jamie, argumentavam, diziam-lhe que estava errado.»

Fora do comum? Talvez. Bem-sucedido? Sem dúvida. Vejam quem resistiu à crise financeira de 2008. Ter uma equipa em que a sinceridade e a comunicação imperam ajudou a JP Morgan Chase a inverter uma situação complicada. Pouco tempo depois do colapso da banca, Jamie disse a outra plateia da Harvard Business School: «Estou chocado com o número de pessoas que estavam apenas a ver o comboio a descarrilar e que se preocupavam com o plano estratégico que tinham para 2009. Nós cancelámos tudo, todas as deslocações, todas as viagens. Temos de ter uma sensação de urgência e muitas pessoas não tiveram capacidade para agir.»

RELAÇÕES VITAIS NA EMPRESA: TRABALHAR COM UM INTUITO

Equipas de grande desempenho são um incentivo central para o êxito decisivo. Paralelamente, estudos indicam que as relações fortes incentivam equipas de grande desempenho. Num estudo publicado em 2007 na *Harvard Business Review*, os investigadores avaliaram estatisticamente as características de cinquenta e cinco equipas de quinze empresas do mundo inteiro e concluíram que as mais bem-sucedidas desenvolveram fortes laços sociais e iniciativas formais para fortalecerem as relações e que os seus líderes construíram relações fortes com as suas equipas. Pense também no efeito causado pelas relações fortes na motivação de empregados com atitudes positivas. O estudo Gallup que referi anteriormente consistiu numa análise de dados recolhidos em mais de trinta empresas; actualmente, inclui resultados de muitas mais, inseridos na iniciativa Gallup's Q[12]. Os resultados basearam-se na comparação de unidades de negócio com melhores e piores desempenhos de cinco organizações e foram os seguintes: (*)

- Unidades de negócio altamente motivadas foram 0,87% a 4% mais rentáveis do que as unidades com empregados com pouca motivação. Nos mercados competitivos, o aumento de um único ponto percentual na rentabilidade é um feito extremamente substancial.
- A maior motivação dos empregados aumenta as vendas. As unidades de negócio mais motivada tinham uma média de vendas mensais entre 80 000 dólares e 393 000 dólares.
- Unidades de negócio altamente motivadas tiveram taxas de rotatividade mais baixas – entre 14% e 51% – do que os parceiros situados no quarto mais baixo da escala. A poupança nos custos associada a esta baixa rotatividade acarreta provavelmente benefícios importantes para estas unidades de negócio.

Uma conclusão geral do estudo Gallup foi que os níveis de empenho dos funcionários têm uma relação significativa nas taxas de êxito global das unidades de negócio. Por exemplo, as unidades de negócio situadas no 99.º percentil têm uma taxa de sucesso interno de 73% e uma taxa de sucesso entre as outras empresas de 78%. Comparemos estes valores com unidades que se encontram no 1.º percentil e que têm uma taxa de sucesso interno de apenas 27% e de 22% no exterior. Empregados motivados, especialmente no que respeita as suas relações interpessoais de trabalho e oportunidades, têm um impacto significativo no êxito da equipa e, consequentemente, na organização para a qual trabalham.

(*) James K. Harter, Frank L. Schmidt e Corey L.M. Keyes, «Well-Being in the Workplace and Its Relationship to Business Outcomes: A Review of the Gallup Studies», in Corey L. M. Keyes e Jonathan Haidt (org.), *Flourishing: The Positive Person and the Good Life,* American Psychological Association, Novembro de 2002.

O MÉTODO GREENLIGHT

Na Ferrazzi Greenlight, criámos uma abordagem sistemática para formar equipas de apoio nas empresas. O processo é bastante semelhante ao da criação de Grupos Greenlight comunitários. Mas, ao invés dos grupos comunitários, neste caso é muito importante existir um líder excepcional ou um moderador com formação. Qual é o motivo? Os membros de uma equipa de uma empresa normalmente não se juntam ao grupo por iniciativa própria. E é muito frequente que os novos elementos entrem no grupo com vários preconceitos e ideias tendenciosas sobre os colegas, especialmente quando a equipa abrange vários departamentos.

Ultrapassar esses preconceitos e criar uma base sólida de intimidade e de generosidade facilita a sinceridade e a responsabilização e requer uma atenção e exercícios especiais de antemão. Ajudam as pessoas a ultrapassar afazeres que se sobrepõem e outras ideias e hábitos preconcebidos positivos ou negativos que possam ter uns sobre os outros.

A Thomson Reuters Markets é exemplar na análise do apoio mútuo na empresa. As barreiras ao apoio de grupo pareciam impossíveis de transpor. Tínhamos uma empresa constituída por duas antigas rivais que agora se fundiam numa única empresa.

O director executivo Devin Wenig queria ter a melhor equipa de sonho: um grupo que não iria permitir que ninguém falhasse em todos os aspectos da vida profissional. Um líder que acreditava que os negócios eram humanos encontrava-se perante alguns intervenientes cínicos que precisavam de provas de desempenho e de resultados concretos antes de se convencerem de que os processos de apoio mútuo resultavam.

Conheci Devin no meu escritório com vista para Times Square. Não perdemos tempo a falar da fórmula das equipas de alto desempenho. Na qualidade de indivíduo que tenta convencer nos contextos mais exigentes dos serviços financeiros, entendeu as ligações entre os resultados superficiais e essenciais. «O maior erro que se pode cometer numa fusão é ir apressadamente até ao cerne da tarefa – a planificação da integração e a aceleração do processo – e não reconhecer a importância fulcral das pessoas e da cultura», disse-me Devin. «A minha prioridade é construir uma equipa coesa, e quero começar a partir do topo pelo meu próprio comité executivo. Não vou defender um ambiente intriguista.»

Quanto mais falámos, mais eu percebi que Devin queria criar uma equipa semelhante à que eu tinha na Deloitte anos antes. «Quero criar uma equipa em que as pessoas sintam que podem tirar partido das qualidades de todos os membros», disse ele. «Quero que sejam íntimos uns dos outros e que saibam que a equipa está lá para se apoiar.»

A fusão concluída em 2008 fez todo o sentido: a Reuters era uma agência de serviços de informação que detinha a maior parte dos negócios na Europa e na Ásia; a Thomson era principalmente uma editora electrónica para empresas e profissionais, sedeada na América do Norte. Os seus mercados eram bastante complementares e as receitas conjuntas excediam os 12 mil milhões de dólares. «Do ponto de vista financeiro, não havia dúvidas», dizia David Turner, director financeiro da Thomson Reuters Markets. «A oportunidade era extraordinariamente interessante, se tudo corresse bem.»

Mas fundir as duas empresas representava reunir cinquenta mil funcionários altamente especializados em noventa e três países. «Era de facto um grande desafio», diz Turner. «Lá por termos uma grande oportunidade, não quer dizer que a saibamos aproveitar.»

E tínhamos de começar pelo topo. A fasquia era alta para Devin. Eu estava entusiasmado por ter a oportunidade de participar neste projecto. Sabia que o nosso modelo podia ajudá-lo e que tínhamos a mesma abordagem perante a situação.

Devin sabia que não se podia dar ao luxo de perder tempo. As relações da equipa de liderança – em toda a organização recentemente fundida – eram cruciais para a obtenção de resultados. Então, ele arranjou um *mantra* («uma empresa, um ano») para o trabalho que ele e a sua equipa se propuseram levar a cabo.

A nossa primeira reunião com a nova equipa de gestão sénior decorreu no Gramercy Park Hotel, um hotel da moda em Nova Iorque, *retro--chic* e com uma atmosfera de clube privado, que nos dava a sensação de estarmos a milhões de quilómetros de distância das torres do escritório. Quando entrei naquela sala, senti-me como no primeiro dia de aulas – excitado, um pouco inseguro, com a noção de que estávamos prestes a embarcar em algo novo e importante.

«Todos estavam apreensivos», relembra Chris Ahearn, responsável pelo departamento de comunicação social. «Era um grande grupo de pessoas, algumas da Reuters e algumas da Thomson. Por isso, umas conheciam-se bem e outras nem se conheciam. As pessoas tinham funções recentes e iriam passar por uma transição. Lembro-me de pensar: *Como irão ser os meus novos colegas? Que nível de abertura existirá entre nós?* Também pensei: *Como vamos gerir esta empresa?*

Apresento em seguida os passos dados para ajudar a empresa a construir a equipa que respondeu a essa pergunta. (São os mesmos passos que pode dar na sua empresa.)

Primeiro passo: apresente o caso

Quer tenha uma equipa recém-formada quer trabalhem em conjunto há anos, o primeiro passo é incutir convicção nas promessas potenciais do trabalho de equipa e de apoio mútuo. Com todos os dados existentes que apontam os benefícios, não deve ser muito difícil vender a ideia. Use os pormenores deste capítulo para apresentar o caso à sua equipa.

Na Thomson Reuters Markets, Devin foi previdente ao ponto de ter começado a ajudar a equipa a relacionar-se antes da aprovação da fusão. Na altura, a equipa estava legalmente impedida de discutir a maioria dos assuntos da empresa. Mas os membros podiam conhecer-se como pessoas. O investimento feito antecipadamente nas relações gerou muitos dividendos quando chegou a altura de tomar as decisões difíceis assim que a fusão foi aprovada.

Como procedemos? Pedimos a cada membro da equipa que pensasse numa relação profissional que fosse útil para o seu êxito – talvez até com pessoas que estivessem na sala. O que tornava essa relação tão forte? Que lições podiam aprender com elas para construir mais relações semelhantes no futuro? Queria que testassem as possibilidades de acordo com as suas experiências.

Segundo passo: eleve a fasquia

Assim que despertar a ideia de apoio mútuo na sua equipa, ajude-a a conceber uma visão de êxito. Pode fazê-lo através de um exercício com a ajuda do líder da equipa ou do moderador. Peça à equipa que preveja o futuro dali a um ano – o que hão-de querer dizer sobre as pessoas que estão naquela sala e sobre a equipa? Se é demasiado cedo para os elementos da equipa verem o potencial do grupo, comece por definir a equipa ideal e as atitudes comportamentais que devem ter. Que resultados alcançaria uma equipa com essas características? De que comportamentos precisa a equipa para ser bem-sucedida?

Os resultados diferem de equipa para equipa, embora a maioria dos grupos deva ter um impacto duradouro na organização ou, de forma mais geral, no mundo – um legado. Quanto aos comportamentos de que precisava para ser bem-sucedida, a equipa de Devin concebeu alguns que se enquadravam perfeitamente nos Quatro Hábitos Mentais, como acontece frequentemente:

Vulnerabilidade: Amizade, relação social, vulnerabilidade, diversão.

Sinceridade: Transparência, consciência, confiança.

Responsabilidade: Honestidade, propensão para agir.

Generosidade: Apoio mútuo, trabalho de equipa, colaboração, alegria, liderança enquanto modo de apoiar os outros, assumindo as melhores intenções.

No fundo, o objectivo era criar uma versão específica para a empresa das promessas e dos princípios apresentados como parte integrante dos votos dos Grupos Greenlight. Se resumir os comportamentos que a sua equipa identifica como necessários para o êxito, garanto que encontrará uma ligação aos Quatro Hábitos Mentais. Certifique-se de que o moderador distribui e guarda um exemplar das sugestões da equipa.

Segundo Lee Ann Daly, a directora de *marketing* da Thomson Reuters Markets: «Essa visão é agora um critério fundamental que nos remete para a identidade da nossa equipa e que nos relembra o compromisso que fizemos.» Pode ou não ter de ler os votos do grupo ou da empresa no início de todas as reuniões, mas escrevê-los e distribuí-los a todos os presentes na sala assegura que todos tenham uma base permanente da cultura da empresa. Colocá-los nas paredes da sala onde se reúnem também é uma boa ideia. Por motivos de sustentabilidade, pode delegar em alguém essa tarefa em cada reunião – tal como recomendámos ter um Yoda nos Grupos Greenlight. (Na verdade, o capítulo sobre os Grupos Greenlight pode ser usado como guia para as reuniões semanais e mensais dos colaboradores – é uma excelente forma de estabelecer objectivos individuais e de grupo e de criar responsabilização quer em relação a resultados do trabalho quer a mudanças comportamentais.)

Terceiro passo: defenda-se dos indesejáveis

Em ambientes muito competitivos, é importante que o apoio mútuo se concretize rapidamente. Uma boa forma consiste em apontar os «indesejáveis» à partida. Dei-me conta deste aspecto, não apenas pela minha experiência pessoal anterior na Deloitte e na Starwood, mas também com o meu amigo George Halvorson, o director executivo de Kaiser Permanente. Há duas décadas que George estuda o que aproxima e o que separa as pessoas. George já viu de perto e estudou conflitos em dezenas de países. Através da sua pesquisa, identificou factores que aproximam as pessoas, tanto de formas positivas como negativas. Um dos factores mais importantes é a existência de um inimigo ou de uma ameaça comum.

Pense na sua vida e nas alturas em que estabeleceu laços com um grupo novo. É bem provável que tenha sido numa situação desconhecida ou até perigosa em que você e as pessoas que o rodeavam tiveram de enfrentar um novo desafio. Talvez tenha sido o primeiro dia em que foi para uma escola nova – lembra-se da rapidez com que procurou um grupo para se sentir apoiado? Tal como a maioria dos mamíferos, os seres humanos tendem a juntar-se quando pressentem perigo.

Bem, não estou a defender que manipule a sua equipa, criando uma falsa ameaça. Digo apenas que o mundo dos negócios é duro e que nos esforçamos constantemente para alcançar o êxito, lutando contra outras empresas e tendo como cenário de fundo as alterações drásticas do sector. Sempre vimos os nossos colegas apontarem as suas armas competitivas aos colegas. Essa mesma energia tem de ser redireccionada para o exterior. Torne mais claro o desafio externo aos seus colaboradores e conseguirá unir a sua equipa mais rapidamente, alterar os seus deveres morais ou alinhar as tropas em redor de um novo líder.

Na Thomson Reuters Markets, a sensação de perigo era tão palpável como a grande oportunidade. Antes da fusão, muitos dos novos membros da equipa executiva tinham andado a competir pelos mesmos clientes e cargos. Agora que a fusão estava legalmente formalizada, tinham subitamente de deixar de se ver como inimigos e deviam focar-se na concorrência externa. Tal como Scott Bowen, o director financeiro que mencionei anteriormente, me disse certa vez: «Quando as coisas se complicam, digam a todos que olhem pela janela e se lembrem de que o inimigo está lá fora e não cá dentro!»

Quarto passo: aumente a intimidade

Unidos pela ameaça de um inimigo comum no exterior, tinha chegado a altura de os funcionários da Thomson Reuters «saborearem» o primeiro hábito mental, a vulnerabilidade, ali mesmo, na sala. Convencer estes sisudos homens de negócios a falar sobre a sua vida pessoal não seria uma tarefa alcançada apenas por artes mágicas. «A maioria de nós não chegou onde chegou mostrando as suas fraquezas», disse-me Chris.

A linguagem corporal era reveladora: todos estavam recostados nas cadeiras, de braços cruzados, mantinham a distância, entreolhando-se com cautela. Para conseguirmos chegar à parte difícil, temos de partilhar paixões, objectivos, sonhos e depois passar para trocas que impliquem maior vulnerabilidade em relação às lutas passadas. Só mais tarde podemos passar para as preocupações actuais e para os medos. A pergunta-chave que fizemos – e que pode também fazer ao seu grupo – foi a seguinte: *Que luta do seu passado mais o influencia actualmente?*

«Senti que o tom tinha de ser estabelecido por mim», disse Devin, mostrando a generosidade que torna a vulnerabilidade possível. Começou a contar uma história. Quanto ele tinha vinte e três anos e era um jovem recém-formado em direito e a estudar para a Ordem, o seu pai morreu de repente. O pai fora director de uma empresa de biotecnologia. Ao ver o trabalho inacabado do pai, Devin assumiu a gestão da empresa, angariou novos investimentos e devolveu rapidamente à empresa uma situação sólida. Enquanto geria a empresa do pai, Devin também conseguiu passar no exame da Ordem e acabou por ir trabalhar para um escritório de advogados de topo, em Nova Iorque e, mais tarde, para a Reuters.

Partilhar esta história estabeleceu o tom para uma troca poderosa e deu à equipa uma perspectiva do seu novo líder. O facto de ter sido impelido a assumir uma posição estimulante numa fase tão prematura da vida é uma razão para Devin ser tão motivado e focado nos resultados.

Reparei que a linguagem corporal da sala se alterava. As pessoas começaram a chegar-se à frente e a participar na conversa. Não tardou que outros membros começassem a partilhar experiências pessoais mais profundas que as tinham formado suas personalidades. «Sobrevivi a dois divórcios dos meus pais, tendo sido eu que os reconciliei da primeira vez, e ao sofrimento que me causou», relembra Chris.

Outro elemento falou da morte súbita do primeiro marido. Outro mencionou o facto de ter conseguido ajudar financeiramente a família, ainda adolescente, porque o pai problemático tinha gasto todas as poupanças.

«Eu cuido das pessoas», disse ele tranquilamente. «É a minha função.»

Quinto passo: analise mais profundamente o presente

Conseguimos aquecer os ânimos na sala. A equipa estava a abrir-se. Estava pronta a ir mais além e a falar das suas vulnerabilidades actuais e, em especial, das suas preocupações quanto à liderança. Faça o mesmo na sua equipa, ajudando os membros a identificar e a partilhar um comportamento que os impeça de ser melhores colegas e líderes mais fortes.

Este exercício cria ainda mais intimidade. E apresenta também benefícios imediatos a nível prático, porque os comportamentos e os resultados que deles advêm são analisados à luz esclarecedora dos Quatro Hábitos Mentais. Para uma equipa de liderança como aquela com que trabalhámos na Thomson Reuters Markets, este exercício teve outra função extremamente importante. Garantiu que a total transparência e humildade começavam no topo. As empresas cujos líderes pensam que a transparência e o crescimento são para todos, *menos* para eles, nunca serão capazes de criar uma força laboral que se dedique a um crescimento pessoal e profissional constantes.

Quando a Thomson Reuters Markets levou a cabo este exercício, na primeira reunião, foi mais uma vez Devin que começou. Falou da origem das suas qualidades e dos seus defeitos: uma mentalidade «acelerada» que o leva a perseguir os resultados com total convicção e empenho, mas, por vezes, sem o impacto emocional que terá na equipa. Não tardou que outros elementos do grupo partilhassem comportamentos que os impediam de prosseguir e se comprometessem a melhorá-los.

Naquele dia, a equipa começou a ver-se como peças num jogo de tabuleiro: *És o responsável do* marketing, *ele é o director financeiro, ali está o tipo das vendas globais – de quem é a vez de jogar?* No final da primeira sessão, sem se ter dito uma palavra sobre o negócio (mais tarde este sistema é incluído na agenda negocial), o jogo alterara-se por completo. Os títulos passaram a ser menos importantes e as pessoas começaram a aproximar-se da mesa – pessoas que conseguíamos entender, com quem era fácil simpatizar e de quem era fácil gostar – porque os preconceitos desapareciam e se formavam relações.

«Quando há uma narrativa pessoal, é possível dissociar a pessoa das acções», diz Chris. «Os líderes de negócios têm muitas vezes de levar a cabo acções perturbadoras. Começamos a ver que a intimidade ajuda a quebrar as políticas que essas decisões implicam e também nos ajudam a confrontar as pessoas, devido a comportamentos interesseiros ou atitudes arrogantes. Confrontar as pessoas é desconfortável, no início, mas é o que faz a diferença numa equipa eficaz.»

Nas primeiras fases de sinceridade, o facilitador pode ter de agir como um Yoda, intervir quando as pessoas não agirem de acordo com as promessas ou os princípios do grupo. A dada altura, atribuir esta tarefa a vários elementos da equipa é uma óptima forma de permitir que as pessoas se confrontem com respeito e honestidade.

Sexto passo: seja sincero

Estar à vontade com o confronto (recorrer à sinceridade) foi o tema da segunda reunião na Thomson Reuters Markets. A sinceridade pode apresentar ainda mais desafios do que a intimidade no ambiente empresarial, onde a presença de uma hierarquia empresarial pode diminuir a confiança das pessoas em dizerem o que pensam.

Há organizações que se adaptam facilmente à sinceridade, como a ZelnickMedia, a empresa privada de fundos gerida por Strauss Zelnick.

Na organização da Zelnick, que inclui milhares de empregados nas suas sociedades de investimento, quase não existe hierarquia e não se compensa a discrição; os pagamentos e os bónus são estabelecidos por uma fórmula rígida. Strauss até criou um sistema de contratação que favorece as pessoas muito sinceras. «Assim, todos têm liberdade para dar puxões de orelhas», diz Strauss. «Não recebem mais por me sorrirem e nunca serão despedidos por dizer a verdade. O nosso trunfo secreto é a nossa equipa e a nossa cultura de sinceridade.»

Claro que já muito poucas pessoas trabalham numa organização nestes moldes e a maioria – incluindo eu – não se inclina naturalmente para esse nível de sinceridade. Mas isso não significa que não possamos tentar incutir sinceridade no local onde trabalhamos.

Precisamos de uma rede de segurança – a segurança emocional de sabermos que, se dissermos o que estamos a pensar, não vamos pôr em risco nem destruir uma relação, sabermos que uma conversa franca não vai prejudicar a nossa carreira. Como em qualquer Grupo Greenlight, incutir sinceridade na cultura e treinar as pessoas para que a pratiquem, a partir de uma posição de preocupação com o outro, é a chave do êxito.

Quando conheci Strauss Zelnick, fiquei impressionado por ele me ter parecido tão seguro. Ele expressa abertamente os seus medos e dúvidas. Está disposto a mostrar a sua voz interior, a deixar os outros saberem em que está realmente a pensar.

Depois de estabelecer uma sensação de intimidade e de apoio mútuo, estávamos prontos para aumentar o nível de sinceridade na nossa primeira reunião com a equipa de liderança da Thomson Reuters Markets; estávamos preparados para ampliar o nível de sinceridade existente no grupo. Começámos por um exercício em que os elementos da equipa partilhavam aquilo que admiravam uns nos outros e o que cada colega precisava de ouvir para ser mais bem-sucedido. O propósito era dar à equipa uma amostra de sinceridade – uma grande amostra – ali mesmo, na sala. Segundo as regras, o alvo do *feedback* podia dizer apenas «Obrigado» ou «Diga-me mais» – e quem falava tinha de fazê-lo a partir de uma perspectiva de preocupação com os outros. A restante equipa podia intervir sempre que achasse que alguém estava a violar as regras do processo.

Tinha chegado a altura de alguém, para além de Devin, assumir o comando, uma vez que seria um grande risco para o patrão ser sincero.

Na verdade, o que era mesmo necessário era que alguém falasse sobre o próprio Devin. Felizmente, tinha um soldado corajoso em John Reid-Dodick, um interveniente-chave na transformação da nova equipa. Reid-Dodick relembrou o que sentia quando ia ao gabinete de Devin pedir-lhe ajuda: «Quando te levantas da secretária para te dirigires a mim, sinto que tenho a tua atenção. Mas, por vezes, quando ficas sentado a olhar para o computador e para a televisão, sinto que te estou a incomodar e não gosto disso. Devin, não venho falar contigo sobre assuntos irrelevantes que não precisam da tua atenção. Quando me ignoras nessas alturas, levo isso a peito.»

«Obrigado», disse Devin, respondendo da forma como explicámos na introdução. «Gostei muito de ficar a saber isso.»

John demorou alguns instantes a recuperar o fôlego. Na verdade, recorda: «Nos dois dias que se seguiram, acordei às cinco da manhã a pensar: *Bolas, será que pisei o risco?* Foi estranho. Mas aconteceram duas coisas depois disso. A primeira foi o facto de as pessoas terem vindo ter comigo e me terem dito: 'Eu sinto o mesmo mas nem acredito que lho tenhas dito.' E a segunda foi que, no ano seguinte, Devin nunca mais ficou sentado à secretária quando fui falar com ele ao gabinete. Mudou a sua atitude.»

Devin revelou uma *verdadeira* mudança de comportamento, incentivado por uma sinceridade construtiva, que não teria sido possível – jamais – sem um local seguro. E todos ficam a ganhar: John sente-se muito mais motivado nas reuniões com Devin, e Devin ficou a respeitar ainda mais os colegas. «Quando sabemos que as pessoas que nos dão *feedback* têm algum interesse nisso – os interesses delas são os mesmos que os nossos – faz uma grande diferença», diz Devin. «Ninguém muda da noite para o dia; é um processo. Mas o *feedback* ajudou-me a melhorar e teve um valor incalculável.»

É verdade que ninguém muda subitamente, mas as mudanças podem acontecer *rapidamente*, quando o *feedback* é dado de forma correcta. Há que notar que John foi inteligente ao expressar o seu *feedback* em termos de um comportamento específico que Devin podia mudar ou alterar – ou seja, estar sentado à secretária e fazer várias coisas durante a reunião – e, assim, tornar-se um líder melhor. Se John tivesse dito simplesmente «Devin, às vezes, sinto que me ignoras», Devin podia facilmente ter ignorado o comentário. Visto que foi específico e formulou o comentário com o intuito de ajudar Devin a tornar-se um líder melhor – como sugeri no capítulo sobre a sinceridade –, John deu a Devin uma forma fácil de reconhecer e de alterar o seu comportamento.

UM EXAME DA FG ACELERADO A 360 GRAUS

Como já referi, muitas organizações fazem exames a 360 graus, em que os funcionários dão *feedback* anónimo da pessoa que está a ser alvo de críticas. Percebo porque são tão populares, mas os resultados decepcionam-me, porque permitem geralmente à pessoa que transmite o *feedback* esconder-se na sombra. Por vezes, as pessoas servem-se do anonimato para se vingar de alguém de quem não gostam. Mas isso não é o pior. O verdadeiro perigo é que os exames a 360 graus libertam as organizações da responsabilidade, reforçando a ideia de que a verdade é demasiado dolorosa para as pessoas a ouvirem directamente. É como se dizer abertamente as más notícias numa reunião fosse demasiado perigoso ou humilhante.

Perguntam-me muitas vezes como se deve lidar com os exames de desempenho. Afinal, pode ser obrigado a executá-los ou a participar neles, independentemente da forma diligente como pratica o apoio mútuo. O meu conselho é que, quando estiver a ser examinado, dê a volta à reunião. Deixe claro que sabe que tem possibilidades de melhorar e que pretende ser dono do seu comportamento. Um escritor chamado Al Mignone escreveu no meu blogue que, quando está num exame de desempenho, faz duas perguntas – *O que estou a fazer que gostaria de deixar de fazer?* E *O que não faço que gostaria de começar a fazer?* Al constata que, quando é ele que faz perguntas, é ele que tem o controlo da reunião – e do seu próprio futuro.

Na versão acelerada da Ferrazzi Greenlight, os 360 graus são executados em passos, ao longo do tempo e directamente. Sim, todos juntos, numa sala. Claro que só resulta no ambiente seguro que conseguimos cultivar na nossa empresa. Com os novos grupos, que ainda estão no processo de assumir uma postura sincera, sugiro que comece aos poucos, com passos graduais – recolha comentários de terceiros e vá introduzindo transparência, à medida que os empregados se começam a sentir mais à vontade para dar e a receber críticas directas e construtivas. O objectivo do grupo é trabalhar para obter um *feedback* total, em tempo real, diariamente ao qual os melhores interesses de quem recebe o *feedback* são sempre os que conduzem a conversa.

Esta versão de 360 graus elimina, à partida, qualquer desconforto ou más intenções: Diz-me o que pensas de mim para que eu possa ser o melhor que conseguir. O que devo salientar e reduzir nos meus comportamentos? É uma dádiva incrível para os outros dar e, também, receber.

Uma vez fiz um exame acelerado a 360 graus com um cliente a quem vou chamar Alan, um director executivo que era extremamente ameaçador para os seus executivos. Quando lhe disseram isso, ficou surpreendido. «Não fazia ideia», disse. «Sempre me considerei uma pessoa tímida.»

O exame acelerado a 360 graus é, na verdade, uma versão de disputa (e é importante primeiro estabelecer um espaço seguro, por meio das regras fundamentais que apresentámos na segunda secção).

Quando se discutem comportamentos, é mais importante do que nunca que o alvo das críticas apresentadas seja dominante. É o dono de todas as críticas que lhe forem feitas. Como disse antes, cabe-lhe a si aceitar ou rejeitar as críticas. Porém, para conseguir manter um espaço seguro para o seu parceiro, é importante que respeite as suas opiniões. Não é correcto desvalorizar os seus comentários porque os acha pouco esclarecidos ou errados. Se o fizer, estará a destruir o seu laço de confiança e de sinceridade e a garantir que nunca mais terá esse tipo de *feedback* valioso.

No entanto, pode ir mais longe e fazer perguntas mais directas como: «O que me viste fazer que te levou a dizer isso?» Ou: «Podes explicar-me isso mais pormenorizadamente?» Ajude-os a exprimir os seus argumentos. Depois, exprima a sua gratidão pelo *feedback* sincero: «Obrigado por mo dizeres; vou tomar isso em consideração e encontrar uma forma de melhorar.» Se o comentário foi feito por um dos seus

> conselheiros de confiança, prometa mantê-lo informado – e faça-o. Se achou mesmo o *feedback* pertinente, pergunte-lhe se pode voltar a pedir-lhe mais conselhos passados uns meses. Assim, a outra pessoa vai sentir que o seu tempo foi bem investido. E quem sabe? Poderá tornar-se o próximo elemento do seu círculo restrito.

INTERESSE-SE PELO ASSUNTO

É importante evitar que a coesão da equipa se transforme em reuniões sobre assuntos pessoais. Uma forma a que a Thomson Reuters Markets recorre para manter os laços sociais vivos entre a liderança é um *check-in* pessoal e profissional no início das reuniões. Só demora uns minutos por cada pessoa, assim que o processo for estabelecido. Logo que a fusão da empresa se completou, tornámos o apoio mútuo uma parte activa das prioridades da empresa, através da actividade a que chamámos «resolução de problemas em colaboração». Escolhemos questões de negócio com potencial forte para serem discutidas em grupos e debruçámo-nos sobre elas.

Por exemplo, uma das primeiras áreas de preocupação de Devin era optimizar a posição da Reuters Editorial, a maior agência noticiosa internacional de multimédia do mundo, com dois mil e quatrocentos jornalistas, fotógrafos e operadores de câmara, em 196 escritórios. David Schlesinger, o editor responsável, não tem apenas de competir com outras agências noticiosas importantes mas com toda a Internet e os *blogge*. «Temos vários concorrentes que vendem factos, revelam factos ou fazem passar tretas por factos», diz David. «E todos querem que a Reuters Editorial passe a ser redundante.»

Para complicar a questão, havia a posição invulgar do departamento dentro da empresa. Embora seja muito bem vista e tenha sido sempre a face mais conhecida da Reuters para o público, a agência noticiosa não passa de uma pequena parte do negócio global – e ainda mais pequena, desde a fusão com a Thomson. Qual iria ser o seu papel na combinação das empresas?

Organizámos uma discussão nos moldes de um Grupo Greenlight, com David na ribalta. Ele abordou o grupo com um questionário específico sobre o qual devia ter opiniões.

A discussão mais importante tinha a ver com potenciais aquisições e parcerias, como equilibrar os serviços profissionais da marca para ajudar a distinguir conteúdos noticiosos e formas de incorporar conteúdos gerados pelos utilizadores dos outros negócios tão variados que a empresa detém. «Numa equipa de gestão, o perigo é progredir em linhas separadas», diz David, ou seja, cada um no seu compartimento. «Este exercício criou uma noção de pertença partilhada, quase como se se tratasse de um gabinete. Havia muita boa vontade e a sensação de que se pretendia ser construtivo.»

As melhores equipas reconheceram o seu desempenho e examinaram os aspectos positivos e negativos de tudo o que correu bem e mal. Estamos a respeitar os comportamentos para atingir o êxito com os quais concordámos? *Porque não estamos? O que tem de mudar?*

É este tipo de perguntas que tem de fazer à sua equipa durante o processo.

«Não permitir que os outros falhem», uma premissa central dos Grupos Greenlight, foi como John Reid-Dodick resumiu a atitude generosa de uma grande equipa de negócios. Depois disso, ouvi algo semelhante ao meu sábio amigo que trabalha na área financeira, Rajeev Peshawaria, director de formação da Morgan Stanley: «Trabalhar em equipa é não permitir que os outros fracassem.»

«Ninguém falha» resume as qualidades da partilha de generosidade e de responsabilização que uma equipa de alto desempenho exige – a responsabilidade que surge não porque alguém está sempre a conferir, perguntando «Já fizeste aquilo?», mas porque existem laços sociais profundos, apoio mútuo e difundido, sinceridade que permite que se contem as coisas tal como aconteceram. Numa verdadeira equipa, as pessoas cumprem o que prometem porque não querem que os outros fracassem. Sentem que pertencem a um projecto conjunto e que são um contributo essencial para o êxito partilhado por todos.

O resultado da responsabilização não é apenas um melhor desempenho, mas também uma maior satisfação no trabalho. Num estudo, levado a cabo pela Universidade Central da Florida, os investigadores analisaram centenas de equipas – metade com relações de baixa responsabilização e outra metade com relações de grande responsabilização. Concluíram que as equipas com grande responsabilização tiveram quase o dobro da taxa de satisfação das outras equipas. Tiveram também taxas mais altas de sucesso, de coesão e de comportamento interdependente entre os elementos da equipa.

À partida, na Thomson Reuters Markets, começámos a incutir responsabilização, terminando cada sessão com um compromisso específico: a equipa de executivos devia repetir os exercícios feitos na sala no ambiente de trabalho rotineiro – muitas vezes com os seus superiores ou com os parceiros de negócios.

Uma equipa tem de levar o compromisso dos seus elementos a sério. São uma promessa para a equipa. Quando nos reuníamos para uma sessão, passávamos algum tempo a analisar os compromissos feitos na sessão anterior, fazendo perguntas como: *Qual foi o impacto, quando se abriu ao* feedback *sincero de um parceiro ou de um superior?* Pedimos às pessoas que avaliassem o seu êxito na alteração de comportamento individual numa escala de 0-5, para criarmos uma fórmula de medição sólida do progresso. Por fim, dividimos a equipa de liderança em «grupos de responsabilização» mais pequenos, de três ou quatro pessoas, que deviam confirmar entre eles os compromissos feitos entre as sessões. Pode recorrer a estes grupos mais pequenos no seu local de trabalho para criar relações mais próximas, por exemplo entre mentores e os que são guiados por eles ou entre membros eficientes que têm de colaborar.

RETRIBUA ANTECIPADAMENTE E PROSSIGA

Inserida na integração mais complexa que o sector já tinha visto, a equipa de liderança da Thomson Reuters Markets concordou prosseguir o seu trabalho de apoio mútuo, dedicando ao assunto uma parte formal de três horas na reunião mensal sénior e verificando, entre sessões, via teleconferência, o que se passava nos grupos mais pequenos.

Ao longo de muitas reuniões em Nova Iorque e Londres, com Devin na liderança, os líderes começaram a abrir-se e a apoiar-se mutuamente. Intrometiam-se quando alguém parecia dominar a conversa ou intimidar outra pessoa. O que começou por ser um mecanismo de defesa do crescimento individual tornou-se uma defesa da integridade do grupo. A equipa estava a amadurecer a olhos vistos. «A rejeição representa um milhar de pequenas derrotas», diz Chris, «mas tornou-se óbvio que, embora pudéssemos discutir na sala, estávamos sempre convencidos da boa intenção dos outros.»

Certificámo-nos de que o trabalho dessas reuniões era transmitido a toda a empresa, tendo toda a gente comprometida a levar a cabo o trabalho nas respectivas equipas — dando-lhes depois a missão de fazer o mesmo. Nesse dia, o trabalho essencial iria transformar a empresa inteira, desde a gestão de *marketing* às vendas globais – e, por fim, aos clientes.

O apoio mútuo tinha vindo para ficar na Thomson Reuters Markets. Os membros da equipa de liderança tinham transmitido a abordagem nos respectivos departamentos. A visão de Devin Wenig, «uma empresa, um ano», tinha sido concretizada. A maior satisfação para Devin foi o retorno do investimento no apoio mútuo, especialmente durante a crise financeira de 2008. «O maior feito que alcançámos foi ter organizado um novo orçamento e plano de negócios», disse Devin no final de 2008. «Foi um grande desafio. Exigiu interromper projectos e fazer concessões duras. Nunca vi a equipa a operar melhor do que naquela altura. Mostrámos o nosso melhor trabalho durante uma época em que o mercado estava mais complicado. O nosso êxito foi fruto da proximidade em que investimos de antemão.»

Chris Ahearn acrescenta: «Não podemos confiar uns nos outros se não nos conhecermos, e todos os elementos da equipa são completamente íntegros. Estamos nisto juntos e, ao longo deste ano, os membros da equipa iam trazendo as más notícias e a resposta foi sempre: 'O que podemos fazer para ajudar?'»

Por outras palavras, os trabalhadores da Thomson Reuters sabem exactamente com quem podem contar. E isso faz toda a diferença.

Nunca venda sozinho
(um capítulo exclusivo para vendedores)

Quando era director de uma empresa recente na Internet, andava sempre no terreno, a vender incansavelmente ideias aos grandes departamentos de *marketing*. Sentia realmente o peso do êxito da empresa, e até da sua sobrevivência, sobre os meus ombros. Se há uma coisa que uma empresa *start-up* não dispensa é o número de vendas. Claro que um produto de qualidade é indispensável, mas as falhas podem ser ultrapassadas ao longo do tempo. Entretanto, aconteça o que acontecer, precisa de dinheiro para pagar a conta da luz.

Lembro-me de noites em que chegava a Detroit, alugava um carro, ia até à sede da Chrysler e ia para um hotel mesmo na rua em frente. Numa noite de neve, o hotel estava em silêncio. Não havia serviço de quartos e o bar estava fechado. Estava cansado e não conseguia parar de pensar no que me esperava nas visitas de vendas que tinha programado para a manhã seguinte. A minha capacidade para vender sob pressão estava prestes a determinar o número de pessoas que a empresa teria de contratar ou despedir.

Senti-me muito, muito sozinho.

Portanto, acredite em mim, quando digo que sei como as vendas podem ser uma actividade solitária. É precisamente por isso que acredito que o modelo tradicional de vendas – uma pessoa sozinha de mala na mão, a percorrer as ruas ou a fazer chamadas para tentar vender – é completamente insuficiente no mercado global competitivo e utilitário e, já que falamos nisso, nunca resultou verdadeiramente.

A questão é que as vendas não são difíceis apenas porque podem ser uma actividade solitária. Na altura em que trabalhava na Deloitte, liderei um projecto para reorganizar o processo de vendas de um importante fornecedor de serviços de saúde. Uma das minhas tarefas consistia em juntar-me a vários vendedores nas suas regiões. Viviam nos carros e dormiam em hotéis ainda piores do que aquele onde fiquei em frente à Chrysler. Lembro-me de uma vez ter viajado com um vendedor chamado George no seu *Chrysler LeBaron*. Este indivíduo era um verdadeiro guerreiro da estrada. Tinha uma arca frigorífica no banco de trás, com águas e refrigerantes, e uma mala com lenços desinfectantes para poder comer enquanto conduzia e estar limpo entre as visitas de vendas. Estava muito contente por ter companhia naquele dia. Entre as nossas conversas, pôs-me a ouvir cassetes de Tony Robbins (foi a primeira vez que ouvi o trabalho de Tony) e, no final do dia, fiquei a respeitar muito George. Claro, não era o melhor vendedor, mas fiquei a respeitar a capacidade que tinha de ir à luta todos os dias, sempre sozinho.

Mais tarde, nessa semana, depois de viajar com quatro Georges diferentes, reparei que cada um deles tinha capacidades únicas de vendedor. O *George Relações* era uma daquelas pessoas de quem era impossível não gostar; sabia criar rapidamente amigos e como abrir portas. Era um mestre a cuidar dos filhos dos clientes, até se oferecia para lhes arranjar estágios. Depois, conheci o *George Soluções*, um verdadeiro perito no campo estratégico. Fechava grandes negócios, atribuindo valor a uma solução mais sólida que podia até ir mais além do que aquilo que a empresa dele tinha para oferecer. O *George Produto* tinha construído a sua carreira a vender basicamente uma linha de produto, mas conhecia aquela linha melhor do que qualquer pessoa da empresa, de trás para a frente. E o *George Conclusivo* era brilhante em todas as tácticas de vendas que alguma vez aprendeu. Podia ter escrito um manual de formação. Tinha um sexto sentido para saber quando devia terminar a demonstração, quando devia falar de preços e quando devia permanecer em silêncio.

Tornou-se claro para mim que, se unissem para se preparar os quatro Georges para qualquer cliente, podiam ajudar-se mutuamente a fechar melhores negócios e com mais rapidez.

A partir da minha experiência de vendas e da dos Georges que conheci, comecei a perceber a dupla desvantagem de trabalhar como vendedor solitário – uma era o limite das capacidades e da quantidade de informação, a outra a barreira emocional. Claro que sempre tivemos pessoal no escritório para nos apoiar – os peritos técnicos, por exemplo. Mas éramos os exploradores e gostávamos disso. Também conseguíamos safar-nos com bastante sucesso – os produtos e as soluções que vendíamos eram suficientemente simples e, apesar de ser uma profissão solitária, encontrávamo-nos sempre nos escritórios da região ou num bar conhecido (bem, por vezes, não era assim tão conhecido) para partilhar as nossas histórias e para nos metermos uns com os outros. A máquina da água era um local onde decorria a formação informal de vendas, onde nos ajudávamos mutuamente, trocávamos conselhos e nos sentíamos bem.

　　Agora, tudo isso mudou. As forças de trabalho móveis, os gabinetes em casa, as teleconferências, as mensagens de voz, os *e-mails*, e as mensagens de texto substituíram os gabinetes regionais. As fontes de água secaram, os bares fecharam e ainda não encontrámos nada que os substituísse. Enquanto falamos dos encontros a que falhámos e da comunidade dos gabinetes regionais extintos, não tenho a certeza de que reconheçamos de forma consciente as implicações do novo mundo. Mas não há dúvida de que a *sensação* é diferente.

　　Ao mesmo tempo, há cada vez mais produtos que se tornaram mercadorias; apesar do que toda a gente diz, há muito pouca diferenciação no mercado. E, quando tentamos vender pela diferenciação, os clientes reviram os olhos, como se estivessem a ouvir a voz da professora na velha banda desenhada *Peanuts*. Em suma, pede-se hoje ao vendedor que seja um estratega de alto nível com capacidade para falar em todos os registos da cadeia com total controlo. Para alguns, isto implica que se tornem novas pessoas. (Sei disto porque a FG é constantemente contratada para fornecer formação à equipa de vendas para que reinvente o seu próprio ADN e, assim, estar de acordo com este mundo exigente.)

　　O que tudo isto significa é que entrámos numa nova era com novas regras, onde o mapa para o êxito nas vendas se alterou – uma era em que a venda em equipa não é apenas uma ideia agradável, mas um caminho para a sobrevivência.

UM MAPA PARA FOMENTAR MAIS COLABORAÇÃO NA VENDA EM EQUIPA

Fomos à procura de exemplos de venda em equipa e encontrámos centenas de vendedores a trabalhar calmamente desta forma. Trata-se de pessoas que se juntaram para criar algo maior do que qualquer uma delas conseguiria ter feito sozinha – independentemente de a restante organização os ter acompanhado. Sim, coçava a cabeça enquanto me perguntava porque é que não ouvíamos falar mais de venda em equipa a nível institucional, tendo em conta os resultados extraordinários que eram obtidos.

E, depois, conheci na Florida, as equipas da Thrivent Financial.

A Thrivent Financial for Lutherans oferece um planeamento financeiro pormenorizado para indivíduos. Um dos consultores e vendedor em equipa, Jason Owens, diz: «Idealmente, o nosso produto é a paz de espírito.» Fornecem paz de espírito através de conselhos de investimento, planos baseados em percentagens, planeamento de propriedade, mutualidade, anuidades e várias formas de seguros de vida.

A minha relação com a Thrivent começou quando conheci Nikki Sorum, um dos vice-presidentes mais antigos. Uns meses depois, Nikki convidou-me a proferir uma palestra numa reunião de vendas da Thrivent Financial na Florida. Sentei-me no fundo da sala para ouvir atentamente pormenores acerca da empresa. Estava a gostar muito do que ouvia. Antes de mais, como se tratava de uma organização baseada na fé, a Thrivent praticava a generosidade e a vulnerabilidade. Na verdade, a missão – melhorar a qualidade de vida dos seus membros, das suas famílias e das suas comunidades através do fornecimento de soluções centradas na segurança financeira, no bem-estar e em cuidar dos outros – era motivada essencialmente por valores.

Mas, para além disso, ouvi algo naquele dia na Thrivent que me deixou especialmente entusiasmado: falavam de *vendas em equipa*. Quando partilhei o meu entusiasmo com Nikki, pôs-me imediatamente em contacto com Mark Dean, o director de práticas estratégicas e de desenvolvimento da Thrivent, o homem que lutou incansavelmente por práticas de equipa na Thrivent e que agora lidera o processo juntamente com Roger Arnold, vice-presidente, e outros, para voltar a ligar o ADN da empresa a favor das equipas.

Para Mark, o trabalho dele era uma missão – uma visão de vendas em equipa que centrava todos os recursos da organização na criação de mais valor para o cliente e de maior satisfação e êxito pessoal para os colaboradores. Através destes esforços, a Thrivent criou uma estrutura de apoio às vendas de três escalões que permitem aos vendedores a solo (ou sócios financeiros, como lhes chamam na empresa) continuar a trabalhar assim, se o pretenderem, ou a tornarem-se parte de uma associação (grupos de vendedores que trabalham juntos para fornecer apoio funcional gratuito e, idealmente, apoio emocional), ou dava-lhes a oportunidade de participarem em equipas de vendas completamente integradas, a que a empresa chama *ensembles* (concebidas para fortalecer a energia e o compromisso da prática no seu todo). Num *ensemble*, o sucesso de uma pessoa é o sucesso da equipa e o fracasso de uma pessoa é o fracasso da equipa. Os *ensembles* partilham tudo – até os lucros!

Passados apenas 18 meses desde a implementação do novo programa, a Thrivent tinha cerca de quatrocentos gabinetes em funções, setenta e cinco dos quais a operar como *ensembles*. Seguidamente, apresento alguns dos resultados iniciais:

- Os novos vendedores que trabalham em equipa são 20% mais produtivos do que aqueles que vendem sozinhos.
- As taxas de retenção entre os membros das equipas de vendas foram 23% maiores do que as dos vendedores individuais.
- A liquidez dos novos negócios das equipas de vendas foi 37% maior do que o das equipas tradicionais de vendas ou do que os vendedores a solo.

Os benefícios para a empresa parecem óbvios mas os benefícios dos *ensembles* para os clientes da Thrivent são ainda mais relevantes. Os clientes servidos por equipas apresentam níveis de satisfação 53% superiores aos dos clientes servidos por vendedores individuais. «Os clientes procuram alguém com conhecimentos em cada aspecto do que fazemos de forma a fornecer o nível de aconselhamento apropriado, quer seja em relação a seguros de vida, seguros para cuidados prolongados, quer investimentos», diz Mark. «Procuram também alguém que entenda a situação e que se enquadre no seu estilo pessoal. O nosso mundo está a tornar-se tão complexo que todas estas necessidades não podem ser satisfeitas apenas por uma pessoa – e talvez nunca pudessem ter sido.»

Os clientes informam-nos de que preferem sem dúvida o modelo de equipa. «Estava muito preocupado com a minha reforma. Sabia que não podia confiar apenas numa pessoa para saber tudo o que era necessário para me aconselhar correctamente. Em vez disso, lidámos com várias pessoas e conseguimos perceber o que nos diziam», indica Dianne, uma cliente da Thrivent.

«Na verdade, quem levou a cabo a mudança foram os funcionários no terreno», disse Mark. «Eles é que vinham ter connosco e nos davam ideias. Limitámo-nos a seguir o que nos diziam e começámos a formalizar a estrutura para corresponder às necessidades de melhoramento dos nossos sócios financeiros.»

COMO POSSO COMEÇAR?

Para os vendedores interessados em explorar as vendas em equipa mais aprofundadamente, disponibilizámos uma versão alargada deste capítulo *online*. Aceda ao *site* KeithFerrazzi.com para obter essas informações. Aqui só incluímos os passos básicos que lhe permitem começar.

Nível 1: Quer seja um vendedor solitário que queira começar a trabalhar com outros colegas vendedores quer seja um gestor que considera mudar para a venda em equipa, uma estratégia para desencadear o processo consiste em organizar um Grupo Greenlight, como já foi referido. O nível de formalidade do grupo depende de si. O importante é que fundamente as relações de acordo com os Quatro Hábitos Mentais. Crie um objectivo concreto de grupo – por exemplo, aumentar as vendas (claro que vai continuar a focar-se no seu desenvolvimento pessoal e profissional). À medida que o grupo amadurece, pode começar a explorar objectivos partilhados e por aí em diante.

Escolha outras pessoas do grupo cujas qualidades e defeitos complementem os seus. Para que perceba melhor as suas qualidades e os seus defeitos, faça um inventário pessoal – vai precisar de um para saber quem deve procurar como membros de equipa.

Pegue num papel e faça duas colunas. No lado esquerdo, anote todos os aspectos do seu trabalho – fazer visitas, marcar reuniões, escrever propostas, fechar negócios, manter-se em contacto, características do produto e tudo o resto. (A criação da lista é já um exercício excelente para executar com os representantes de vendas e pode dar-lhe muitas percepções.) Do lado direito, indique o seu nível de experiência, competência e desejo de executar cada tarefa (elevado, médio ou baixo). Esta lista vai mostrar-lhe aquilo que faz melhor e o que gosta de fazer. Lembre-se de que a ideia é aproveitar aquilo em que é bom (normalmente é o que gosta mais de fazer), e esta lista vai funcionar como um guia.

Agora, veja os itens a que deu pontuações mais baixas. É nestes aspectos do seu trabalho que precisa de mais ajuda e apoio. Enquanto observa a lista dos itens a que deu uma pontuação inferior, pergunte-se: *Quem é que esta lista descreve?* É mais frequente que a pessoa ou as pessoas que preencham os requisitos sejam fáceis de identificar.

DICAS PARA CRIAR EQUIPAS DE VENDAS VIRTUAIS

1. Tente dar início à sua equipa com uma reunião presencial, se possível – mais tarde será muito mais fácil passar a fazer reuniões por teleconferência.
2. Comece com uma equipa pequena – três a quatro pessoas. Com um grupo maior, é mais fácil alguém «desaparecer» durante a teleconferência ou que a chamada se torne uma luta por tempo de antena. Ter um grupo pequeno ajuda a resolver os dois problemas.
3. Não se impaciente quando as chamadas forem demoradas. As equipas virtuais exigem ainda mais tempo de reunião do que as equipas pesenciais porque o canal de comunicação não é tão forte como o das equipas que se reúnem em pessoa. Dê uma oportunidade à chamada. Se tentar enviar *e-mails* ao mesmo tempo, não vai resultar.
4. Não deixe que as limitações da interacção virtual o impeçam de conhecer os membros da equipa. Não se esqueça de partilhar experiências pessoais e familiares nas discussões da sua equipa.

> As grandes equipas podem até dar o passo arrojado de ter algum divertimento virtual ou fazer jogos para que os membros da equipa «brinquem» e interajam numa actividade alheia à empresa. (Se não percebe muito de tecnologia, peça ajuda aos miúdos!)
> 5. Seja criativo. Se as teleconferências não estiverem a resultar ou lhe parecerem insuficientes, recorra aos espaços de *chat* ou a fóruns de grupo *online*, que permitem às pessoas inserir mensagens ao lado das suas fotografias. Há empresas, como o gigante de *software* Oracle, que levam a cabo reuniões da empresa em ambientes virtuais, como o Second Life, como forma de melhorar a interacção e a intimidade.

Nível 2: Assim que os relacionamentos forem fortalecidos de acordo com os Quatro Hábitos Mentais, está pronto a aperfeiçoar a cooperação em propostas de vendas, a escolha do vendedor que vai fazer a visita e a partilha de liderança, entre outros aspectos. À medida que junta as suas equipas, não se esqueça dos quatro Georges que descrevi na secção anterior. Garanta que as capacidades representadas na equipa estão de acordo com todos os requisitos do seu círculo de vendas.

Segundo Jeremy Hofer, um conselheiro da Thrivent, de Thousand Oaks, na Califórnia: «Cada membro da equipa sabe que é excelente a fazer certas coisas e que há outras actividades de que outras pessoas devem encarregar-se, simplesmente porque conseguem fazê-las tão bem ou melhor.»

Nesta fase, decida as responsabilidades que quer partilhar. Defina claramente os papéis. Idealmente, vai deixar de estabelecer objectivos e responsabilização individuais e vai passar a fazê-lo para as equipas.

Lembre-se de que, numa verdadeira equipa, não há chefes nem líderes – a liderança é partilhada, e cada membro lidera ao contribuir com o que faz melhor para apoiar os esforços da equipa. Um benefício real da venda em equipa é que pode ajudar a preencher o vazio da gestão a nível médio, sobre a qual muitos vendedores se queixam. Cada membro incita os restantes a terem o melhor desempenho possível, e a equipa responsabiliza-se.

Ter um grupo não exclui a necessidade de uma gestão de vendas, claro. Mas os gestores inteligentes devem encorajar a criação de equipas fortes, oferecendo *coaching* e conselhos, e não ordens e directivas. Se não permitirem à equipa chegar a soluções através dos seus próprios mecanismos de resolução de problemas, nunca terá oportunidade de aprender e de se desenvolver. Em vez disso, a equipa será tão boa como o indivíduo que lhe diz o que fazer, o gestor.

Nível 3: Partilhar os lucros é o próximo grande passo na venda em equipa. E, claro, se trabalha para uma empresa, vai precisar de apoio institucional para levar o trabalho de equipa até este patamar.

Na Thrivent, as equipas de vendas não partilham os lucros até que:

- Os membros se conheçam bem e exista um ritmo na sua forma de trabalho.
- Os membros tenham desenvolvido um elevado nível de confiança entre eles, uma característica facilmente identificável pela forma como comunicam – uma troca sem barreiras.
- O grupo tenha um historial estabelecido de reuniões regulares para discutir planos estratégicos e tácticas de vendas.
- As equipas tenham uma compreensão clara do papel de cada elemento e respeitem a forma como contribuem para o processo global.

O dinheiro pode representar uma armadilha especial até para as melhores equipas de vendas. Até a equipa começar a obter recompensas das vendas enquanto grupo, irá provavelmente deparar-se com a postura «o que é meu é meu», até conseguir provar que «o que é nosso é maior e melhor». A chave é estar disposto a confiar, a partilhar, a investir, em vez de dividir todos os tostões – uma mentalidade de abundância e não de escassez. A equipa pode pedir uma reconciliação, se alguém achar que as coisas não estão a ser feitas de forma justa.

Antes de adoptar a partilha dos lucros, cada membro deve calcular quanto ganha ou produz individualmente, como base. Depois, a equipa deve fazer uma estimativa do que conseguirá alcançar em conjunto. Ao ampliar as capacidades da equipa, irá estabelecer objectivos que tornarão todos mais bem-sucedidos.

Jim Elvestrom, um membro do grupo de vendas *ensemble* da Thrivent, falou da sua hesitação inicial em partilhar clientes. «Na minha opinião, um dos grandes desafios era ceder o controlo da minha base de clientes a outros membros da equipa. Mas, assim que o fiz, parecia que se tinha feito luz e desenvolvemos, quase imediatamente, mais coesão e estrutura como equipa. Saber que não estamos necessariamente preocupados com quem vai ficar com os louros de cada venda significa que podemos concentrar-nos em garantir que estamos centrados no cliente – e usamos muitas vezes esta expressão –, e não no produto.»

A COMUNICAÇÃO É FUNDAMENTAL

Falar e escrever acerca dos objectivos partilhados de antemão, desenvolver confiança e estar ao nível dos compromissos do grupo são fundamentais para o êxito da equipa. Mas as recompensas para a sua empresa podem ser substanciais.

Na venda em equipa, tem de ultrapassar a ideia de que o tempo investido nas reuniões é tempo fora do terreno – tempo que podia ser aplicado nas vendas. O professor de Harvard e guru de liderança John P. Kotter aconselhou os líderes a calcular a comunicação que achavam necessária para ser eficazes – e que depois elevassem esse número a dez.

O mesmo acontece com as necessidades de comunicação das equipas de vendas: não há lugar para a flexibilidade nas reuniões semanais; têm de ser uma prioridade – nada de «se», «e» ou «mas». Terá também de fazer verificações diárias. Sim, é preciso comprometer-se e terá de mudar de uma mentalidade de lobo solitário para a de um membro de equipa absolutamente responsável. Mas, se quiser realmente elevar o seu desempenho e o daqueles que o rodeiam, tem de se empenhar neste tipo de esforço. Tem de fazer a pergunta: «Como podemos fazer tudo ainda melhor?»

Jeremy House e Michael McDermott, os agentes hipotecários de Phoenix, disseram-me que gerir a responsabilização depende da comunicação aberta e sincera na equipa: «Cada um é responsável pelo nosso êxito e pelo sucesso dos restantes.»

Precisará de *feedback* permanente sobre o que está ou não a resultar – por exemplo, após uma visita de vendas. *Tudo o que fizerem em conjunto é uma oportunidade para obter* feedback *sincero, para avaliar e melhorar.* Use os mesmos princípios sobre o *feedback* que analisámos na secção sobre discussão nas páginas 189-200, e no modelo do Grupo Greenlight, nas páginas 263-277. Quando der casualmente apoio a uma visita de vendas, o seu objectivo é que todos falem abertamente sobre o que resultou e o que não resultou.

EQUIPA DE SONHO: FRANKIE VALLI E BOB GAUDIO

O cantor *pop* Frankie Valli e o homem que escreveu a maior parte dos seus êxitos, Bob Gaudio, trabalham juntos sem qualquer ligação contratual; têm um acordo de cavalheiros desde 1962. Passadas mais de quatro décadas, continuam a dividir irmãmente todos os dólares que ganham. É incrível, mas também dividem o dinheiro que ganham individualmente. (A dupla ainda trabalha em conjunto em alguns projectos, mas cada um tem a sua carreira a solo.)

Por exemplo, em 1978, Valli ganhou dois milhões de dólares por cantar a canção do genérico do filme *Grease*. Metade foi para Gaudio, que não trabalhou no filme. Passados três anos, Gaudio produziu a música para o filme de Neil Diamond, *The Jazz Singer*. Metade desses lucros foi para Valli.

Os dois amigos, que cresceram em bairros operários italianos (Gaudio no Bronx e Valli em Newark, na Nova Jérsia), fizeram este acordo invulgar quando tentavam lançar o grupo musical Four Seasons. O grupo e a relação entre Valli e Gaudio é a história de *Jersey Boys*, um musical que venceu recentemente um Tony.

Ao pensarem que conseguiam alcançar mais se se apoiassem, os dois amigos decidiram desde o início que iam apoiar-se para sempre. Tal como Gaudio conta na revista *Time*: «Dissemos 'Nenhum de nós sabe onde vai acabar, mas talvez seja melhor dividirmos as probabilidades. Recebes 50% dos meus lucros e eu 50% dos teus.'»

Valli acrescentou: «Se confiarmos no nosso parceiro, os contratos não são importantes. Nunca tivemos de nos controlar um ao outro.»

QUAIS SÃO AS ARMADILHAS MAIS COMUNS DA VENDA EM EQUIPA?

A venda em equipa é extremamente eficaz mas não é uma solução milagrosa. Em seguida, apresento alguns obstáculos ao êxito da venda em equipa:

1. **Falta de compromisso organizacional**

Construir um sistema de vendas em equipa, aplicá-lo e fornecer a formação e o apoio necessários para formar as equipas são processos que demoram tempo. As organizações que se dedicam à venda em equipa, apenas a meio gás vão deparar-se com várias razões para interromperem o seu esforço a meio do caminho. Nas fases iniciais, os membros vão interpretar qualquer sinal de fraqueza no compromisso organizacional como uma desculpa para recorrerem às práticas antigas. Não deixe que isso aconteça! Comunique o seu compromisso ao modelo frequentemente e sem reservas. Qualquer compromisso que não esteja de acordo com esse nível de entrega pode afectar o desempenho das suas equipas de vendas.

2. **Falta de compromisso individual**

Os vendedores de topo encaram geralmente o modelo de venda em equipa como uma ameaça ao seu estatuto e poder na organização. Aqueles que apresentam os melhores desempenhos podem também revelar uma desconfiança inicial em relação aos seus níveis de compensação. É muito importante que estes indivíduos entendam que todos os fracassos são apenas temporários, ocorrem enquanto o modelo de vendas em equipa se sedimenta até atingir a sua capacidade optimizada e produzir mais do que necessário para os ajudar a ultrapassar os níveis de lucros anteriores.

3. **Relações pouco profundas**

A intimidade, a confiança e o respeito são essenciais na venda em equipa. Sem relações fortes, os egos individuais podem prejudicar o crescimento. Como Michael McDermott, sócio da Jeremy House há seis anos, nos disse: «Já vimos outros tentarem o conceito de equipa nas suas empresas e os egos sempre prejudicaram o progresso. Para ter uma equipa próspera, tem de haver comunicação sem hesitação. Se permite ao seu ego influenciar a partilha ou a aceitação de uma ideia, a equipa irá fracassar.» Um elemento de uma equipa da Thrivent explica de outra forma: «Não diria que não temos ego, mas metemo-lo no bolso porque o mais importante neste contexto são os resultados.»

AS RECOMPENSAS DAS EQUIPAS DE VENDAS

Talvez ache que partilhar clientes e lucros – quer seja com alguns colegas ou a nível institucional numa empresa – é duro. Conheci recentemente uma equipa de vendas que apresentava resultados que rebentavam a escala todos os meses, trimestre após trimestre. Porquê? A organização tinha instituído um processo de vendas em equipa. Vários elementos da equipa admitiram que, no início, estavam cépticos, especialmente no que dizia respeito a assuntos relacionados com as compensações, confiança, distribuição de trabalho – todos os assuntos previsíveis.

Depois, algures durante o processo, a equipa tornou-se mais firme. As pessoas começaram a apoiar-se mutuamente e a antecipar as necessidades umas das outras. O desempenho de vendas superior não estava muito longe. Ouvi as histórias deles e, depois, fiz-lhes uma pergunta: «O que fariam se a empresa decidisse livrar-se do modelo de venda em equipa amanhã?»

Um membro da equipa não hesitou: «Acho que teríamos de encontrar outra coisa para fazer.»

«Então, deixavam de trabalhar para a empresa?»

«Ou encontraríamos uma forma de continuar a trabalhar em conjunto aqui ou levávamos a *equipa* para outro lado. Há poucas coisas que não conseguimos fazer juntos e não vamos abdicar disso agora.»

Para mim, estava tudo dito.

CONCLUSÃO

Escape aos compartimentos

Poucas pessoas terão a grandeza de mudar a História; mas todos nós podemos trabalhar para mudar uma pequena parte dos acontecimentos, e pela soma de todos esses actos se escreverá a história de uma geração.

ROBERT F. KENNEDY

No ano que antecedeu a morte do meu pai, fiz-lhe uma grande festa para celebrar os seus setenta e cinco anos. Calculámos que podia não estar connosco no seu octogésimo aniversário, e eu quis ter a certeza de que os amigos e os familiares podiam festejar com ele o grande dia. Filmei a festa e vejo a gravação sempre que quero sentir-me mais próximo do meu pai.

O meu pai vivia para o seu único filho. Na verdade, definia o seu êxito por aquilo que eu alcançava e, por essa razão, não se preocupava muito com o seu sucesso.

A questão é que eu tinha de relembrar constantemente o meu pai de que ele era o *meu* modelo de sucesso! Quando fiz o seu elogio fúnebre, li uns versos geralmente atribuídos a Ralph Waldo Emerson, mas que foram provavelmente escritos por uma mulher chamada Bessie Stanley no início do século XX:

Rir muitas vezes e muito;
Ganhar o respeito de pessoas inteligentes e o afecto dos filhos;
Ganhar o apreço de críticos honestos e suportar a traição de falsos
 amigos;
Apreciar a beleza, descobrir o melhor dos outros;
Deixar o mundo um pouco melhor, quer seja através de um filho
 saudável, um pedaço de jardim ou uma condição social redimida;
Saber que pelo menos uma vida foi mais tranquila porque nós
 vivemos.
Eis o que é ter sido bem-sucedido.

Este poema resumia a vida do meu pai. Era uma pessoa que dava boleia a alguém porque mais ninguém o faria, um homem que via mais do que o tamanho do cabelo do sobrinho ou a roupa *hippie* da sobrinha para conhecer profundamente as pessoas (bem, não era tão tolerante com o tamanho do cabelo do filho). Na verdade, o meu pai viveu para tudo e para todos aqueles que o rodeavam. Eu fui a pessoa mais abençoada no mundo por ter sido filho dele. Ele era muito generoso para os estranhos e sorria perante todos os sinais de beleza, por exemplo, o jardim que conservou orgulhosamente durante décadas. O seu espírito era contagiante. Os meus sobrinhos e sobrinhas, que eram pequenos quando ele faleceu, ainda falam dos pequenos gestos que o avô fazia pelos outros e esperam viver de acordo com o que ele representava.

Uma das maiores satisfações que o meu trabalho me dá é o facto de me permitir nos livros e nas palestras apresentar o meu pai a pessoas que não o conheceram. Há tempos, um jovem chamado Nathan veio ter comigo depois de uma palestra e disse-me: «Fui pai há pouco tempo e o meu sonho é que um dia o meu filho fale de mim como falou do seu pai.»

Espero que o sonho do Nathan se concretize. Como aprendi com o exemplo do meu pai, o sucesso nunca é sobre nós. Os nossos ganhos são sempre reflectidos nos actos daqueles que nos rodeiam. Se escolhermos perseguir o verdadeiro sucesso, como o que o meu pai conheceu, teremos de rejeitar o nosso hábito de isolamento a todos os níveis – desde a vida familiar aos assuntos do mundo. Está na altura de abandonarmos os compartimentos construídos por nós e de aprendermos o valor mais importante de pertencer a uma comunidade.

Neste livro, tentei ensiná-lo a expandir o seu círculo de pessoas íntimas, através do recurso a Quatro Hábitos Mentais: a sinceridade, a vulnerabilidade, a responsabilização e a generosidade. Pode ter começado com uma ou outra pessoa – que presumivelmente escolheu no seu círculo de amigos ou conhecidos; alguns tentaram alargar o grupo até formar uma equipa. Alguns trabalham agora em estruturas formais mais abrangentes dentro da empresa, na comunidade ou noutra organização.

Talvez tenha agido deste modo, pensando em primeiro lugar na sua carreira, mas tenho a certeza de que reparou que os princípios de apoio mútuo podem ser aplicados a todos os aspectos da sua vida. Porque há-de compartimentar o apoio mútuo? Se os negócios são pessoais, as nossas vidas não deviam reflectir o trabalho de equipa que levamos a cabo na empresa e vice-versa?

Dito isto, o trabalho é um óptimo local para começar porque (quer queiramos quer não) o trabalho define grande parte da nossa vida. Independentemente da forma e do nível de regulação, liberdade, impostos e controlo, cada um de nós tem o poder de mudar a forma como o sistema funciona. Podemos mudá-lo hoje mesmo, simplesmente convencendo-nos e aos nossos colaboradores da máxima «Um por todos e todos por um!». Desde a loja da esquina à multinacional, chegou a altura de nos apoiarmos mutuamente *hoje mesmo*!

As pessoas percebiam isto de forma intuitiva, era óbvio. Há duzentos anos, praticamente toda a gente vivia da terra. Não havia uma separação entre a vida profissional e a vida pessoal. Tudo acontecia dentro da propriedade. E, claro, embora as tarefas fossem divididas, todas as pessoas capazes eram responsáveis por determinadas tarefas. O trabalho e a vida familiar confundiam-se. E os vizinhos agrupavam-se, ajudando-se mutuamente. Ajudavam a construir os celeiros dos vizinhos. Ajudavam a dar à luz os bebés. Consolavam aqueles que sofriam e alimentavam os pobres. Reuniam-se em conselhos da cidade para resolver os problemas e debater as mudanças. Muitas pequenas cidades de New England ainda têm estas reuniões anuais, que funcionam como legislações locais. Não existem votações à distância nas reuniões da cidade. Quer ser ouvido? Basta-lhe aparecer e levantar a mão.

Claro que os tempos mudaram e agora são poucos os proprietários de quintas de família. A não ser que viva numa ilha remota, é pouco provável que os seus filhos frequentem uma escola só com uma sala de aula. Mas porque é que isso o impediria de aplicar os Quatro Hábitos Mentais no seu trabalho, nas nossas escolas e onde vivemos? Cada um de nós pode convertê-lo no seu movimento pessoal, falar directamente e de forma preocupada no trabalho ou no bairro. Se podemos aprender a ser honestos e vulneráveis no trabalho, é claro que conseguimos fazer o mesmo na igreja ou em nossas casas. Qualquer pessoa que responsabilize alguém numa reunião de colaboradores pode responsabilizar-se pelos próprios filhos. Mas porque é nos devemos cingir a isso? Assim que adquirir o hábito de ser generoso com os colegas e com os clientes, basta um pequeno passo para ajudar pessoas estranhas.

Comece no trabalho – e construa o seu movimento a partir daí. Não há nada inerentemente inútil na cultura empresarial dos dias de hoje para além do hábito enraizado do individualismo. Mas não tem de ser assim.

Analise o meu Big Task Weekend, uma comunidade próspera de líderes empresariais e culturais que agem de acordo com a crença de que o valor dos accionistas e a responsabilidade civil não se excluem mutuamente.

Nos retiros anuais e nos eventos ao longo do ano, os membros do Big Task reúnem-se para encetar parcerias e iniciativas inovadoras nos serviços de saúde e noutros assuntos sociais urgentes.

Por exemplo, no fim-de-semana de 2008, os participantes juntaram--se numa espécie de mini-Grupo Greenlight para ajudar a Robert Wood Johnson Foundation a delinear estratégias de ajuda para a missão de acabar com a obesidade infantil até 2015. Entre os membros incluíam--se o guru da liderança Tony Robbins, Wayne Gattinella, CEO da WebMD, David Moran, director executivo da Heinz North America, Beth Comstock, directora de *marketing* da General Electric, Brad Fluegel, vice-presidente executivo da WellPoint, Mike Minasi, presidente do *marketing* da Safeway, Diane Gage Lofgren, vice-presidente do *branding* da Kaiser Permanente, o Dr. Dean Ornish, e a actriz Goldie Hawn. (Pode ficar a saber mais sobre a Big Task no *site* BigTaskWeekend.com.)

O meu trabalho mostrou-me o que as pessoas conseguem fazer quando decidem enquadrar os seus assuntos no contexto dos outros. *Nós é que escolhemos* ir para a rua e liderar, unindo as pessoas em termo de um interesse ou de uma causa que nos apaixone. Através das nossas acções diárias, podemos insistir para que as empresas se aproximem porque partilham a ideia de que os negócios são humanos e pessoais. Podemos aplicar o apoio mútuo de forma generalizada, para além do nosso círculo restrito. Podemos recorrer ao apoio mútuo para fortalecer as congregações das nossas igrejas e para que as pessoas se empenhem em ser altruístas. Sejam quais forem os nossos objectivos, juntarmo--nos aos outros fará com que os alcancemos mais facilmente e todos aqueles que influenciarmos se vão tornar pessoas melhores por isso.

Acima de tudo, vamos festejar o tempo que passamos com outras pessoas, como fiz com o meu pai no dia do seu septuagésimo quinto aniversário. Acredito que as ferramentas que este livro oferece são guias poderosos para transformar as suas relações.

Lembre-se, tudo começa consigo – consigo e não com a outra pessoa. Concluí que todas as minhas relações beneficiaram com os riscos e com as práticas que levei a cabo no meu círculo restrito. Mas não permaneça confinado a esse círculo – ele existe para ensinar os outros a viver, a interagir com amigos, entes queridos, membros da comunidade, e até com pessoas completamente estranhas.

Não estou à espera que partilhe apoio mútuo com a hospedeira do aeroporto O'Hare. Mas porque não tentar ter uma conversa verdadeira com ela, em vez da conversa banal de sempre ou, pior, queixas? E se entendesse as longas horas de espera e as frustrações dela? Não serão semelhantes às suas? E se tentasse estabelecer uma ligação verdadeira com essa pessoa? *Isso* pode surpreender-vos aos dois.

Se retirar apenas uma lição deste livro, espero que seja a ideia de que a vulnerabilidade (um hábito mental com má reputação) é muito poderosa.

O meu pai entendia esse poder na perfeição. Nunca tentou ser alguém que não era e nunca se preocupou com o que os outros pensavam dele. Demorei anos a aprender essa lição, com a ajuda de várias pessoas que se preocuparam comigo – a começar por Greg Seal, nos meus dias na Deloitte, Peter Guber e Bob Kerrigan, e agora com tantos outros.

Ao praticar apoio mútuo e procurar ajudar e correr riscos nas minhas relações, já tive vislumbres do homem que quero ser neste mundo. Já disse a verdade sem ser gozado; já admiti os meus defeitos sem ter morrido de vergonha; já me responsabilizei pelos comportamentos que me levaram a errar; já vi grande generosidade da parte dos outros e abracei mais profundamente a verdade que sempre soube: a vida é, sempre foi e sempre será uma retribuição.

Índice Remissivo

4 C, 153

Ahearn, Chris, 283, 297
Alcoólicos Anónimos, 32, 221
Amini, Elizabeth, 131, 260
Ansiedade perante a morte, 79
Arnold, Roger, 11, 301
Aubry, Kirk, 155, 197, 210

Banco Grameen, 227, 228
Barfield, Owen, 166
Billionaires' Club, 130, 131, 147, 148, 193, 194, 232, 258, 260
Bischke, Jon, 258
Bishop, Terri, 11, 247
Bowen, Scott, 12, 82, 287
Brandeis, Louis, 85
Braunstein, Bill, 13, 137, 187, 200, 223
Brewer, Marilynn, 70
Buckingham, Marcus, 205
Buffett, Warren, 99
Build-a-Bear, 90, 186, 187, 191
Burns, Robert, 100
Bush, George W., 125

Charles, Ray, 230
Clark, Maxine, 90, 186, 191

Collins, Jim, 172
Colón, Jorge, 12, 72
Compromisso, 20, 54, 75, 85, 120, 130, 146, 149, 150, 153, 154, 161, 174, 176, 184, 188, 199, 219, 224-226, 228, 133, 135, 136, 239, 248, 249, 261, 262, 264, 266, 267, 269, 272, 276, 285, 296, 302, 307, 309
Comstock, Beth, 12, 164, 316
Confidencialidade, 246, 272
Conselheiros profissionais, 26, 33, 34, 37, 41, 43, 44, 74, 101, 107, 124, 126, 136, 138, 139, 149, 151, 154-156, 162, 164, 166, 168, 181, 189, 192, 197, 214, 217, 219, 226, 230
Contar uma história, 92, 96, 163, 287
Cook, Scott, 251

Daley, Bill, 280
Daly, Lee Ann, 285
«Date with Destiny» (seminário), 59
Dean, Mark, 11, 301
Deloitte & Touche, 17
Deutsche Bank, 82, 83
Dimon, Jamie, 21, 279
Dimon, Judy, 279
Dirksen, Rob, 10, 120, 170, 263

Edison, Thomas, 241, 242
Ellis, Jim, 251
Elvestrom, Jim, 307
Emerson, Ralph Waldo, 313
Empresa de projectos intelectuais, 158
Entrepreneurs' Organization, 95
Espaço Seguro, 55,56, 66, 79, 80, 83, 105, 107, 148, 238, 293
  aceitar críticas ou *feedback* e, 54-57, 66, 148, 238, 293
  confidencialidade e, 246
  no local de trabalho, 83
  vulnerabilidade e, 55, 79
Exame a 360 graus, 293
Exercício «ultrapassar o que o retém», 79
Extreme Entrepreneurship, 256

Facebook, 11, 35, 151, 259
Factor quem, 180
Fathelbab, Mo, 276
Ferrazzi, Karen, 7, 10, 32, 118, 122-124, 126, 146, 273
FG (Ferrazzi Greenlight), 10, 12, 13, 20, 27, 28, 32, 33, 38, 40-42, 47, 56, 59, 65, 72, 82-84, 102, 103, 121, 126-128, 132, 135, 136, 138, 171, 178, 183, 187, 205, 208, 213, 226, 246, 249, 250, 282, 292, 300, 316
  BigTaskWeekend.com, 316
  cultura de crescimento na, 213
  estratégia *online*, 72, 138, 171, 250, 269
  exame Acelerado a 360 graus, 293
  Gavin McKay, e, 10, 20
  Greenlight Research Institute, 41
  GreenlightCommunity.com, 67, 72, 126, 151, 172, 259
  Grupos de apoio, 92, 125, 149, 151, 152, 184, 215, 226, 230, 231, 233, 238, 239, 249, 254, 258, 259
  Grupos de Pesquisa Greenlight, 10

Grupos Greenlight, 13, 249, 267, 276, 282, 285, 286, 295
  instrumento diagnóstico rDNA, 132
  Método Greenlight, 282
  moldes das reuniões, 122, 126, 128, 181, 201, 207, 234, 238, 240, 246, 253, 256, 260, 263, 268, 271, 272, 273, 277, 280, 285, 286, 291, 294, 297, 304-307, 315
  reuniões de responsabilização semanais, 121, 286
Firestone, Harvey, 241
Fluegel, Brad, 316
Ford, Henry, 241, 242
Frankl, Viktor, 61
Fraternidade Sigma Chi, 245

Gattinella, Wayne, 316
Gaudio, Bob, 308
Generosidade, 9, 27, 48, 53, 54, 55, 58--61, 66, 67, 69, 70-72, 75, 76, 109, 154, 161, 164, 190, 195, 215, 237, 240, 263, 264, 270, 271, 282, 285, 287, 295, 301, 314, 317
  em grupos no local de trabalho, 54
  perda de, 240
  pessoas optimistas e, 264
  Thrivent Financial for Lutherans, 301
George, Bill, 11, 168, 183, 267
  Esforçar-se para que as coisas sejam feitas, 256
Gilbert, Dan, 219
Global Manufacturing Network, 96
Godin, Seth, 49
Goulston, Mark, 10, 32, 80, 101, 196, 202
Grupo Interactivo das Mulheres, 257
Grupos Greenlight, 13, 249, 267, 276, 282, 285, 286, 295
  equipas de vendas, 56
  kit de iniciação, 259
  princípios, 285, 308
  Projecto Robert Wood Johnson, 316

Guber, Peter, 13, 29, 32, 92, 110, 135, 136, 141, 163, 164, 317

Hábitos mentais, 44, 51, 54, 55, 56, 70, 118, 132, 140, 153, 158, 160-162, 189, 190, 214, 215, 229, 237, 239, 248, 263, 264, 269, 273, 285, 288, 303, 305, 314, 315
Halvorson, George, 11, 286
Hammer, Michael, 191
Hannon, Jim, 13, 213
Hartle, Greg, 130, 131, 151, 226
Hinojosa, Roel, 10, 209
Hofer, Jeremy, 305
Hotéis Starwood, 17, 27
Hotel Gramercy Park, Nova Iorque, 283
House, Jeremy, 179, 180, 307, 309
HR Acuity, 73
Hudak, Patricia, 256

Iger, Bob, 21
Iniciativa Gallup's Q_{12}, 280
Inklings, 166
Instrumento de diagnóstico rDNA, 132

James, Henry, 166
«Jantar prolongado», 139, 160-165, 189
Jordahl, Mark, 21
JPMorgan Chase, 279, 280

Kelly, J. P., 13, 106, 115, 192, 207
Kennedy, Robert F., 311
Kerrigan, Bob, 13, 39, 64, 110, 126, 129, 136, 137, 141, 205, 214, 307
Kerry, John, 245
King, Larry, 86, 201
Kirchhoff, Dave, 11, 26
Kirk, Bob, 19, 155, 189, 197, 210-212
Kotter, John P., 307

Lachman, Todd, 21
Lay, Joe, 157
Lewis, C. S., 166

LinkedIn, 35, 151
Local de trabalho, 10, 11, 35, 37, 41, 52, 53, 73, 83, 89, 104, 117, 150, 205, 229, 250, 278, 296
  entrevista de saída, 103
  escapar aos compartimentos, 247, 311--317
  exame acelerado a 360 graus, 293
  Grupos Greenlight e, 267
  Método Greenlight, e o, 282
  passos para formar um grupo, 152, 179, 258, 263, 265, 267
  Thomson Reuters Markets, 11, 21, 282--285, 287-290, 294, 296, 297
  vulnerabilidade e intimidade, 47, 48, 52, 55, 61, 62, 66, 77-79, 81-86, 89, 92-94, 97, 161, 190, 225, 231, 240, 246, 260, 263, 282, 285, 287-290, 301, 305, 309, 314, 317
Loconto, Pat, 18
Lofgren, Diane Gage, 316

Manning, Bo, 13, 226
Marketplace Forum, 239
McDermott, Michael, 179, 180, 307, 309
McKay, Gavin, 10, 20, 65
Medtronic, 168
Mehta, Khush, 191
Mentalidade de abundância, 306
Mentalidade de escassez, 60
Mentores, 26, 38, 43, 150, 152, 156, 237, 264, 296
Minasi, Mike, 12, 316
Mixergy, 130, 194
Moldes da reunião, 122, 126, 128, 181, 201, 207, 234, 238, 240, 246, 253, 256, 260, 263, 268, 271, 272, 273, 277, 280, 285, 286, 291, 294, 297, 304-307, 315
Moodie, Arel, 256
Moran, David, 316
Movimentos de convicção, 205
Mudge-Riley, Michelle, 122

Muller, Deborah, 73, 154
Myhrvold, Nathan, 158, 159

Nettleship, Tish, 251
Nidetch, Jean, 11, 25, 26
Ning.com, 151
«Ninguém falha», 263, 295
Nunca Almoce Sozinho (Ferrazzi), 10, 27, 28, 29, 47, 60, 76, 85, 86, 152, 181, 234

Objectivos, 12, 20, 25, 29-33, 42, 44, 56, 71, 79, 93, 94, 97, 104, 119, 121, 123--126, 128, 133, 137-140, 146, 147, 140, 152-154, 156, 158, 159, 162, 163, 168--176, 178-185, 187, 189-193, 203, 217, 225, 226, 230, 231, 233-236, 238, 239, 245, 248, 256, 258-260, 263, 264, 266, 267, 269, 272-275, 286, 287, 303, 305--307, 316
«acerto do dia», 179, 180
amplie a sua estratégia de determinação de objectivos, 139, 168
apoio mútuo e,
avaliação mensal, 254
comprometer-se a melhorar, 161, 224, 225, 230, 234, 249, 307
«comunicado de imprensa» para os, 175
criar um grupo e, 151, 152, 238, 239, 258, 259
desempenho *vs.* aprendizagem, 170-172
directrizes para que as mudanças sejam sustentáveis, 117
escolher o parceiro de responsabilização, 121, 256, 262, 273
estratégias *online* da FG, 72, 138, 171, 250, 269
exprima a sua visão, 139, 141
factor quem, 180
falta de crença, 284
«fingir até conseguir», 229, 231, 232, 233
Método Greenlight, 282

motivações extrínsecas e intrínsecas, 183
objectivos alargados, 172
partilhados nos Grupos Greenlight, 303
pessoais, 126, 174, 181, 259
Plano de Acção Relacional, 180
profecia auto-realizável, 232
redefinição de, 138, 236
resolução de problemas, 260, 294, 306
responsabilização e, 119, 126
Roda de êxito Pessoal, 63, 139, 142, 176, 178
Stickk.com, 25
Um objectivo, um sonho, 2008», 71
«verdadeiro norte», 183
Oito Passos para a Intimidade Imediata, 62, 86
Orientação pessoal, 34
Ornish, Dean, 316
Owens, Jesse, 11, 301
Oz, Mehmet e Lisa, 11, 64, 145

Paine, Thomas, 272
Pastor, Rafael, 11, 249, 253
Pepper, John, 21
Peshawaria, Rajeev, 295
Peters, Tom, 71
Phillips, Everette, 96
Potemkin, Grigori Aleksandrovich, 144
Preconceito, 87-89, 161, 218, 266, 278, 282, 289
Puckett, Allen, 71
Puette St. Amant, Deborah, 237

Rath, Tom, 36, 37, 205
RealWorld101.org, 256
Rehman, Hanif, 152, 219, 259
Reid-Dodick, John, 11, 291, 295
Relações vitais, 13, 23, 26, 32-36, 40, 42, 43, 45, 49, 54-56, 62, 72, 79, 80, 107, 124, 132, 13, 138, 139, 141, 143, 145, 149, 153, 156, 163, 246, 278, 280
acrescentar pessoas novas, 107, 149
aplicadas aos negócios (geral), 13, 280

ÍNDICE REMISSIVO

aplicadas aos negócios (vendas), 280
círculo restrito de Ferrazzi, 38, 136, 156, 316
encorajamento de, 56, 62
escolher membros, 13, 43, 54, 107, 153
evolução e mudança das, 156
idade e, 65, 155
sistema de parceiros, 49, 273
Responsabilidade, 10, 18, 53, 98, 105, 113, 116, 121, 122, 126, 127, 129-132, 161, 190, 206, 207, 223, 225, 239, 248, 249, 262, 263, 271, 274, 280, 285, 292, 295, 305, 316
equipas de vendas e, 190
escolher conselheiros e, 113, 126, 129, 225, 239
grupos no local de trabalho e, 296
nos Grupos Greenlight, 10, 121, 126, 127, 132, 249, 263, 285, 292, 295, 316
perda de, 239
Robbins, Tony, 11, 59, 299, 316
Robert Wood Johnson Foundation, 316
Roche, Peter, 12, 172
Roda de êxito Pessoal, 63, 139, 142, 176, 178

Saber ouvir, 196-197
Sacher, Ken, 239
Scalzitti, Wendy, 12, 62
Schlesinger, David, 294
Schroeder, David, 50
Schwab, Charles, 251, 257
Seal, Greg, 13, 19, 38, 64, 108, 119, 126, 136, 141, 150, 160, 165, 195, 317
Sessões de ribalta, 274, 275
Shaikh, Pervin, 71
Shechtman, Morrie, 10, 32, 97, 113, 126, 148
Shechtman, Rachel, 74, 129
Shepherd, Jan, 118, 122
Siebert, Loren, 196, 236
Simmons, Michael, 256

Skype, 152, 259
Sorum, Nikki, 11, 301
Sperling, John, 247
Stanley, Bessie, 313
Stewart, Martha, 231
Stewart, Matt, 11, 255
Stickk.com, 125
Suzuki, Shinichi, 190

Teatralizar relações vitais, 163
Tehrani, Amir, 131, 146, 210
Thomson Reuters, 11, 21, 282-285, 287--290, 294, 296, 297
Thrivent Financial for Lutherans, 301
Tien, Al, 96
Tobin, James, 99
Tolkien, J. R. R., 166, 167
Transparência, 99, 102, 104, 162, 276, 285, 288, 293
Tribes (Godin), 49
Tribos, 35, 49, 50
Turk, Doug, 13, 137
Turner, David, 283
Tutu, Desmond, 17

«Um ano, um objectivo», 259
Universidade de Phoenix, 11, 247, 248

Valli, Frankie, 308
Van Doren, Jade, 193
Vencer (Welch), 104
Vistage, 11, 249, 253
Vital Friends (Rath), 36, 37

Waldman, tenente-coronel Rob «Waldo», 130, 225
Warner, Andrew, 130, 194
Weight Watchers, 11, 25, 26, 32, 118, 119, 121-126, 132, 233, 273
Weiss, Matthew J., 11, 254
Welch, Jack, 104, 155, 200
Welch, Suzy, 104
Wenig, Devin, 11, 21, 282, 297

West, Lena, 75, 149, 171, 184, 205, 226, 241
Whaley, Jim, 155, 190, 207
Wilson, Bill, 221, 222
Winfrey, Oprah, 64, 220

Young Presidents' Organization (YPO), 11, 251, 253, 254
Yunus, Muhammad, 227, 228

Zelnick, Strauss, 289, 290

Índice

AGRADECIMENTOS 9

INTRODUÇÃO 17

PRIMEIRA SECÇÃO: CÍRCULO DE CONFIANÇA
*Como as relações vitais podem mudar a sua vida
– tal como salvaram a minha* 23
    Perca peso, enriqueça e mude o mundo 25
    Bem relacionado e completamente sozinho 27
    Saiba quem é e qual é o seu lugar 28
    Eureka! 31
    Porque precisamos de relações vitais? 33
    Construir o meu círculo restrito 38
    Quatro formas como as relações vitais podem ajudá-lo 42
    Mentores e relações vitais 43
    Vamos começar 43

SEGUNDA SECÇÃO: OS QUATRO HÁBITOS MENTAIS
Criar uma base para as relações vitais 45
    O poder da intimidade 47
    Está no nosso ADN 48
    As consequências de uma vida sem tribo 49
    Dê folga aos travões 54
    Torne-se tribal: Quatro Hábitos Mentais para construir relações vitais ... 54
    Destino: espaço seguro 56

PRIMEIRO HÁBITO MENTAL: GENEROSIDADE 59
   O que tenho para oferecer? 61
   Moeda universal 61
   Moeda pessoal 63
   A minha moeda é válida aqui? 65
   Agora, deixe os outros ajudá-lo 67
   Dê e deixe dar 71
   Pedir ajuda: a Lei da Atracção 73
   Dê, receba, repita 76

SEGUNDO HÁBITO MENTAL: VULNERABILIDADE 77
   De quem gosta mais? 77
   Não seja cobarde – Tenha a coragem de ser vulnerável 78
   Um risco que rende dividendos 79
   Primeiro, construa uma base 81
   «Agora a sério, no trabalho?» Sim, até no trabalho 84
   Confie em mim 85
   Oito passos para a intimidade imediata 86

TERCEIRO HÁBITO MENTAL: SINCERIDADE 99
   O valor da revelação total 101
   Boas e más formas de ser sincero no trabalho 102
   Vamos ser sinceros 105
   Aprofundar a sinceridade 105
   Torne-se uma pessoa directa 110
   Seja directo, mas nunca quando estiver zangado 111
   Armadilhas da sinceridade 112

QUARTO HÁBITO MENTAL: RESPONSABILIDADE 116
   Finalmente, a mudança! 117
   O parceiro *certo*, não qualquer um 120
   O negócio da responsabilidade 126

TERCEIRA SECÇÃO: CONSTRUIR A SUA EQUIPA DE SONHO
   Nove passos para criar relações vitais que vão ajudá-lo a obter
   os conselhos e o apoio de que precisa para alcançar
   os seus objectivos 133

PRIMEIRO PASSO: EXPRIMA A SUA VISÃO 141

SEGUNDO PASSO: PROCURE AS SUAS RELAÇÕES VITAIS 143
   Procure para além do seu círculo próximo 144

Como saber se a outra pessoa tem potencial vital	153
Os quatro C	153
A equipa que escolher vai mudar e evoluir	156
Limpar a casa	157

TERCEIRO PASSO: PRATIQUE A ARTE DO JANTAR PROLONGADO	160
Aja como se teatralizasse relações vitais	163
Vá mais longe de forma abrangente e constante	164
Experimente um pouco de sinceridade	164
Serão suficientemente fortes para o responsabilizar?	165
Um último reparo	165

QUARTO PASSO: AMPLIE A SUA ESTRATÉGIA DE DETERMINAÇÃO DE OBJECTIVOS	168
As *nuances* da determinação de objectivos	169
Objectivos alargados	172
Com objectivos de aprendizagem, o fracasso é uma impossibilidade	173
Transforme objectivos de trabalho alheios em objectivos seus	174
Crie um «comunicado de imprensa» para os seus objectivos	175

QUINTO PASSO: CRIE A SUA RODA DE ÊXITO PESSOAL	176
Misture-se, não se compare	178
O factor quem	180
É isso mesmo que quer? Ou pensa simplesmente que é o que *devia* querer?	182
Resolver problemas do processo de determinação de objectivos	184
Desvio da missão	184
Falta de fé	185
Falta de capacidades	185
Queda na terceira entrada	185

SEXTO PASSO: APRENDA A LUTAR!	186
Debater regras básicas	189
Os quatro R da audição	196
Chegar ao debate	198

SÉTIMO PASSO: DIAGNOSTIQUE AS SUAS FRAQUEZAS	201
Escolha uma ao acaso	208
Ir além das nossas limitações	216
Saber tudo	217
Lembre-se de que o copo também pode estar meio cheio	218

OITAVO PASSO: COMPROMETA-SE A APERFEIÇOAR-SE 223

NONO PASSO: «FINGIR ATÉ CONSEGUIR» – DEPOIS, FAÇA PERDURAR .. 229
   «Fingir até conseguir» no apoio mútuo 232
   Quando as coisas correm mal 235
   Resolver os problemas dos Quatro Hábitos Mentais 239
   Colabore, não ceda 240

QUARTA SECÇÃO: TRANSFORME A SUA VIDA
As tácticas, estratégias e estruturas
– das organizações formais aos grupos faça-você-mesmo
– que o ajudam a manter-se no rumo certo 243

A ESTRUTURA FAZ TODA A DIFERENÇA 245
   Há uma escola para todos os gostos 250
   Diminuir a solidão da viagem empreendedora 254
   Esforçar-se para que as coisas sejam feitas 256

FAÇA VOCÊ MESMO 258
   Como dirigir uma reunião 260
   Formar um Grupo Greenlight 263
   Recrutamento 265
   O que deve e não deve fazer no recrutamento 267
   Depois da primeira vez, é fácil 267
   Rituais iniciáticos 269
   As promessas 269
   Promessas do Grupo Greenlight 269
   Os princípios 270
   As regras da motivação 271
   Responsabilizar todos os membros do grupo 272
   O sistema de parceiros 273
   Sessões de ribalta 274
   Celebre os conflitos 275
   Uma recomendação final 277

TRANSFORMAR O LOCAL DE TRABALHO 278
   Relações vitais na empresa: trabalhar com um intuito 280
   O método Greenlight 282
   Interesse-se pelo assunto 294
   Retribua antecipadamente e prossiga 296

NUNCA VENDA SOZINHO (UM CAPÍTULO EXCLUSIVO PARA VENDEDORES) 298
   Um mapa para fomentar mais colaboração na venda em equipa .. 301
   Como posso começar? 303
   A comunicação é fundamental 307
   Quais são as armadilhas mais comuns da venda em equipa? 309
   As recompensas das equipas de vendas 310

CONCLUSÃO: ESCAPE AOS COMPARTIMENTOS 311

ÍNDICE REMISSIVO 319

ÚLTIMOS TÍTULOS PUBLICADOS

DECIDIR
CONHEÇA O PROCESSO DE DECISÃO DOS LÍDERES DE SUCESSO
Noel M. Tichy e Warren G. Bennis

GLOBALIDADE
DESAFIOS E CONSEQUÊNCIAS DA CONCORRÊNCIA MUNDIALIZADA
Harold L. Sirkin, Arindam K. Bhattacharya e James W. Hemerling

A OUTRA MÃO INVISÍVEL
A OFERTA DE SERVIÇOS PÚBLICOS EM REGIME DE CONCORRÊNCIA
Julian Le Grand

AS PEQUENAS GRANDES COISAS
163 MANEIRAS DE SE CONSEGUIR A EXCELÊNCIA
Tom Peters

MILHÕES DE EMPREENDEDORES
COMO A CHINA E A ÍNDIA ESTÃO A REFORMULAR O SEU FUTURO E O NOSSO
Tarun Khanna

SOROS
O MAIOR INVESTIDOR DO MUNDO
Robert Slater

O MUNDO É PEQUENO
O QUE PODEMOS APRENDER SOBRE O *NETWORKING* E AS REDES SOCIAIS
Miguel Pereira Lopes e Miguel Pina e Cunha

CÍRCULO DE CONFIANÇA
CONSTRUIR RELAÇÕES QUE LEVAM AO SUCESSO
Keith Ferrazzi

TÍTULOS A PUBLICAR

MANIFESTO DOS ECONOMISTAS ATERRADOS
AA. VV.

MARKETING VERDE
Teresa Paiva e Reinaldo Proença

DE QUE COR É O SEU PÁRA-QUEDAS?
GUIA PRÁTICO PARA ENCONTRAR EMPREGO E MUDAR DE CARREIRA
Richard Bolles

COMO SER AINDA MELHOR GESTOR
GUIA COMPLETO DE TÉCNICAS E COMPETÊNCIAS ESSENCIAIS
Michael Armstrong

O LADO POSITIVO
ESTRATÉGIAS PARA TRANSFORMAR AMEAÇAS EM OPORTUNIDADES
Adrian J. Slywotzky e Karl Weber

ALFRED MARSHALL
Peter Groenwegen